Ladislaus Boros

Gesamtausgabe
Band 7

Gesamtausgabe

Band 7

Chalice Verlag

Ladislaus Boros
Gesamtausgabe in elf Bänden

Herausgegeben von
Helga Jacobsen und Robert Cathomas

Chalice Verlag, Xanten, 2023

Buchgestaltung: Robert Cathomas

Titelbild und Frontispiz am Buchende:
Andrea Thali: “Unveiling”, mixed media, 2007

Herstellung: BoD – Books on Demand GmbH
Printed in Germany

ISBN 978-3-942914-77-2

Der gute Mensch und sein Gott

LADISLAUS BOROS · GESAMTAUSGABE

Die Erstausgabe erschien
1971 im Walter-Verlag, Freiburg i. Br.

6

Inhalt

LADISLAUS BOROS · GESAMTAUSGABE

Vorwort

Sie haben meinen Herrn weggenommen, und ich weiß nicht, wohin sie ihn gelegt haben« (Joh 20.13). Auf diese bange Klage unserer Zeit des Suchens wird dieses Buch keine Antwort finden können. Es soll hier aber ein Versuch unternommen werden, für den heutigen Menschen Möglichkeiten zu finden, damit er seinem Gott, Der ihm »näher ist als das eigene Herz«,[1] wieder begegnen kann. Es ist leichter zu sagen, was diese Schrift nicht anstrebt, als ihren Inhalt anzugeben. Sie ist kein neues Buch über die *Abwesenheit Gottes.* Es ist zwar sinnvoll und begrüßenswert, heute eine Theologie der Ferne Gottes[2] zu erarbeiten und dem suchenden Menschen einen Zugang zu einem »noch größeren Gott«[3] zu eröffnen, ihm den Sinn seiner Verlorenheit aufzuweisen: »Das wahre Elend ist ausgangslos. Das wahre Elend der Elenden hat einen Ausgang nur in Gott.«[4] Es ist auch richtig, die Erfahrung der Ferne Gottes bis zu ihrer äußersten Gemarkung zu verfolgen und eine Deutung des Glaubens von jenem Erlebnis her zu wagen, das seinen Ausdruck im Satz fand: »Gott ist tot; an seinem Mitleiden mit den Menschen ist Gott gestorben.«[5] Schließlich soll auch die menschliche Größe der neuen negativen Theologie nicht verkannt bleiben:

1. «*Deus interior intimo meo*» (Aurelius Augustinus: *Confessiones*, 3:6.11). Siehe dazu: *Dictionnaire de la spiritualité*, Band 1, Paris: Beauchesne, 1937, besonders Spalte 437. Dieser Beitrag («Âme») ist eine Fundgrube der Einsichten über die Beziehung der Seele zu Gott.

2. Siehe Ladislaus Boros: »›Ich glaube, hilf meinem Unglauben‹: Reflexionen über die dialektische Struktur des ungläubigen Glaubens« in *Der große Entschluss*, Juli/August–September, 1961, GA Band 10, Seiten 274–291.

3. Erich Przywara wählte als Kennwort für die ignatianische Spiritualität das Wort Augustins «*Deus semper maior*» in seinem dreibändigen Werk über die Exerzitien: *Deus semper maior: Theologie der Exerzitien*, Freiburg i.Br.: Herder, 1938–1940. Entsprechende Hinweise finden wir am leichtesten in seiner Augustinus-Synthese Erich Przywara: *Augustinus: Die Gestalt als Gefüge*, Leipzig: Regner, 1934; siehe besonders Seiten 225–232 und 512–528.

4. Georges Bernanos: *Die Geduld der Armen*, Einsiedeln: Johannes-Verlag, 1954, Seite 111.

5. Friedrich Nietzsche: *Also sprach Zarathustra: Ein Buch für alle und keinen*, Leipzig: Kröner, 1930, Seite 96.

Sie versucht, in die Not des Bruders einzusteigen. Die intellektuelle Bemühung ihrer Vertreter entspringt der Bedrängnis unserer Zeit. Es ist dabei ein Denken am Werk, das hineingesprochen wird in die Dichte menschlicher Sorgen, Verantwortungen und Verzweiflungen. Diese Theologen haben die Not menschlicher Existenz erfahren und möchten deshalb, gerade von diesen Erlebnissen her denkend, ihren Freunden über die Stunden des Versagens und der Entmutigung hinweghelfen. Eine erlebte Schwere und Verantwortung spürt man aus ihrer Sprache. Sie vergessen nicht, dass die Worte der Befreiung nur von Menschen ausgesprochen werden können, die das Kreuz auf sich genommen haben bis zu jenem Furchtbaren, das in den Worten laut wird: »Mein Gott, mein Gott, warum hast Du mich verlassen« (Mt 27.46). Die »Theologie des Kreuzes« ereignet sich dort, wo der Mensch mit seinen Gedanken über Gott den Bruder vor der letzten Verzweiflung beschützt, ihn in Güte und Freundschaft umhegt.[6] Da ist dann kein Raum mehr für Rechthaberei und Anklage,[7] sondern nur für Mitleiden und Miterleben. Aus solchen Impulsen entsteht heute eine neue Theologie der brüderlichen Gegenwärtigkeit von geradezu prophetischer Kraft und ein Denken über Gott von der Gnade der Zeit her.

Dennoch will dieses Buch nicht diesen Weg beschreiten. Es soll hier über die *Nähe Gottes* die Rede sein. Von jenem Lichthaften der Gottesgegenwart soll gesprochen werden, welches die Quelle einer stillen Freude in uns ist. Ein Vorstoß zu jener Evidenz Gottes soll hier gewagt werden, von der Paulus sagt, sie überwältige den schauenden Geist als Offenbarwerden Gottes in Seinen Werken und ziehe ihn unwiderstehlich in ihren Bann (Röm 1.19–20). Jahrtausendelange Bemühung der Frömmigkeit und der Theologie haben sich gleichsam daran zerrieben, dieses rätselhafte Umstrahltwerden des menschlichen Geistes von der Herrlichkeit Gottes in

6. Eingehenderes über den »neuen Theologen« steht in dem Aufsatz des Verfassers: »Theologische Erfahrungen einer Vortragsreise in Deutschland« in *Orientierung*, Heft 6, 1965, GA Band 11, Seiten 123–129.

7. Leider finden wir viel Anklage in den Büchern einiger einst offener Philosophen und Theologen wie JACQUES MARITAIN: *Le Paysan de la Garonne*, Paris: Desclée de Brouwer, 1966; oder DIETRICH VON HILDEBRAND: *Das trojanische Pferd in der Stadt Gottes*, Stein am Rhein: Christiania Verlag, 1968. Uns steht es nicht zu, über Werke und Einstellung so verdienstvoller Männer ein Urteil zu fällen. Dagegen ist es aber erlaubt, darüber ein wenig befremdet, ja sogar traurig zu sein.

den Bereich menschlichen Denkens heimzuholen.[8] Es ist ihr aber nur gelungen, uns ein fernes Ahnen des Geheimnisses zu vermitteln. Denn: Das Naheliegendste ist am schwersten zu fassen, das Allernächste am undeutlichsten zu erschauen, das Einfachste am mühsamsten auszusprechen. Einer großen Ruhe bedarf der Mensch, um die Gegenwart jenes Leisesten-von-allen, Dem wir den Namen »Gott« geben, mit spürenden Sinnen zu vernehmen.

Hinter jedem Buch steht ein erlittenes Schicksal: *«Habent sua fata libelli.»* Diese Schrift entstand in Monaten innerer und äußerer Zurückgezogenheit am Ufer des Irischen Meeres. Für den Verfasser war es eine Weile der Ausgespartheit. Es drängte ihn, seine Freude anderen mitzuteilen, seinen Freunden, auf die er in der letzten Zeit eine Traurigkeit zukommen sah. Ihm schien es, die schönste Tröstung für den Bruder sei, sich besser zu freuen und für andere Freudiges zu denken. Seit es Menschen gibt, hat sich der Mensch zu wenig gefreut. Sein Dasein ist zu wenig »frohe Botschaft« geworden. Es ist nur schwer, in der Freude zu leben, weil Schweigen und Stille so schwer sind. So wurde hier ein in Ausdruck, Gedankengang und Diktion stilles Buch vorgelegt; eine Schrift, die nicht zwingt, nicht weh tut und im Grunde nichts erreichen will. Die großen Ereignisse sind nicht unsere lautesten, sondern unsere stillsten Stunden.

8. Sollten hier einige »Denker der Herrlichkeit« namhaft gemacht werden, so dürften wir einfach auf den Inhalt des zweiten Bandes Hans Urs von Balthasars: *Herrlichkeit: Eine theologische Ästhetik,* Einsiedeln: Johannes-Verlag, 1962, hinweisen. Balthasar analysiert die folgenden Denker: Irenäus, Augustinus, Dionysius, Anselm, Bonaventura, Dante, Juan de la Cruz, Pascal, Hamann, Solowjew, Hopkins und Péguy. Am Werk solcher Menschen erahnt man, welche Anstrengung es den menschlichen Geist gekostet hat, Gottes Herrlichkeit in den Bereich unseres Geistes heimzuholen.

Der unentdeckte Mensch

Unerschöpft und unentdeckt ist immer noch der Mensch. Sein Geheimnis können wir stets nur in Fragmenten bergen. Selbst solches Vorhaben ist Anmaßung, auszuhalten nur in Demut und Bescheidung.

Ursprünglich sollte der Titel dieser Schrift lauten: »Dasein und Transzendenz: Religionsphilosophische Begründung christlicher Anthropologie«. Obwohl der Titel sehr genau den Inhalt des Buches angibt, schien er uns eine Zumutung an die Geduld des Lesers zu sein. Er sei jedoch als Anleitung für unsere erste Meditation genommen. Zielsetzung und Sinn dieser Schrift werden in diesem Titel durch sechs Begriffe umgrenzt. Ihre Auslegung ist Voraussetzung der weiteren Denkbemühung. Die Hast reicht nicht aus, wenn man zum Wesentlichen vorzustoßen hat. Einem Dichter wäre es vielleicht gelungen, tief und unscheinbar zugleich über den guten Menschen und seinen Gott zu reden. Einem Mörike zum Beispiel, von dem es hieß: »Mörike nimmt eine Hand voll Erde, drückt sie ein wenig, und alsbald fliegt ein Vögelchen davon.«[9] Unser Weg wird leider mühsamer sein. Der erste der sechs Begriffe lautet:

Dasein

Das Wort soll den *Menschen als Ganzes,* in seiner Nicht-Zerlegbarkeit bezeichnen. Indem wir diesen Ausdruck als richtungweisenden Begriff gebrauchen, verzichten wir darauf, eine Philosophie zu entwerfen, die den Menschen von seinen Bestandteilen, Funktionen und Eigenschaften her zu deuten versucht. Vielmehr wollen wir auf seine Einmaligkeit eingehen, auf sein unvertauschbares Schicksal. Wir nehmen ihn so, wie er sich uns zeigt; in seinem einmaligen »Da« in der Welt.[10] Dieses kann aber nicht zum

9. Siehe die Deutung des Gedichts von Mörike »Der Gärtner« von Werner Weber: *Tagebuch eines Lesers,* Olten: Walter-Verlag, 1965, Seiten 59–65; Zitat auf Seite 62.

10. Für eine nähere Bestimmung des »Daseins« als das »Da« des Seins siehe die Untersuchungen von Martin Heidegger. Die einzelnen Stellen sind am leichtes-

Gegenstand hastigen Zudringens gemacht werden. Wir müssen das, was sich zeigt, und so, wie es sich vom Sich-Zeigen her zeigt, von ihm selbst her zu verstehen suchen. Dies besagt:

Der Erkennende soll zum *Verstehenden* werden. Dies geschieht in der Höflichkeit der Begegnung, in der Empfänglichkeit des Zuhörens. Ausgeklammert wird dabei jene »schlechte Subjektivität«, die sich aus Ungeduld und Neugier, aber auch aus vorgefassten Denkschemata zusammensetzt.

»Dasein« bedeutet zugleich: *Nicht-Vorhandenes.* Freilich gibt es in einem Menschenleben auch Mitgetragenes und Alltägliches. Gerade dies ist es aber, was der Mensch nicht als sein Leben versteht.[11] Der Mensch begreift jenes Eigenste seines Lebens, dem er den Namen »Dasein« gibt, als ein Überragen. Dieses setzt sich zusammen aus Momenten der Sinnerfahrung und des Staunens, in denen der Mensch sich vor Urfragen gestellt sieht. Das Daseinsverständnis erfasst den Menschen in den Erhöhungen des Lebens und versucht, diese in eine Einheit zusammenzuflechten. Die Abstraktion, ein Vorgang, auf die keine Philosophie, die Allgemeingültigkeit erstrebt, verzichten kann, besteht hier gerade darin, den Menschen nicht als Allgemeines begreifen zu wollen. Dies bedeutet: Ihn nicht von dorther zu deuten, wo er bloß als Funktion und Reaktion existiert. Daseinsphilosophie ist demnach ein Vorstoß zum Einmalig-Gültigen und zum Unvertauschbaren individuellen Schicksals.

Um aber das Dasein gültig auszusprechen, muss man die Sprache selbst, die das Verstandene in Worte bergen will, schöpferisch erfinden. Dasein als einmalige Ganzheit in erhöhtem Schicksal ereignet sich dort, wo der Mensch »zentral« wird. In jenem Bereich also, wo noch Seelisches, Geistiges und Leibliches unlösbar miteinander verknotet sind. An dieser Stelle entstehen aber die *Bilder.* Weises und Treffendes lässt sich über das Menschenleben vornehmlich in der Sprache der Bilder ausdrücken.

Ein Beispiel mag das Angedeutete klären: Die Liturgie vom Aschermittwoch tritt mit einer Daseinsaussage an den Menschen heran, wenn sie ihn zur Selbstbesinnung aufruft: »Bedenke Mensch,

ten zu finden anhand von Hildegard Feick: *Index zu Heideggers »Sein und Zeit«,* Tübingen: Max Niemeyer Verlag, 1968; besonders unter den Stichworten »Da« (Seite 11), »Sein des Da« (Seite 12) und »Dasein« (Seiten 12–15).

11. Siehe Jacques Durandeaux: *L'Eternité dans la vie quotidienne,* Bruges: Desclée de Brouwer, 1968, vor allem Seiten 175–217.

dass du Staub bist.« Das Bild vom Staub ist eine Aussage vom ganzen Menschen; nicht nur von seinem Leib, sondern auch von seiner Geistseele. Zunächst bedeutet das Bild: Der Mensch ist todgeweiht, geht einer Auflösung entgegen. Die Symbolik reicht aber noch tiefer: Der Mensch hat keinen Bestand, ist heimatlos, überall zu finden und nirgends wirklich daheim. Man spürt hier, wie ein einfaches Bild sich nach und nach in eine Daseinsaussage verwandelt.[12] Es ist freilich unmöglich, ein Bild aufzulösen, weil ein Bild eben kein Problem lösen will, sondern ein Geheimnis erhellt.[13]

Daseinsverständnis fordert somit einen Bruch mit allem Apriori, Mut zum Geheimnis, Erkenntniskraft, um Linien zu sehen, die immer nur zueinander konvergieren, einander aber niemals berühren. Es verlangt eine Philosophie, die eine *Richtung auf das Geheimnis* verwirklicht und ein stetes Umkreisen auch des kleinsten Stückes der Wirklichkeit, ein Umgreifen menschlichen Schicksals im Bewusstsein seiner letzten Unumgreiflichkeit.[14] So erhebt sich aus dem Gesagten ein zweites Wort:

Transzendenz

Die Erlebnisse jener »Erhöhungen des Lebens«,[15] aus denen Dasein erwächst, ereignen sich allesamt in einem Zustand, dem wir den Namen »Geöffnetheit« geben möchten. Was damit gemeint ist, könnte man anhand eines Berichtes von Gertrud der Großen verdeutlichen:

12. Genauere Angaben siehe im Aufsatz des Autors: LADISLAUS BOROS: »Les Catégories de la temporalité chez saint Augustin» in *Archives de Philosophie*, Juli–September, 1968, Seiten 323–385, sowie in der Dissertation LADISLAUS BOROS: *Das Problem der Zeitlichkeit bei Augustinus*, München 1956, GA Band 8.

13. Der Unterschied zwischen »Problem« und »Geheimnis« wurde von Gabriel Marcel herausgestellt. Am einfachsten kann man nachlesen im Buch von ROGER TROISFONTAINES: *De L'Existence à l'être: La philosophie de Gabriel Marcel*, Louvain: Nauwelaerts / Paris: J. Vrin, 1953, siehe besonders Band 1, Seiten 263–284.

14. Vergleiche ERICH PRZYWARA: *Gott: Fünf Vorträge über das religionsphilosophische Problem*, Köln / München / Wien: Oratoriums-Verlag, 1926, Seiten 21–22; Neuauflage: Einsiedeln: Johannes-Verlag, 1962.

15. Hier sollte man einen genauen Unterschied machen zwischen dem Begriff »Erlösung« und dem von Karl Jaspers vertretenen Begriff der »Grenzsituation«. Auf diesen Unterschied wird genau hingewiesen in XAVIER TILLIETTE: *Philosophes contemporains*, Paris: Desclée de Brouwer, 1962, Seiten 87–110.

Eines Tages, zwischen Ostern und Himmelfahrt, trat ich vor der Prim in den Hof, setzte mich an den Fischweiher und betrachtete die Lieblichkeit des Ortes. Die Klarheit des vorbeifließenden Wassers, das Grün der umstehenden Bäume, der freie Flug der Vögel und sonderlich der Tauben, vor allem aber die himmlische Ruhe erfüllten mich mit Wohlgefallen. Ich begann zu erwägen, was diesem Aufenthalt noch beizufügen wäre, um die Ergriffenheit zu vollenden. Ich dachte mir, ich müsste einen Freund haben, der mir – vertraut, anhänglich und zugetan – diese Einsamkeit versüßte. Da hast Du, mein Gott, Urheber unbeschreiblicher Wonne, meine Gedanken auf Dich hingelenkt, und ohne Zweifel bist Du es gewesen, Der sie mir eingeflößt. Du hast mir gezeigt, wie mein Herz eine angenehme Wohnung für Dich werden könnte. Dafür muss ich in geziemender, unversieglicher Dankbarkeit, wie dieses Wasser mich ermahnt, den Strom der Gnaden auf Dich zurückleiten. Ich muss, gleich diesen Bäumen, im Grün der guten Werke aufblühen, an Kraft zunehmen und in guten Taten mich entfalten. Ich muss, gleich den Tauben, das Irdische aus der Höhe überschauen und freien Flugs zum Himmlischen mich erschwingen, wo meine Seele, vom Sinnen und Trachten der Welt befreiet, mit ganzem Geiste nur mit Dir sich befasst. So wird mein Herz Dir eine Stätte sein, die köstlicher ist als alle Lieblichkeit.[16]

16. Gertrud die Große (1256–1302): »Gesandter der göttlichen Liebe«, III/3, zitiert nach Gundolf Gieraths [Hrsg.]: *Abgrund des Lichtes: Texte deutscher Mystik,* Einsiedeln: Benziger, 1964, Seiten 78–79. Wir möchten hier noch zwei Texte zitieren, aus denen die gleiche Einstellung sichtbar wird: – »In meinem Anfang geschah es einmal, dass ich in den Chor ging am Tag der heiligen Agnes, als der Konvent gerade zu Mittag gegessen hatte. Ich war da allein und stand im niederen Gestühl des rechten Chores. Zu derselben Zeit hatte ich ein sonderliches Gedränge von schwerem Leiden, das auf mir lag. Und wie ich also trostlos dastand und niemand bei mir noch um mich war, da ward meine Seele verzückt, im Leibe oder außerhalb des Leibes. Da sah und hörte ich, was allen Zungen unaussprechlich ist. Es war formlos und weiselos und hatte doch aller Formen und Weisen freudenreiche Lust in sich. Das Herz war gierig und doch gesättigt, das Gemüt froh und wohlgestimmt, mein Wünschen hatte sich gelegt, und das Begehren war vergangen. Ich tat nichts als hineinstarren in den glanzreichen Widerschein, in dem ich meiner selbst und aller Dinge Vergessen gewann. Ob es Tag oder Nacht war, das wusste ich nicht. [...] Da sprach ich: ›Ist das nicht das Himmelreich, so weiß ich nicht, was Himmelreich ist; denn all das Leiden, das man in Worten ausdrücken kann, vermag die Freude billigerweise nicht der zu

Zunächst ereignet sich hier eine *Weltinnewerdung*. Die erlebte Welt ist klar und leicht. Doch wird der Friede zwischen Mensch und Welt von einer aufsteigenden Sehnsucht nach Noch-mehr gestört. Das Bereits-Erreichte genügt nicht mehr. Der Dynamismus des Daseins treibt den Menschen weiter zu neuen Verheißungen. Auf einmal steigt die Gestalt des Freundes empor. Das Dasein erfasst sich als Mitsein. Durch diese positive Erfahrung angeregt, steigert sich die Sehnsucht noch mehr. Selbst endliches Sein vermag die Wucht der immer kühner gespannten Strebung nicht aufzuhalten. Mit intuitiver Unmittelbarkeit wahrgenommen, steht das Bild eines Unendlich-Unbegreiflichen vor dem Schauenden. Nun aber versucht der Mensch, das Unermessliche in die eigene Endlichkeit zu bergen. Dabei kehrt er zurück zur konkreten Gestalt der Dinge. Jedoch findet er eine *verwandelte Welt* vor, eine neue Qualität der Transparenz, der existenziellen Durchsichtigkeit. Das »Da« in der Welt wird zum Hinweis auf das Unbegreifliche, Zeichen des Unendlichen. Am Ende bleibt dem Menschen nur die eigene Intentionalität übrig. Eine Sehnsucht nach Strömen, nach Blühen, nach Sich-Emporschwingen. Sie sind endliche Bilder für das Unendliche, endliches Tun, gerichtet auf die Unermesslichkeit, Abgezieltheit auf das Absolute, Anbetung des Geheimnisses in den unscheinbaren Formen der Welt, Unendlichkeitsspannung des Daseins innerhalb eines begrenzten Schicksals. Da diese Spannung nirgends greifbar ist, projiziert sie sich, um überhaupt bewusstzuwerden, in die Bilder der Erde.

verdienen, der sie ewig besitzen soll.‹ Dieser überschwängliche Zug währte wohl eine Stunde oder eine halbe. Und als ich wieder zu mir selber kam, da war mir in aller Weise wie einem Menschen, der aus einer anderen Welt gekommen ist. Der himmlische Geschmack blieb mir danach lange Zeit und gab mir eine himmlische Sehnsucht nach Gott« (Heinrich Seuse, ebenda, Seite 104). – »Die Gestalt des Lichtes vermag ich in keiner Weise zu erkennen, wie ich ja auch die Sonnenscheibe nicht vollkommen anblicken kann. In diesem Lichte sehe ich zuweilen, nicht häufig, noch ein anderes Licht, das mir als ›das lebendige Licht‹ bezeichnet wird. Wann und in welcher Weise ich dieses sehe, das weiß ich nicht zu sagen. Aber solange ich es sehe, wird alle Traurigkeit und alle Angst von mir genommen. [...] Und was ich in dieser Vision schaue und vernehme, das schöpft meine Seele wie aus einem Quell, der voll und unerschöpflich bleibt. [...] Ich sehe es, als schaute ich in einer lichten Wolke das Firmament ohne Sterne. Darin sehe ich das, was ich gewöhnlich rede und was ich antworte, wenn man mich nach dem Glanze jenes ›lebendigen Lichtes‹ fragt« (Hildgard von Bingen: »Brief an Gilbert von Gembloux«, ebenda, Seiten 98–99).

Worin besteht das Wesen dieser Unendlichkeitsspannung? Im Sinnmittelpunkt der eben geschilderten Erfahrung steht die Einsicht: »Da hast Du, mein Gott, meine Gedanken auf Dich hingelenkt, und ohne Zweifel bist Du es gewesen, Der sie mir eingeflößt.« Der Mensch erfasst seine auf die Unendlichkeit zielende Intentionalität als Wirkung des Absoluten. Das Unendliche selbst wird als Ausgang, tragender Grund und Ziel der Daseinsbewegung verstanden. Somit übersteigert das Unerreichbare seine Unerreichlichkeit in eine Nähe, in eine Innerlichkeit. In seiner Transzendenz wird es immanent. Seine Gegenwart wird innerhalb des eigenen Bewegtseins, Hingetriebenwerdens und Hingezogenseins erkannt. Das Absolute gehört demnach einerseits nicht zum Dasein, macht aber zugleich das Wesen des Daseins aus. Dies ist die Wesenskonstitution menschlichen Lebens: *Das Unerreichbare ist für den Menschen das Notwendig-Gewollte.* Das Absolut-Ferne ist für ihn zugleich das Radikal-Nahe.[17] Dies ist eine ontologische, alle sonstigen Erkenntnisse und Erlebnisse des Daseins von vornherein durchwirkende und ihnen zugrundeliegende Befindlichkeit des Menschen in der Welt.[18]

Wir haben jetzt alle Denkelemente im Griff, mit denen die *Transzendentalphilosophien,* die allesamt Abwandlungen einer »Sehnsuchtsphilosophie« sind, versuchen, Gottes Gegenwart in jeder menschlichen Existenzregung aufzuweisen:[19] Dem Men-

17. Es sei hier auf Erich Przywaras Kurzformel der Analogie (»Gott-in-und-über«), wie sie in seinem Werk *Analogia entis,* München: Kösel, 1932, dargelegt wurde, hingewiesen. Neue Auflage in Band 3 von »Erich Przywaras Schriften«, Johannes-Verlag, 1962; in diesem Band wird der ursprüngliche Text durch einen zweiten Teil erweitert.

18. Hier möchten wir auf den von Karl Rahner in die theologische Diskussion geworfenen Begriff »Existenzial« hinweisen. Das Existenzial ist umfassend und unentrinnbar dem freien Handeln des Menschen vorgegeben und bestimmt dieses. Erst von diesem realontologischen Grund aus kann das »Existenzielle« (das aus dem freien Handeln des Menschen Entspringende) überhaupt gedacht werden. Das Existenzial bleibt demnach der personalen Entscheidung vorgelagert. Nähere Erörterung des Begriffs finden wir in Karl Rahner: *Schriften zur Theologie,* Einsiedeln: Benziger, 1954, siehe Band I, Seiten 96f, 99f, 250f, 328, und Band II, Seiten 68, 252. Da es nach Martin Heidegger verschiedene Arten von »Existenzialien« gibt (siehe Hildegard Feick: *Index zu Heideggers »Sein und Zeit«,* Tübingen: Max Niemeyer Verlag, 1968, vergleiche »Existenzial« (Seite 26) und »existenziell-existenzial« (Seiten 26–27), sprechen wir hier lieber vom »Grundexistenzial«.

19. Ein kurzer Entwurf über die »transzendentale Methode« erschien vom Verfasser: »Neuvollzug der Metaphysik« in *Orientierung,* Heft 3, 1960, GA Band 10,

schen entströmt ein Drang nach Transzendenz; dieser Drang wird in den erhöhten Augenblicken des Lebens bewusst nachvollzogen; sein eigentlicher Inhalt bleibt aber in einer »hell-lichten-Finsternis«[20] verborgen; deshalb sucht er nach Ausdruck, Inhalt, Begriff und vor allem nach Bild, will sich Bewusstsein erschaffen. Diesen Drang nach Vergegenständlichung nennt man die projektive Funktion des Daseinsdynamismus. Ihr Werk ist die Religion. Damit haben wir bereits den dritten Begriff angedeutet, der die Zielsetzung unserer Betrachtungen genauer formuliert:

Religionsphilosophie

Sie ist die reflektierende Rückführung der menschlichen Transzendenzerfahrung auf ihren ureigenen Grund. Diese ereignet sich in einem dialektischen Prozess:[21]

Erstens: Das Ergriffensein vom Unbedingten wird vom menschlichen Bewusstsein in die Welt der Fassbarkeit, Vorstellbarkeit und Aussagbarkeit projiziert. Das Absolute wird zum Gegenstand der

Seiten 210–215. Die transzendentale Methode besteht wesentlich in der Freilegung der in jeglichem Selbstvollzug unreflex und unthematisch enthaltenen apriorischen Grundlagen. Wir möchten hier auf die Schrift Otto Mucks: *Die transzendentale Methode in der scholastischen Philosophie der Gegenwart,* Innsbruck: Felizian Rauch, 1964, aufmerksam machen. Eine gute Zusammenfassung bietet auch Emerich Coreth in seinem Buch *Metaphysik: Eine methodisch-systematische Grundlegung,* Innsbruck: Tyrolia, 1961, vor allem Seiten 69ff; siehe auch derselbe: *Metaphysik als Aufgabe, Aufgaben der Philosophie,* Innsbruck: Felizian Rauch, 1958. Die wichtigsten Denker der neuzeitlichen transzendentalen Methode sind angegeben in Ladislaus Boros: *Mysterium mortis: Der Mensch in der letzten Entscheidung,* GA Band 3, Fußnote 16, Seiten 78–79. In einem anderen Zusammenhang, der Sache nach aber vollkommen zutreffend, beschreibt Hans Urs von Balthasar die Einstellung der Denker der »transzendentalen Methode« in *Herrlichkeit,* Band III/2, Teil 1, Einsiedeln: Johannes Verlag, 1967, Seiten 41–43.

20. Dionysius Areopagita: *De divinis nominibus,* 1:1, und den Kommentar dazu bei Erich Przywara: *Gott: Fünf Vorträge über das religionsphilosophische Problem,* Köln/München/Wien: Oratoriums-Verlag, 1926, Seiten 22–23; oder in der neuen Ausgabe: *Religionsphilosophische Schriften,* Einsiedeln: Johannes-Verlag, 1962, Band 2; Seite 255. Siehe dazu auch Jean Vanneste: *Le Mystère de Dieu: Essai sur la structure rationnelle de la doctrine mystique du Pseudo-Denys l'Areopagite,* Bruges: Desclée de Brouwer, 1959.

21. Betonen wir ausdrücklich: Hier wird nicht der sogenannte *fides quae creditur* (der Inhalt des Glaubens), sondern der *fides qua creditur* (der Glaubensakt selbst) analysiert.

Aussage, zur Konkretisierung des Hindrängens des Menschen zum Absoluten. Das Ziel dieser Absolutheitsbewegung des Bewusstseins entzieht sich ständig ins Inhaltlich-Unbestimmbare.[22]

Am Ende des Transzendenzerlebnisses – wie es eben anhand des Gertrud-Berichtes geschildert wurde – konnte die projektive Funktion des transzendenten Daseinsdynamismus ansetzen und sich in einem konkreten Ausdrucks-, Verhaltens- und Aussagezusammenhang, aus denen sich Religion ergibt, verwirklichen. In einem geschichtlichen Prozess – wobei zunächst unreflektierte Handlungsnormen aufgestellt, unartikulierte Beschreibungen und Bestimmungen des Göttlichen entworfen werden – verdichtet sich nun die intentionale Hinbewegung des Daseins auf das Absolute zum »objektivierten Glauben«. Die Aufgabe und die Funktion dieses Glaubens ist es, den subjektiven Blick untrüglich auf Gott gerichtet zu halten. Das menschliche Bewusstsein wagt dabei etwas, was auf den ersten Blick sinnlos, ja unmöglich zu sein scheint: Verdinglichung und Institutionalisierung subjektiver Ergriffenheit.[23] Doch sind diese Verdinglichungen des Daseinsdynamismus nur »Sehschirme« der Glaubensintentionalität.

22. Mit beeindruckender denkerischer Strenge behandelt GUSTAV SIEWERTH in seinem Buch *Das Sein als Gleichnis Gottes,* Heidelberg: Kerle-Verlag, 1958, die grundsätzliche Doppelheit unserer Seinserfahrung. Gott tritt dem menschlichen Geist in jedem seinsbezogenen Geistesakt nahe, und gleichzeitig entzieht Er Sich in eine transzendente Abgeschiedenheit. Die Gottbezogenheit des Geistes ereignet sich in seiner »Annäherung durch Abstand«. Jeder Schritt des Transzendierens lässt den Abgrund des Unterschiedes noch tiefer aufklaffen. Diese Grundstruktur der »Gottesnähe durch Gottesabstand« im menschlichen Geist ist die metaphysische Vorbedingung jener Glaubensdialektik, die wir gerade zu beschreiben suchen.

23. Es dürfte klar sein, dass hier keine rein funktionelle Deutung der Institution etwa in der Art Arnold Gehlens vorgeschlagen wird. Gehlen verdeutlicht seine Gedanken zum Beispiel an folgenden Beispielen: »Die formlose Begehrlichkeit des Menschen erhält ihre brauchbare Form in der *Ehe,* und zwar womöglich in der Einehe. Diese entlastet ihn von jenem schöpferischen Erlebnis, das eheliche Verhältnis immer neu zu gestalten und sich immer neu den gemäßen Partner eines jeden Lebensabschnitts suchen zu müssen.« – »Die *Sitte* ist eine Bindung, die den Menschen vor unendlich vielen Entscheidungen bewahrt, vor Entscheidungen, die nutzlos seine Kraft verzehren und ihn nicht mehr voll einsetzbar machen würden für die gemeinsamen Ziele, für die Herrschaft über die Natur. So sind für Gehlen Ehe und Sitte gleichsam nur ›Verkehrsordnungen‹. Sie könnten auch ganz anders sein, aber dürfen, wenn der Mensch sich nicht verzehren soll, nie ganz fehlen.« – »Ebenso ist es mit der *Gottbeziehung,* dem *Kult* und der *Kirche.* Sie ersparen dem Menschen die Suche nach eigenen religiösen Erlebnissen, indem sie diese in einer bestimmten Weise vorformen. Damit wird das Verhältnis des

Der Mensch glaubt letztlich nicht an seine Aussagen über Gott. Er glaubt Gott selbst, weil Gott eben sein Gott ist und sein Bewusstsein voranzieht in eine liebende Vereinigung (*«credere Deum, credere Deo, credere in Deum»*).[24] Der Glaube ist ein In-sich-selbst-Ruhendes, ein Sich-selbst-Begründendes, etwas, das sich nicht in Formulierungen, Begriffe, Verhaltensweisen und Beweisbarkeiten auflösen lässt. Die Projektionen müssen ständig überholt werden. Sie sind nur vorgebahnte Wege der Glaubensintentionalität. Unaufhörlich arbeitet das Bewusstsein der Einzelnen, ja darüber hinaus das kollektive Bewusstsein der Menschheit an diesem »Gesatzten«, »Verdinglichten« und »Institutionalisierten« der Religion. Dabei entfaltet es sich zu reichen und vielfältigen Projektionen, in denen das Dasein der Einzelnen seine eigene Urintention erleben kann.[25]

Einzelnen zum Absoluten in Ordnung gebracht, ohne dass dem Menschen die religiöse Unruhe unendlich viel Kraft kosten würde, Kraft, die er so sehr braucht im Kampf des Daseins«. Siehe MAX MÜLLER: »Die Person und die Institutionen« in *Orientierung,* Hefte 19 und 20, 1963, Seiten 211ff und 227f. Wir sehen wohl die Richtigkeit der Ansichten von Gehlen, dass die Gemeinsamkeit die ungeheure Funktion hat, den Einzelnen von der je eigenen Formgewinnung zu entlasten, doch dürfen die Institutionen nicht unbedingt nur unter dem Aspekt von rein funktionellen Organinstitutionen aufgefasst werden. Gerade die Analyse des geschichtlichen Lebens lässt uns das Überfaktische auf dem Grund des Faktischen finden.

24. *«Credere Deum, Deo, in Deum»* ist eine klassische Formel zur Erhellung des theologischen Glaubensaktes im Blick auf dessen Struktur: Gott als Inhalt (*Deum*), Gott als Zeuge (*Deo*) und Gott als Ziel (*in Deum*) des einen Glaubensvollzuges. Siehe dazu JOHANN BAPTIST METZ: «Credere Deum, Deo, in Deum» in *Lexikon für Theologie und Kirche,* Freiburg i.Br.: Herder, 1959, Band 3, Spalten 86–88.

25. Die Dialektik zwischen Glaubensintentionalität und Glaubensaussage wurde von HENRY DUMÉRY in *La Foi n'est pas un cri* bereits im Jahre 1957 mit großer Geistesschärfe behandelt. Das Buch kam ein Jahr später auf den Index. Zwei Jahre danach legte Duméry eine zweite, stellenweise grundlegend umgearbeitete und wesentlich erweiterte Neuausgabe vor (Paris: Éditions du Seuil, 1959), die dann nicht mehr unter die Indexbestimmungen fiel. Diese Ausgabe kann gebildeten Christen sicherlich empfohlen werden. Das Grundanliegen Dumérys ist positiv zu werten: Der Glaube ist kein »Schrei« und keine unbestimmte Nostalgie des Absoluten. Er ist die Aufnahme einer geschichtlichen Tradition. Er schließt notwendigerweise Institution und Aussage in sich und kommt erst darin zur Vollendung. Die religiöse Erfahrung hat objektive Struktur. Darin besteht die Paradoxie der positiven Religion, dass sie selbst das Persönlichste unserer Gottbeziehung zur geschichtlichen Einrichtung macht. Mit der phänomenologischen Methode stellt Duméry heraus, dass das Institutionshafte aus dem Wesen des Glaubens fließt. Mögen einzelne Analysen des Buches noch immer zur

Zweitens: Es besteht aber nur allzu oft die Gefahr, dass diese Verweisbezüge sich zu einer fixierten Gegenständlichkeit verdichten; dass also die Glaubensintentionalität von der religiösen Projektion absorbiert wird und diese sich nicht mehr zu jenem Bereich hin öffnet, auf den hin sie vermitteln sollte. Da entsteht eine echte Antinomie: Einerseits muss sich die transzendente Daseinsdynamik projektiv vergegenständlichen; anderseits baut sie aber im Zuge dieses Prozesses eine undurchsichtige Mauer auf, richtet zwischen sich selbst und dem Absoluten, auf das sie sich entwerfen will, Sperren auf. Nun muss die Glaubensintentionalität gegen ihr eigenes Werk ausholen und ihre eigenen Projektionen verneinen. In der Verneinung wird die Durchsichtigkeit wiederhergestellt und der Mensch für die ursprüngliche Anziehung Gottes neu empfänglich gemacht. Somit gehört die Glaubensverneinung (vordergründig oft als Atheismus gedeutet) zur Wesensstruktur des Glaubens selbst. Der Unglaube ist keineswegs eine »perverse Missbildung des Geistes«, sondern das Immergegenwärtige und Immerzuüberwindende innerhalb des gläubigen Daseins. Der bewusst, reif und ehrlich gelebte Glaube wird immer einen Zugang zum Unglauben finden, da er diesen keineswegs als wesensfremd empfindet, sondern als Wesenskonstitutivum seines eigenen Gottsuchens erfährt.[26]

Drittens: In der Dialektik der Glaubensprojektion und -verneinung ereignet sich schließlich Glaubensübersteigung. Indem das Ungenügen der religiösen Begriffe, Forderungen, Kategorien, Verhaltensweisen und Übungen erlebt wird, sammelt das Dasein die Frucht der Glaubensprojektion und vollzieht zugleich mit größerer Intensität seine Daseinsbewegung auf das Absolute hin. Gott steht für den Glauben wieder »dort«, wohin Ihm nur die innere Spannung des Lebens folgen kann, im Bereich des zwar nur durch Verobjektivierungen erfassbaren, diese aber absolut übersteigenden Hinüberseins. Die Aufgabe der Religionsphilosophie[27] wäre dem-

berechtigten Kritik Anlass geben, seine Grundauffassung wird – unserer Ansicht nach – der Glaubensstruktur gerecht.

26. Ausführlicheres im Aufsatz des Verfassers »›Ich glaube, hilf meinem Unglauben‹: Reflexionen über die dialektische Struktur des ungläubigen Glaubens« in *Der große Entschluss,* Juli/August–September, 1961, GA Band 10, Seiten 288 f.

27. Diese Aufgabe (der Religionsphilosophie) wurde von Henry Duméry mit großem Ernst herausgestellt. Siehe dazu die eingehendere Behandlung der bis dahin erschienenen Werke Dumérys im Aufsatz Ladislaus Boros: »Entschematisiertes Christentum: Die phänomenologische Religionsphilosophie Henry Dumérys« in *Orientierung,* Hefte 14/15/16, 1958, GA Band 10, Seiten 53–70.

nach: durch eine reflexive Analyse alle religiösen Verobjektivierungen auf ihre freie Intentionalität zu reduzieren und dabei die Gültigkeit und die vermittelnde Funktion der einzelnen Verdinglichungen genau zu prüfen.

Begründung

Es geht hier also um die Rückführung menschlichen Daseins auf das Letztlich-Tragende; auf jenes also, das von nichts anderem getragen in sich selbst steht und besteht; auf den unbegründeten, aber alle Gründe begründenden Grund. Erlebnishaft: Es geht um die Urevidenz des Absoluten. Objektiv: Es geht um jene von uns unabhängige Wirklichkeit, die sich uns in den Vorgängen des Vorstoßes zur Urevidenz frei übereignet, um jenes Leuchtende, das die Sinne, Erkenntnisse und Willensakte derart überwältigt, dass der Mensch der Erfahrung des absoluten Grundes nicht mehr ausweichen kann. Einzig durch solche »Expropriierung« des Daseins ins Schauen hinein geschieht Evidenz des Absoluten, und somit auch Daseinsbegründung. Etwas wird hier also gefordert, ein Ereignis und Sein zugleich, welches den Menschen bis in »Seele und Geist, Gelenk und Mark« (Hebr 4.12) durchdringt. Das Absolute muss in freier Gewährung in Erscheinung treten, für den Menschen zum Erlebnis werden. Gott in Seiner Manifestation als Licht muss die Sinne des Menschen umfangen. Diese *Urevidenz der Anwesenheit Gottes* wird im biblischen Wortgebrauch als »Herrlichkeit« (*doxa*) bezeichnet. Sie ist die Erscheinung des in der Schöpfung einwohnenden Absoluten (*schechīnā*), die Wucht und Mächtigkeit der erspürten Nähe Gottes (*kabod*), welche den Menschen mit ihrer Anmut in Bann zieht (*chesed* und *chen*). Darin ereignet sich für den Menschen ein Überwältigtwerden von der absoluten Schönheit. Wir möchten diesen biblischen Grundbegriff in seiner ganzen Bedeutungsfülle in unsere Philosophie übernehmen. Wir sind der Überzeugung, dass menschliches Dasein letztlich nur von der erfahrenen Herrlichkeit Gottes her zu deuten ist.[28] Schönheit ist im

28. Es sei hier ein Gespräch aus dem seltsam eindringlichen Buch von EVELYN WAUGH: *Brideshead revisited* angeführt (deutsch: *Wiedersehen mit Brideshead,* Hamburg: Claassen-Verlag, 1955, Seiten 83–84): »Oft, nahezu täglich, seitdem ich Sebastian kannte, hatte mich ein zufälliges Wort in den Gesprächen mit ihm daran erinnert, dass er Katholik war. Doch hielt ich das für eine Narretei. [...] Wir

biblischen und auch im philosophischen Sinn die Begründung des Daseins und auch das letzte Wort, welches das Verstummen des Menschen vor dem Geheimnis einleitet.

Die Begegnung mit Gott wird in der Bibel in exemplarischen Ereignissen gezeigt: Angesichts der Herrlichkeit Gottes beugt Moses sein Gesicht zur Erde (Ex 34.8); Elias verhüllt sein Antlitz (1 Kön 19.13); Jesaja hält sich für verloren (Jes 6.5); Hesekiel sinkt zu Boden (Hes 1.28); Daniel wird »im Geiste entsetzt« (Dan 7.15; 10.9); die Apostel »geraten außer sich« (Mk 9.6), sind wie betäubt (Lk 9.32) und von großer Furcht ergriffen (Mt 17.6); Paulus wird zu Boden geworfen und geblendet (Apg 9.4–9); Johannes fallt wie tot zu Füßen des Erscheinenden nieder (Offb 1.17).

Das Überwältigtwerden durch die Schönheit des Absoluten ereignet sich in jenen Erlebnissen, die wir vorhin als die erhöhten Momente der Daseinswerdung bezeichnet haben. Dies zu zeigen, ist der Vorsatz dieses Buches. Das Menschendasein wird hier als etwas gedeutet, das Gott in Gott und durch Gott begreift und darin sich selbst als unerschütterlich begründet erfährt.[29] Deshalb

diskutierten niemals darüber, bis er am zweiten Sonntag in Brideshead [...], als wir in den Kolonnaden saßen, zu meiner Überraschung sagte: ›Ach du lieber Gott, es ist wirklich schwer, Katholik zu sein.‹ – ›Ist das denn so wichtig für dich?‹ – ›Natürlich. Jederzeit.‹ – ›Na, ich muss sagen, aufgefallen ist mir das nicht. Kämpfst du gegen Versuchungen? Ich habe nicht den Eindruck, dass du viel tugendhafter bist als ich.‹ – ›Ich bin viel, viel schlechter‹, rief Sebastian aufgebracht. ›Na also?‹ – ›Man versucht dich wohl dazu zu bringen, dass du eine Menge Unsinn glaubst?‹ – ›Ist es Unsinn? Wenn das bloß so wäre! Manchmal scheint es mir furchtbar sinnvoll zu sein.‹ – ›Aber, lieber Sebastian, du kannst das doch nicht ernsthaft alles glauben.‹ – ›Nein?‹ – ›Ich meine, das mit Weihnachten und dem Stern und den drei Königen und dem Ochsen und dem Esel.‹ – ›Oh ja, das glaube ich. Es ist eine wunderschöne Vorstellung.‹ – ›Aber du kannst doch nicht etwas glauben, weil es eine schöne Vorstellung ist.‹ – ›Das tu ich aber, es ist die Art meines Glaubens.‹«

29. Wir möchten hierbei auf die noch unabgeschlossene Publikation Hans Urs von Balthasars, *Herrlichkeit: Eine theologische Ästhetik,* Einsiedeln: Johannes-Verlag, Anfang der Veröffentlichung: 1961, hinweisen, die von einigen kompetenten Theologen als die bedeutendste innerhalb des katholischen Raumes im zwanzigsten Jahrhundert bezeichnet wurde. Zum ersten Mal wurde die Schönheit derart bewusst ins Zentrum des theologischen Nachdenkens gerückt. Auch zum ersten Mal wurde in so umfassender Weise herausgestellt, dass die Offenbarung Gottes in einer »Überwältigung des Geistes« durch die Selbstevidenz und durch ein In-sich-Beruhen als Erstrahlung des Seins, als Herrlichkeit sich ereignet. Dadurch wird die Schönheitsgestalt (*charis*) Christi zur Begründung für das gesamte christliche Dasein, Denken und Tun. Wir sind dabei, das Entstehen

nennen wir unsere Denkbemühung: Das Menschendasein auf seinen letzten Grund zurückzuführen.

Christliche Anthropologie. Denn: In Christus wurde uns Gott zur Daseinsnähe. »Was von Anfang war, was wir gehört, was wir mit unseren Augen gesehen haben, was wir schauten und was unsere Hände berührt haben [...]« (1 Joh 1.1), heißt es von jenem Christus, der Abstrahl der Herrlichkeit Gottes in der Welt ist (Hebr 1.3). Auf seinem Menschenantlitz ist die Schönheit des Absoluten aufgeleuchtet (2 Kor 4.6). Christus wurde »ein für alle Mal« (vergleiche Hebr 7.27, 9.11, 10.10) zum Ort des Begründenden. Die Ausprägung Gottes hat in ihm unter uns Wohnung genommen (Joh 1.14). Seine Macht ist mild und leise. Wir können in Christus mit »unverhülltem Angesicht« die Wucht der Herrlichkeit Gottes aushalten, sie sogar widerspiegeln (2 Kor 3.18). Alles in der Welt kommt von ihm her und hat in ihm seinen Bestand (Kol 1.15–20). Als letzter Konvergenzpunkt aller Regungen des Seins[30] wandelt er die Welt in eine Wohnstätte der Herrlichkeit um, in einen »göttlichen Bereich«, dessen Leuchte er selber ist (Offb 21.23). Die mit »Herrlichkeit gekrönte« Gestalt des Gottmenschen ist die Tiefe menschlichen Daseins, dessen Ziel und Vollendung. Nun sind wir in der Lage, den Sinn des letzten Titelwortes anzugeben. Wir verstehen unter dem Begriff

Anthropologie

nicht so sehr eine Lehre als vielmehr einen *Nachvollzug.* Der Mensch begreift sich als »Dasein«, als ein aus den existenziellen Erhöhungen seines Lebens in ein Sinnganzes zusammengeballtes Schicksal. In seinem innerweltlichen »Da«, dessen Sinngebung er in projektierten Schicksalsbildern sucht, erfasst er sich als ein auf die Unermesslichkeit entworfenes Wesen. Seine eigene Unendlichkeit begreift er aber als unbegrenzte Selbstübersteigung, als Unendlichkeitsspannung auf ein aus eigenen Kräften Unerreichbares hin. Doch ist für ihn das Unerreichbare zugleich eine Nähe, die

einer großen Synthese des Denkens zu erleben. Siehe dazu den Aufsatz Ladislaus Boros: »Unerfreuliches und Ermutigendes: Reflexionen über die ›dritte Kraft‹ in der Kirche« in *Orientierung,* Heft 22, 1969, GA Band 11, Seiten 357–365.

30. Alle Menschen und die ganze Welt sind umfasst von dieser Erleuchtung des Seins von Gott her: Joh 1.29, 3.16f, 8.12; 1 Joh 2.2. Der klassische Text: 1 Tim 2.1–6; vergleiche Mt 26.28 und Prl.; Mk 10.45; Röm 11.32.

ihn mit der Evidenz des anwesenden Absoluten überwältigt, aber auch befriedet mit ihrer Schönheit, die im letzten Grunde die Urschönheit des menschgewordenen Logos, die Anmut und Menschenfreundlichkeit Christi ist. Diesen Prozess verstehend[31] nachzuvollziehen und das menschliche Sein von diesem Verstehen her zu deuten, nennen wir »christliche Anthropologie«.

Unser Versuch, den Menschen in den angedeuteten Tiefen zu begreifen, wird wohl ein Bruchstück bleiben und kann im besten Fall als Anregung dienen, jenes Geheimnisses innezuwerden, welches in jenen Worten Christi liegt, die uns auffordern, »seine Freude in Fülle in uns zu tragen« (Joh 17.13).

Der bedrohte Mensch

Die Frage nach menschlichem *Bedrohtsein* soll am Anfang unserer Überlegungen stehen. Gerade von dieser Stelle aus, die für viele wie »eine Luke ins Leere«[32] zu sein scheint, wollen wir den Vorstoß zur Transzendenz wagen. Das menschliche Denken wird in seiner Auseinandersetzung mit der Bedrohung zum Kern allen Fragens gerückt. Die Erfahrung des Bedrohtseins ist die all-

31. Der Ausdruck »Verstehen« wird in der Philosophie der Neuzeit gewöhnlich in der (von Dilthey eingeführten) Gegenüberstellung zum *»Erklären«* gebraucht. »Erklären« ist die spezifische Methode der Naturwissenschaften. Sie erkennen kausal, das heißt, sie führen Dinge und Vorgänge auf die Wirkursachen, Aufbauelemente und allgemeinen Gesetze zurück, durch die sie eindeutig bestimmt sind. Dem geistigen Leben und seinen Objektivationen sind diese Methoden nicht gewachsen. In der Religionsphilosophie wurde die Methode des Erklärens zum Beispiel von Brunschwig und Alain angewandt. Das geisteswissenschaftliche *»Verstehen«* führt über das Erklären hinaus, indem es das geistige Leben als Sinn- und Wertentwicklung zu fassen versucht.

32. Der Ausdruck stammt von der Dichterin Erika Burkart. Auf ihre helldunkle Dichtung möchten wir hier ausdrücklich hinweisen. Sie veröffentlichte mehrere Gedichtbände. Zuletzt *Ich lebe,* Zürich: Artemis-Verlag, 1964, und *Die weichenden Ufer,* Zürich: Artemis-Verlag, 1967. Schließlich den Romanband *Moräne: Der Roman von Lilith und Laurin,* Olten: Walter-Verlag, 1970.

gemeinste Grundbefindlichkeit des Daseins. Sie wurde zu wenig befragt auf ihre Bedeutung hin.[33] »Bedrohung« ist der gleichsam gemeinsame Nenner, auf den alle Erlebnisse des Daseins, die alltäglichsten wie auch die höchsten, zu bringen sind.

Der biblische Denker Jesus Sirach gibt uns eine erstaunlich genaue Beschreibung menschlicher Grundbefindlichkeit:

> Große Mühsal ist allen Menschen beschieden. Ein schweres Joch liegt auf den Menschenkindern von dem Tage an, da einer den Mutterschoß verlässt, bis zu dem Tage, da er zur Allmutter zurückkehrt. Inhalt seines Sinnens und die Furcht seines Herzens besteht in der angstvollen Erwartung auf den Tag des Todes. [Dies gilt] von dem, der im Glanz auf dem Throne sitzt, bis zu dem, der erniedrigt ist in Staub und Asche; von dem, der priesterlichen Kopfbund und Diadem trägt, bis zu dem, der sich in grobes Gewand hüllt. Fürwahr: Das ist nur Leidenschaft, Eifersucht, Bangnis, Schrecken, Todesangst, Zank und Streit. Ruht er auf seinem Lager aus, so verwirrt ihm der nächtliche Schlaf den Sinn. Kaum ist er einen Augenblick sorglos, jagt es ihn auf, mitten aus den Träumen. Er flieht vor den Gesichten seiner Seele, wie ein Entronnener auf der Flucht vor seinem Verfolger (Sir 40.1–6).

Welch mühsamer Weg führt den Menschen zu jenem Zustand vornehmer Gelassenheit, den Paulus beschrieb: »Allenthalben eingeengt, ängstigen wir uns doch nicht; ratlos sind wir, doch nicht mutlos; verfolgt, doch nicht verlassen; niedergeworfen, doch nicht verloren. [...] Ich will mich meiner Schwachheit rühmen. Ich bin froh in Schwachheiten, Schmähungen, Nöten, Verfolgungen und Bedrängnissen. [...] Denn: Wenn ich schwach bin, dann bin ich stark« (2 Kor 4.8–9, 12.9–10).

Diesen Weg wesenhafter Daseinswerdung möchten wir in diesem Abschnitt meditativ durchwandern und dabei zu jener Ruhe gelangen, die eine innere Befriedung ermöglicht. Wir wollen den existenziellen Status quo unseres Bedrohtseins von innen her

33. »Wie so oft in der neueren Zeit waren es vor allem Dichter, die in die von den Theologen offengelassene Lücke sprangen; Bloy, Bernanos und Claudel in Frankreich, Gertrud von Le Fort und viele, die sich um die Geistigkeit des Karmel bemühten, in Deutschland« (Hans Urs von Balthasar: *Der Christ und die Angst*, Einsiedeln: Johannes-Verlag, 1951; vergleiche Seiten 7–9).

sprengen und unser Dasein dem hellen Licht der Freude öffnen. Denn gerade dies ist die Wesensgestalt des Wunders: der radikale Sprengwille, den üblichen Zusammenhang der Dinge aus den Angeln zu heben. Das *Wunder* in seiner existenziellen Bedeutung ist des religiösen Daseins liebstes Kind, sehr zum Leidwesen vieler Theologen und Philosophen. Das Wunder und das Wunderbare sind in den Religionen gerade das, was in ihnen nicht Aberglaube ist. In ihnen stemmt sich das menschliche Bewusstsein gegen das Nichts. Die Wahrheit des Wunders ist doch: Der Sprung und der Durchbruch sind möglich. Gegen die heillosen Zusammenhänge der Welt geschieht im Wunder eine Unterbrechung. Hier wird etwas – wie Hegel schreibt – »durch den Anfang unterbrochen, der, ein Blitz, in einem Male das Gebilde der neuen Welt hinstellt.«[34] *«Natura facit saltus.»* Es gibt in der Welt des Gewohnten Sprünge in das Ungewohnte. Nicht nur Furcht, Not und Ungewissheit sind die treibenden Kräfte des Glaubenwollens an Wunder, sondern der Lichttrieb nach einer gelungenen Welt. Durch unsere Erfahrungen ist es noch nicht ausgemacht, was aus unserem Leben an Neuem und Unerwartetem emporsteigen kann. Es gibt eine Heilslatenz in unserer schwierigen Welt, die unerwartet hervorbrechen kann, trotz aller Bedrohung. Etwas Reines, gar nicht Abergläubisches und auch nicht Schwärmerisches zeigt sich im Wunderglauben (wenn wir ihn auf seine Intentionalität zurückführen), womit wir geradezu das Wesen unserer inneren Dynamik definieren könnten: Trotz aller Evidenz des Vordergründigen gibt es einen Weg vom Dunkel ins Licht.[35]

Freilich wäre es ungerecht zu sagen, die Erlebnisse der Bedrohung überwögen im menschlichen Leben. Es gibt in unserem Dasein etwas, das die Bibel mit dem Ausdruck *»erste Liebe«* (Offb 2.4) bezeichnet. Die erste Liebe zur Welt, Augenblicke, da der Mensch ein Übermächtiges spürt, da der Atem des Alls alle Verengung aufsprengt und das kleine Menschenleben mitschwingt im Rhythmus der Farben und der Schönheit; da alles noch war wie ein Reich des Lichtes und der leuchtenden Grenzen; da der Mensch die Dinge bei ihrem Namen nannte und zu ihnen sprach, dass sie schön und gut seien. Es gab einmal in unserem Leben eine heilige

34. Georg Wilhelm Friedrich Hegel: *Phänomenologie des Geistes,* Sämtliche Werke, Band 2, Leipzig: Felix Meiner, 1937, Seite 10.

35. Zu dieser Deutung des Wunders siehe auch Ernst Bloch: *Das Prinzip Hoffnung,* Frankfurt a.M.: Suhrkamp, 1959, Band 2, Seiten 1399ff.

Inbrunst zu den Dingen der Welt. Wir haben mit Staunen erahnt, welche Abgründe im Menschen schlummern und welche Höhen sich in ihm aufrichten. Jeder Fund war noch eine Perle. Die Träume zogen noch ihre unsichtbaren Fahrten. Die schönsten von ihnen galten der Freundschaft und der Liebe. Das Leid der Menschen konnte uns noch in unseren letzten Tiefen aufwühlen. Wir waren noch mit stiller Einfalt erfüllt, die unsere Hände wie Kinderhände falten ließ. Alle Sattheit wurde in uns zerrissen von einem Sturm von Sehnsucht. Wir konnten noch weinen vor Heimweh und schöpferisch ringen in aufrichtiger Freiheit. Das klare Hinperlen der Ereignisse machte unsere Seele heiter. Die Welt war noch ein Tisch des Überflusses. Wir konnten noch die Frau bewundern: die Zartheit ihrer Liebe, die Feinheit ihres Ahnens, das Bergende ihrer Mütterlichkeit. Wir konnten noch bewundern den Mann: seine schützende Kraft, seine beruhigende Festigkeit, seine helle Führung und sein klares Bewusstsein. Fröhlich lachten wir noch mit den Lachenden; aber wir konnten auch mit den Weinenden weinen. Und auf einmal war dieses brennende Herz nicht mehr da. Es enthüllte sich vor uns die Armseligkeit des Lebens. Ekel sammelte sich in der Tiefe unserer Seele. Mit nackten Händen standen wir vor dem Grauen. Auf einmal hat nichts Neues mehr gekeimt. Es kam die Zeit, von der der weise Mann der Bibel spricht:

> Die bösen Tage sind da, von denen du sagst: Sie gefallen mir nicht. Die Sonne wird dunkler und auch das Licht, der Mond und die Sterne. Nach dem Regen kehren neue Wolken zurück. Die Wächter des Hauses zittern und die starken Männer krümmen sich. Die Mahlmägde arbeiten nicht mehr. Der Tag verdunkelt sich in den Fenstern. Die Tore nach draußen schließen sich und der Laut der Mühle wird leiser. Der Laut der Vögel hält inne und alle Lieder schweigen. Man fürchtet sich vor der Anhöhe und auf dem ebenen Weg geht man zitternd (Pred 12.1–5).

In diesem Umschwung unserer Befindlichkeit (der uns oft die klarsten Einsichten unseres Lebens vermittelt) erleben wir, in welche Traurigkeit das menschliche Leben hineingetaucht ist. Wir erfahren jenes, was wir vorhin als den »üblichen Zusammenhang der Dinge«, »die heillose Welt« und die »schwierige Erde« benannt haben.[36] Was bedeutet das, dass der Mensch derart niedergedrückt werden kann? Was geht dabei in unserem Dasein vor? Mit drei Bildern deutet Johannes die Grundformen menschlichen Elends in seinem symbolträchtigen Bericht vom Teich Betesda an: Blinde, Lahme, Abgezehrte (Joh 5.2–3). Wir möchten diese drei Bilder auf ihre daseinsdeutende Valenz hin durchleuchten.

Der Blinde

Johannes selbst gibt uns einen Hinweis, wie wir unsere existenzielle Blindheit als Bild unseres Lebens zu deuten haben: »Wer liebt, bleibt im Licht« (1 Joh 2.10). Erst die Liebe öffnet uns die Augen und lässt uns die Zusammenhänge des Lebens erkennen.[37] »Blindheit« bedeutet demnach schlicht: *Liebesunfähigkeit.*

Was ereignet sich, wenn bei Anbruch des Tages das Dämmern ins Lichthafte übersteigt? Die Dinge erscheinen. Sie brechen aus der Verschwiegenheit ihres Dunkels auf, in die Erscheinung hinein. Sie bekunden sich von innen her, öffnen ihren Wesensgrund, werden einmalig, unterscheidbar, treten aus ihrer Verschlossenheit hervor. Das Licht entbirgt also, schafft Raum für Selbstbekundung. Deshalb ist es auch Symbol der Liebe. »Das Licht hat das, was in der Macht seines erweckenden Anrufs offenbar wird, nicht erdrückt und vergewaltigt, sondern an ihn selbst freigegeben, aus der Nacht der Verborgenheit restlos ins eigene Wesen gestellt, auf dass es sich darstelle, und es nicht in die Entfremdung verstoße. Es geht in das Andere vorbehaltlos ein und tritt dennoch vor diesem anderen zurück«.[38]

In seiner Verhaltenheit wirkt das Licht lebenerweckend. Es hat nur Macht, indem es sich zurückhalten kann, damit das Andere in seiner eigenen Farbigkeit erscheine. Und so können wir von der

36. In seiner Deutung Søren Kierkegaards versucht ROMANO GUARDINI die Spannweite abzustecken und die inneren Dimensionen deutlich werden zu lassen, in welchen sich Schwermut, dieses vielleicht schmerzlichste Phänomen des Lebens, bewegt. Siehe *Vom Sinn der Schwermut,* Zürich: Arche, 1949, Seiten 7–24.

37. Siehe dazu PIERRE ROUSSELOT: *Die Augen des Glaubens,* Einsiedeln: Johannes-Verlag, 1963, besonders den Abschnitt »Sicht durch Liebe«, Seiten 46–49; und ROMANO GUARDINI: *Johanneische Botschaft,* Freiburg i.Br.: Herder, 1962, Seiten 104f.

38. FERDINAND ULRICH: *Atheismus und Menschwerdung,* Einsiedeln: Johannes-Verlag, 1966, Seite 26.

»Keuschheit« des Lichtes sprechen, von seiner Armut und Selbstentäußerung. Es ist ein abgründiges Ja im Licht – und ebenso in der Freundschaft und Liebe –, das die Dinge und Menschen seinlassend zum Sein bringt.[39] Liebe ist eine auskehrende Bewegung. Ihr Grundereignis ist das Wort: *«volo ut sis»*, »ich will, dass du bist«; und darin noch tiefer: Ich will, dass du mehr wirst. Die Liebe ruft das Du über sich selbst hinaus ins je größere Leben hinein; sie schenkt Hoffnung, da sie dem Geliebten die Zukunft auf das eröffnet, was er zwar von Anfang her immer schon war, ohne es aber geworden zu sein. »*‹Volo ut sis›* sagt daher: Ich will, dass du dein eigenes Leben zur Vollendung bringst. [...] Ich will, dass du du selbst wirst, gerade dann, wenn ich selbst du werde. [...] Ich will, dass du dich weitest, ausspannst und auftust auf das Ganze der Wirklichkeit hin, [...] gerade dann, wenn ich in dir Wohnung nehme und mich ganz in dich einverwandle.«[40]

Nach diesen Andeutungen über die »Liebe als Licht« erahnen wir, was jene innere *Lichtlosigkeit* bedeutet, die wir mit dem Bild der existenziellen Blindheit gekennzeichnet haben. Sie ist die Haltung des Zugreifens, des In-Besitz-Nehmens. Sie lässt das andere Wesen nicht in Erscheinung treten, entzieht ihm den Raum, in den hinein es sich entfalten könnte. Indem sie allein herrschen will, vollzieht sie die Tat der Ent-Schaffung des anderen und verdunkelt somit das Sein selbst in der Welt. Somit hat sie kein Gegenüber mehr, in dem sie sich verlieren und gerade darin sich selbst gewinnen würde. Ihr eigenes Antlitz wird nach und nach dunkel, einer Finsternis zugewandt.[41]

Wenn die Grundformel des lichthaften Seins »Selbstwerdung durch Selbsthingabe« war, so lautet die der blindgewordenen Existenz *»Selbstvernichtung durch Selbstbehauptung«*. Dies sind jene Finsternisse, in die Christus sein Lichtwesen hineinstrahlen wollte. Sobald aber der Mensch sich nicht mehr von einem Hell- und Fühligwerden des Herzens heraus (von dem aus, was etwa bei

39. Zur Analyse der Freundschaft und der Liebe siehe die folgenden Untersuchungen des Verfassers: *Der anwesende Gott: Wege zu einer existenziellen Begegnung,* GA Band 2, Seiten 17ff; *Im Menschen Gott begegnen,* ebenda, Seiten 255ff; und *Mysterium Mortis: Der Mensch in der letzten Entscheidung,* GA Band 3, Seiten 108ff.

40. Ferdinand Ulrich: *Atheismus und Menschwerdung,* Einsiedeln: Johannes-Verlag, 1966, Seite 14.

41. *«Esse ad lucem pertinet»* (Thomas von Aquin: *Expositio super Librum de causis,* I, 6).

Augustinus mit dem Wort *«lumen cordis»* bezeichnet wird)[42] begegnet, bricht eine Feindseligkeit auf und die Finsternis zieht sich zusammen. Dabei braucht das Gefühl, das sich gegen den anderen richtet, nicht einmal eine furchtbare Form annehmen. Die Finsternis, in welcher das Bild des Menschenbruders verschwindet, beginnt früher: in kränkenden Worten, in verachtenden Gedanken, in giftigen Empfindungen, in einem Urteilen, das den Fehler des anderen verwirft, ohne ihn selbst aufrechtzuerhalten. Wenn der Mensch all das in sich aufkommen lässt, dann verdunkelt sich ihm das Bild des Menschenbruders. Die Worte, selbst die klarsten, werden ihm zweideutig. Man sieht Absichten, wo keine sind. Man geht mit dem Bruder nicht mehr im Licht, sondern im Dunkel. Ob dann etwas Furchtbares geschieht, kann von einem Zufall abhängen. Wer von uns kann aber derart über seine eigene Müdigkeit Herr werden, dass er strahlend die Dinge und die Menschen erhellt, sie ständig zu neuem Eigensein erweckt? Wer von uns hat dieses «Licht des Herzens«? Gewöhnlich ist uns trüb zu Mute. Alles drinnen ist stumpf und schwer. Unser Zuhause ist nicht das leuchtende Herz, sondern jene existenzielle Blindheit des innerlich Kleinen, der seine Gleichgültigkeit, Unfreundlichkeit und Grausamkeit nicht mehr überwinden kann.[43]

Der Lahme

Dann wird auf einmal der Mensch – gerade der gute Mensch – seiner eigenen Herzensmüdigkeit inne. Das Gefühl einer inneren Lähmung nähert sich ihm und steigt ihm ans Herz. Wo ist das übersprudelnde Leben, dieser Brunnen, von dem so viel Zärtlichkeit geflossen ist? Man wird hart und schrumpft zusammen bis zur *Erschöpfung*. Ein Skelett von Pflicht, ohne Fleisch noch Herz. Aus Gewohnheit ist man weiter »gut«, aber es ist eine müde Güte, eine schmerzliche Güte, voll von zorniger Geduld. Jetzt ist der Mensch ausgetrocknet und vermag nicht wieder zur Quelle zu werden.

42. Siehe Aurelius Augustinus: *Epistulae,* 140:22.54 (PL 33, 561: *«cordium lux Deus»*) und *Epistulae,* 140:25.62 (PL 33, 565: *«vita cordium Christus»*). Wahrscheinlich von dort (und auch von Johannes) kommt die schöne Anrufung des Heiligen Geistes in der Kirche: *«Veni lumen cordium».*

43. Siehe Romano Guardini: *Johanneische Botschaft,* Freiburg i. Br.: Herder, 1962; siehe vor allem den Abschnitt »Licht der Liebe«, Seiten 102 ff.

Man wünscht an solchen Tagen, keine Seele mehr zu haben, nur ein animalisches oder vegetatives Geschöpf zu sein; ein Tier, das zittert oder singt, eine Pflanze, die nichts braucht als Luft, Wasser und Sonne. Ein Hund, der seinem Herrn folgt, ohne Verdammnis noch Heil. Man hat das Gefühl, nur noch ganz am Rande auf der Erde zu weilen. Man könnte Tag und Nacht schlafen, sich hineinfallen lassen in eine trostlose *Einsamkeit.* Keine Hoffnung scheint mehr da zu sein. Gerade jene Hoffnung, die man mit dem Schweiß seiner Stirn genährt hat.

Und auch die Liebe scheint nicht mehr da zu sein. Sie hat – dieses schmerzhafte Geschöpf – einem Leib und Seele zerbrochen. Man fragt sich: Werde ich immer einer von denen sein, die nichts fordern, sich nicht verteidigen, sich alles nehmen lassen? Es kommt die Einsicht: In meiner Hingabe bin ich – vielleicht nur unbewusst – einem zum Tode Verurteilten gefolgt. Dann die große Versuchung: Ich bin schwach, kann weder Gott noch Menschen lieben; ich sehe nicht mehr klar; mein Herz ist erkaltet; die Tugend in mir ist am Ende ihrer Kräfte; der Glaube selbst bricht zusammen, und es gibt keine Spur von Hoffnung mehr, nicht auf Erden und nicht im Himmel. Und innerlich die große *Unsicherheit:* Wenn ich Böses tue, bin ich nie sicher, dass es böse ist; wenn ich Gutes tue, bin ich nie sicher, dass es gut ist; wenn ich Ja sage, bin ich nicht sicher, ob es wahr ist. Die Seele ist zu einem unruhigen Schwanken geworden zwischen Wahrem und Falschem, zwischen dem Guten und dem Bösen. Als Kind hatte man Angst, wenn man sich über tiefe Brunnen beugte, wenn man unter der scheinbar unermesslichen Höhe der Kathedralen hinging; aber damals war irgendjemand da, eine Hand, die die meine nahm, eine Stimme, die für mich die schwindelnden Bogengänge mäßigte. Jetzt ist man wieder klein geworden, und keine Hand ist mehr da, vielmehr müsste man für die anderen eine Hand sein. Man wird mehr und mehr Opfer einer seltsamen Unordnung der Dinge – innen und außen –, der man nicht mehr abzuhelfen vermag. Und immer wieder dieses unruhige *Leiden wegen des Bösen.* Man hat schon aufgegeben, es zu studieren. Wozu wäre es noch gut? Man fürchtet die Bücher, die davon sprechen. Sie quälen mehr als sie Erleichterung bringen. Wer kann antworten? Niemand! Der gute Mensch und seine Verzweiflung: Er hat so sehr mit den Leidenden geseufzt, er war so sehr tot mit den Toten, er nahm so sehr ihre Beklemmnisse, das verzweifelte Erlöschen ihres Atems, die aufsteigende Kälte ihrer

Glieder in sich auf, dass er vielleicht an seiner eigenen Auflösung weniger leiden wird als an jenen Auflösungen, die er *anstelle anderer* ausgehalten hat. Er hat Gott im Bruder zu sehr und zu lange ertragen, wie Christus, der sich auch niederwarf im Garten in der Stunde der »Macht der Finsternis«. Dieses Gefühl des Nicht-mehr-Könnens, diese restlose Preisgabe war vielleicht seine (und unsere) letzte Frömmigkeit.[44]

Der Abgezehrte

Gerade in diesem Verlust der inneren Kräfte des Daseins ereignet sich die Rückführung des Menschen auf seine ursprüngliche Intentionalität. Mögen die Worte leer werden, die sicheren Bezüge wanken, mag das Geheimnis übermächtig werden und das Gefühl der eigenen Ohnmacht uns erdrücken; dies alles zeigt nur, dass das Eigentliche anderswo zu suchen ist. Stumm erhebt der Mensch seine leeren Hände zu Gott; vielleicht nicht einmal mit der Gebärde der Sehnsucht, sondern der nichtwissenden Hingabe.

Nicht einmal die Sehnsucht zählt, sondern etwas Tieferes und Endgültigeres, das sich aber nur schwer in Worte fassen lässt. Die *Sehnsucht nach Sehnsucht* (*desiderium desiderii*), in der Ignatius von Loyola mit seiner aufs Wesentliche zielenden Intuition die Urtiefe menschlicher Existenz erschaut hat,[45] ist hier entscheidend. Da, in der Tiefe der aufs Allerletzte reduzierten Existenz, erfasst der

44. Es wäre hier vielleicht angebracht, auf zwei Bücher christlicher Glaubensnot hinzuweisen: REINHOLD SCHNEIDER: *Winter in Wien,* Freiburg i. Br.: Herder, 1958; und MARIE NOËL: *Erfahrungen mit Gott,* Mainz: Matthias-Grünewald-Verlag, 1961 (eine Auswahl aus den *Notes intimes*). Eine Deutung dieser zwei Bücher hat der Verfasser vor einigen Jahren vorgelegt: »Reinhold Schneider und Marie Noël: Verzweiflung und Gnade unserer Zeit« in *Dokumente,* Heft 8, 1962, Seiten 369 ff; und in *Offenheit des Geistes,* GA Band 1, Kapitel »Gefahr: Reinhold Schneider und Marie Noël«, Seiten 327–352.

45. Den entsprechenden Text findet man im *Primum ac generale examen iis omnibus qui in Societatem Jesu admitti petent proponendum.* Dort (Caput IV, 45) sagt Ignatius von Loyola: «Quod si quis propter humanam nostram debilitatem ac miseriam, in se huiusmodi tam inflammata in Domino desideria non sentiret, interrogetur, an certe desiderium in se sentiat, huiusmodi desideria sentiendi.« Der erste, von Ignatius selbst mit dieser Aufgabe betraute Ausleger der Konstitutionen, JERÓNIMO NADAL, schreibt in seinem *Scholia in constitutiones et declarationes S. P. Ignatii* zu dieser Stelle: «Si vero [quod vix fieri potest] negaverit se etiam desiderium illud desiderandi habere, eo omni studio ducendus est, nec recipiendus donec hac ex parte satisfaciat.»

Mensch: Dieses Eine kann mir niemand nehmen; nicht meine Schuld und nicht meine Müdigkeit; nicht mein Nicht-Glauben-können und auch nicht meine Verdunkelung. Hier ist der Mensch, vielleicht weinend vor Schmerz und Unglück, uneinnehmbar und sicher gehalten. Gerade das erfahrene Elend offenbart ihm die eigene Unzerstörbarkeit und Unbedrohtheit. Nicht einmal ich selbst, nicht einmal die tiefste Verzweiflung kann diese Urregung auslöschen: »Wenn es doch anders wäre!« Es gibt eine Gnade menschlichen Weinens, das *donum lacrimarum.* Da ereignet sich jenes Weinen des Geschöpfes, das zwar nicht mehr weiterkann, aber dem Wunsch danach, zu wünschen, weiterzukönnen, nicht zu entweichen vermag. Dies ist vielleicht der radikalste Vorstoß zur menschlichen Unzerstörbarkeit, gerade weil er scheinbar gegen unseren eigenen Willen geschieht. Selbst um den Preis der Verzweiflung kann ich meine eigene Vernichtung nicht erkaufen. Hier erleide ich das Sein und bin ich ihm unweigerlich zugetan.[46] Dieses Eine wenigstens übersteigt mich selbst unendlich: die Sehnsucht nach Sehnsucht.

Beweisen kann man allerdings diese Evidenz nicht mehr, weil sie eben Evidenz, unmittelbare Innewerdung, ist und keine Vermittlung durch irgendeinen anderen Grund zulässt, der einsichtiger wäre als sie selbst. Hier wird Philosophieren wirklich zum Anruf, sich selbst der Herausforderung des Sich-Zeigenden zu stellen. Eine der wesentlichsten Funktionen der Religion ist aber, die Daseinserfahrungen in *Schicksalsbildern* zu verdichten, um die flüchtige Evidenz in die Sphäre des Ganzheitlich-Erlebbaren (wobei Einbildungskraft, Einsicht, Wille, Sehnsucht, Betroffenheit und Schau ineinanderschwingen) heimzuholen. Die Verflochtenheit des Konkreten mit dem Allgemeinen löst jene dynamische Bewegtheit aus, die bewirkt, dass der Mensch seines eigenen Schicksals innewird.

—

Solche Schicksalsbilder sind mächtige *Symbole der Urereignisse* unseres eigenen Daseins, Marksteine auf dem Wege unserer eigenen Ursprünglichkeit. Das Symbol ist bluterfüllte Erdengestalt, das

46. Es wird hier eine Einsicht MAURICE BLONDELS aufgegriffen, die er am eindringlichsten in seinem Werk *L'Action: Essai critique de la vie et d'une science de la pratique,* 1893 (Neudruck: Paris: Presses Universitaires de France, 1950), dargelegt hat. Wichtig für die Deutung Blondels ist das Buch von HENRI BOUILLARD: *Blondel et le christianisme,* Paris: Éditions du Seuil, 1961.

Geheimnis ewigen Schicksals offenbarend. Die Frage, welche geschichtlichen Elemente, welche tatsächlichen Vorkommnisse einem solchen, zum Maßstab der Existenz erhobenen, zum Sternbild des Lebens gewordenen[47] Schicksalsbild zugrunde liegen, mag für unsere Untersuchung vorläufig als belanglos erklärt werden. Diese Frage gehört in den Zuständigkeitsbereich der Historie, der feststellenden Erforschung der Vergangenheit, während unser Nachdenken sich auf die gegenwärtige Daseinsgeschichte richtet. Dabei wird die Historizität der Ereignisse, aus denen eine Schicksalsgestalt sich zusammenballt, keineswegs infrage gestellt, sondern nur für die Daseinserhellung als irrelevant betrachtet und somit von vornherein ausgeklammert.

Eines der mächtigsten Symbole für unsere Frage (Was bedeutet das, dass der Mensch sich als bedroht erfährt und gerade in diesem Bedrohtsein seiner ewigen Unbedrohtheit innewird?) ist das *Schicksalsbild des Propheten Elias.* In knappen Zügen soll es hier zuerst geschildert werden, so wie es im Elias-Zyklus des ersten Buchs der Könige (Kapitel 17–22) und am Anfang des Elisäus-Zyklus im zweiten Buch der Könige (Kapitel 1–2) aufgezeichnet ist.

Das Schicksal des Propheten Elias erfährt in den Weisheitsbüchern eine letzte Rückführung auf das Wesenhafte. Jesus Sirach schildert ihn so:

> Da stand der Prophet Elias auf wie Feuer, dessen Wort wie eine flammende Fackel war. Er brachte Hungersnot über die Menschen, sodass er sie durch sein Eifern verminderte. Auf das Wort des Herrn hin verschloss er den Himmel und ließ dreimal Feuer niederfahren. Wie herrlich warst du, Elias,

47. Siehe dazu die Verse aus Rainer Maria Rilkes *Duineser Elegien* (»Vierte Elegie«, Verse 76–78) »Wer zeigt ein Kind, so wie es steht? Wer stellt es ins Gestirn und gibt das Maß des Abstands ihm in die Hand?«. Dazu bemerkt Romano Guardini: »Die Gestalt des Kindes wächst ins Ungeheure: ›Wie es steht‹ – wer kann das zeigen? Ein Vorgang aus dem mythischen Erleben: dass ein Irdisches ›ins Gestirn gestellt‹ wird. Das vom Worte ›Wer‹ Gemeinte ist kein Mensch, sondern eine Macht – jene, welche in den Mythen die Außergewöhnlichen, die ihr Menschendasein heroisch gelebt hatten, zu Sternbildern erhob: von der Erde weg an den Himmel; aus dem Zeitlichen hinaus ins Ewige; aus dem Charakter zur Zufälligkeit in den der Maßgeblichkeit. [...] Und [dieses Sternbild des Kindes] müsste das ›Maß des Abstands‹ in der Hand haben. Dieses Maß bestimmt den Unterschied zwischen ihm und der Welt, wo Gescheitheit, Zweck und Konvention herrschen (*Rainer Maria Rilkes Deutung des Daseins,* München: Kösel, 1953, Seiten 178f).

> durch deine Wundertaten. Wer kann sich in seinem Stolz mit dir vergleichen? Du erwecktest einen Verstorbenen vom Tode aus dem Scheol nach dem Worte des Allerhöchsten. Du ließest Könige ins Grab sinken und Mächtige von ihren Krankenlagern. Du vernahmst am Sinai Strafdrohungen und auf dem Horeb Urteilssprüche der Rache. Du wurdest nach oben entrückt im Sturm auf einem Wagen mit Feuerpferden. Du bist bezeichnet für künftige Drohungen, um den Zorn zu beschwichtigen, ehe er entbrennt, um das Herz der Väter den Söhnen wiederzuzuwenden und wiederherzustellen die Stämme Jakobs. Selig, wer dich sieht und entschläft in der Liebe, denn auch wir werden das Leben besitzen (Sir 48.1–11).

Und von diesem Menschen behauptet der Jakobusbrief des Neuen Bundes, dass wir uns selbst in ihm erkennen können: »Elias war ein Mensch uns gleichgeartet« (Jak 5.17).

Aus einer schweigenden Unbekanntheit tritt er plötzlich hervor. Eine Feuergestalt geht da in die Wirrnisse der Zeit hinein. Woher er seine Macht hat, wie er so geworden ist, erfahren wir nicht. Nur eines: dass er von *ungeheurer Lebendigkeit* erfüllt war und sich vom Eifer verzehren ließ. Seine Sprache hub immer wieder an: »Jahwe lebt!« Er warf sich hinein in den Kampf gegen die Mächtigen, die in der Herrlichkeit ihrer Siege und ihres Wohlstandes in verhärtetem Stolz lebten, die Kleinen und die Wehrlosen unterdrückten. Seinen eigentlichen Kampf führte er aber gegen jenes »Nichts«, in dem die Propheten seit jeher das Wesen des Götzendienstes erkannt haben. Götze ist der reine Schein, die hohle Äußerlichkeit, hinter der eine Leere klafft. In blitzeschleudernden Reden und Taten bekämpfte Elias dieses Nichts.

Wenn der Geist über ihn kam, konnte er rennen, reden, Machtworte sprechen, bis zum Äußersten Widerstand leisten, drohen und sich auf die Seite der Bedrückten stellen. Es gab zwar auch *stille Stunden* in seinem Leben, etwa die ruhige Weile der Zurückgezogenheit am Bache Kerith. Die Raben brachten ihm Brot am Morgen und Fleisch am Abend, vom klaren Wasser des Baches trank er. Er erfuhr die zarte Zuneigung einer gebrochenen Frau, der er das Teuerste ihres Lebens zurückgab. Diese heilige Lebendigkeit war aber in ihm bedroht. Angst befiel ihn, der Geist war auf einmal nicht mehr da, nur äußerste Einsamkeit umgab ihn. Der Bach seines Lebens war vertrocknet. Da flüchtete er vor dem drohenden Nichts, hinaus aus aller Menschennähe, hinein in die wüste Einsamkeit, in die Ödnis des Daseins. Nicht einmal sein Diener konnte ihm in diesem Rennen in die Wüste folgen. Alle Großartigkeit fiel auf einmal von ihm ab. Äußerlich und innerlich hat er sich ausgebrannt.

Nun wünscht er sich den Tod, vielleicht sucht er ihn sogar, indem er mit allerletzter Kraft in die verzehrende Wüste hineinschreitet. Dann fällt er hin, in einen ohnmächtigen Schlaf, wacht auf, schläft weiter im kläglichen Schatten eines Wüstenstrauches. Da wird ihm klar: Die Flucht vor der Bedrohung war eine Sehnsucht nach Leben, nach Stille, nach Endgültigkeit. Diese letzte Sehnsucht (versinnbildlicht in der Gestalt des Engels)[48] richtet ihn wieder auf und lässt ihn weiterrennen zum Berge Horeb, zu Gott. Er findet Zuflucht in einer Höhle des heiligen Berges.

In der Dunkelheit zwischen den Felsen *befragt er nun seine Seele:* Was suchst du überhaupt, du, Alleingebliebener unter den Propheten? Was suchst du überhaupt im Leben noch? Elias hat sich glühend ereifert für den lebendigen Gott und ist dabei ein weltabgeschiedener Flüchtling geworden. Auf einmal merkt er etwas Sonderbares: Ein gewaltiges Gewitter lässt den Berg erzittern, Felsbrocken rollen hinunter. Das war mein Leben, aber es war nicht Gott. Blitze schlagen ein, der Berg erglüht im Feuer. Das war mein Leben, aber es war nicht Gott. Alles bebt unter der Gewalt des Sturmes. Dieses Beben war mein Leben, aber es war nicht Gott. Und dann – auf einmal – ist alles vorbei, wie die Berggewitter plötzlich abbrechen können. Die Wolken lichten sich, der Wind lässt nach. Elias tritt aus der Dunkelheit der Höhle hinaus und hört das leise Säuseln eines Windhauchs, spürt es auf seinem Angesicht. Da geschieht es: Das war die Sehnsucht meines Herzens immer schon; das war jenes, was ich immer schon war, aber nie wirklich geworden bin: Stille, Ruhe, leise Berührung, zurückgehaltenes Sein. Da bedeckt Elias sein Antlitz, verhüllt es mit seinem

48. Es wäre hier auf die Engelserscheinungen hinzuweisen im Zusammenhang mit dem Propheten Daniel, der vom Engel» «vir desideriorum» (»Mann der Sehnsüchte«) genannt wurde (Dan 9.23). Es war der Engel Gabriel, dessen Name verschiedentlich als »Starker Gottes«, »Gott hat Sich stark gezeigt« und »der vor Gott steht« gedeutet wird. Es ist das erste Mal, dass ein Engel in der Bibel mit Namen bezeichnet wurde (siehe Dan 8.16–26, 9.21–27). Siehe auch Lk 1.19. Vielleicht könnte man die »Engel« von diesen Hinweisen aus als »Vermittlungsstelle und Verdichtung menschlicher Sehnsucht« nennen. Siehe dazu auch LADISLAUS BOROS: *Engel und Menschen,* GA Band 4.

Mantel, denn so nahe ist ihm das Geheimnis, dass er nur mehr in blinder Hingabe vor ihm stehen kann.

Jetzt begreift Elias, dass ihm nichts mehr geblieben ist als die Stille, als das schweigende Gegenüber. Um den Geist in seinem Volke aufrechtzuerhalten, steigt er noch vom Berg hinunter, um einen Menschen zu finden, der sein Prophetenschicksal weiterträgt.[49] Er findet Elisäus, der ihm nachfolgt und ihn nicht allein lassen will, bis er das Geheimnis seiner Stille langsam zu verstehen beginnt. Rastlos wandern die beiden von einem Ort zum anderen. Die Menschen sind bestürzt, sie ahnen das Geheimnis seiner Stille und Entrückung. Elias hat vor dem erahnten Gott sein Antlitz verhüllt, also das Letzte nicht gewagt. Seine Kraft reichte nicht hin, um Gott ins Angesicht zu schauen. Schließlich ergreift ihn die *Ahnung:* Man müsste, man sollte, man könnte sich dem Allerletzten stellen; das Allerhöchste kann nicht tödlich sein für den Menschen; der Mensch, so wie er ist, muss es ertragen können.[50] Elisäus sagt überall den Freunden um Elias, sie sollen schweigen. Wo das Letzte eines Schicksals sich erfüllt, muss es von menschlicher Stille umhüllt, schweigend verehrt werden. So wandern sie schweigend in die Wüste hinein. Auf einmal sind sie durch eine neue Feuererscheinung voneinander getrennt, und Elias wird im Feuerwagen mit glühenden Rossen weggerissen, hinein in sein ewiges Schicksal. Nur sein Prophetenmantel bleibt auf dem Wüstensand liegen.[51] Mit ebensolcher Plötzlichkeit, wie er aus der Unbekanntheit in die Welt der Menschen hineintrat, entschwindet er ins Zeichenhafte.

Wir dürfen dieses Schicksalsbild, seine Einheit und Geschlossenheit, seine Zeichenkraft, nicht durch weitere Deutung zerstören. So, wie die Geschichte hier erzählt wurde, war sie schon Deu-

49. ODA SCHNEIDER verlegt das im 21. Kapitel des ersten Buches der Könige berichtete Geschehen vor das 17. Kapitel (siehe: *Elias,* Paderborn: Schöning, 1962, Seite 17) mit Berufung auf die Untersuchungen von Jean Steinmann. Uns scheint aber die existenzielle Gestalt die maßgebendere Norm zu sein für die Entscheidung einer so wichtigen Frage.

50. Dieses Ertragenkönnen Gottes (die Forderung des »Unverhüllten Angesichts vor Gott«) ist wohl die Grundlage und die eigentliche Meinung der katholischen Lehre vom Fegfeuer. Vor Gott kann nur der »aufgerichtete Mensch« stehen (Ernst Bloch). Siehe dazu den Entwurf des Verfassers in *Mysterium mortis,* GA Band 3, Kapitel »Läuterungszustand«, Seiten 163ff.

51. Siehe PIERRE TEILHARD DE CHARDIN: *Hymne de l'univers,* Paris: Éditions du Seuil, 1961, Seiten 71–75.

tung genug.[52] Wir sind nun – nach unserem phänomenologischen Entwurf – einigermaßen in der Lage, die hier angepeilte *Urevidenz* zu formulieren: Der Mensch ist bedroht, nicht nur von äußeren Mächten und Ereignissen, sondern noch mehr durch sein Menschsein. In dieser allseitigen Bedrohung wird er auf das Wesentliche seines Schicksals zurückgeführt. Darin wird ihm aber gleichzeitig die eigene Unzerstörbarkeit bewusst. Je mehr der Mensch in dieses Geheimnis hineinschreitet, umso stärker wird in ihm das befriedete Sein. Diesem Wachstum in das Befriedetsein ist keine Grenze zu setzen, da der Befriedende selbst sich als wachsendes Geschenk und unerschöpfliche Gewährung enthüllt. Dem Menschenschicksal steht eine ewig wachsende Sehnsucht in ständiger Erfüllung bevor. Man müsste diese hier mühsam zusammengetragenen Elemente schließlich in eine Einheit zusammenschauen, um die Tiefe der angedeuteten Urevidenz zu erahnen, der die menschliche Sprache den Namen *Unsterblichkeit* als richtungweisendes Zielwort gegeben hat: aus der allseitigen Bedrohung erwachsende Einsicht des Gnadenhaften, aber in seiner Gnadenhaftigkeit im eigenen Dasein von vornherein einbeschlossenes ewiges Leben mit Leib und Seele.

Dies wäre die erste Definition des menschlichen Daseins, die wir im Zuge der hier zu entwickelnden Anthropologie aussprechen: *Der Mensch ist jenes Wesen, das in seiner allseitigen Bedrohung die Wirklichkeit eines absoluten Du zu erfahren vermag.* Abschließend seien nun noch zwei ergänzende Bemerkungen erlaubt, welche die Linien des bisher Ersichteten zu ihren letzten Konsequenzen zusammenstreben lassen:

Erstens: Uns scheint, dass jenes absolute Du, Dessen Gegenwart in der Tiefe der eben geschilderten Erfahrung wir entdeckten, nicht einfach »Gott« heißen kann. Die Dynamik der unter der Last der Bedrohung sich ereignenden Daseinswerdung zielt – vielleicht nur unbewusst und unthematisch, dennoch aber wirklich – auf ein Mehr. Der bedrohte Mensch, um ewig geborgen zu sein, braucht

52. Diese Deutung bestand vor allem in der Reihenfolge der Ereignisse, in der Hervorhebung der wichtigsten Züge und im Weglassen von Nebensächlichkeiten, aber auch in der verinnerlichenden Art der Nacherzählung. Dass dies eine berechtigte exegetische Methode ist, beweist uns Henri de Lubac in seinem Werk: *Der geistige Sinn der Schrift,* Einsiedeln: Johannes-Verlag, 1962, vor allem Seiten 38–47. Siehe auch sein großes Werk: *Exégèse médiévale: Les quatre sens de l'Écriture,* Paris: Aubier, 1959–1961.

mehr als einen »Gott«, Dem er nicht mit aufgerichtetem Antlitz ins Gesicht schauen kann, einen »Gott«, Der selbst nur eine weitere Bedrohung für den leidenden Menschen wäre. Hier, genau an diesem Punkt, hält der leidgeprüfte Mensch aus seinem schönen und vollendeten Gottesbegriff Auszug, sucht einen Verteidiger gegen einen bedrohenden Gott. Wie Hiob, der in einem letzten Aufbäumen seiner Hoffnung aller Bedrohung entgegenschleudert: »Warum verfolgt ihr mich wie Gott und werdet an meinem Fleische nicht satt? [...] Ich weiß gewiss, dass mir ein Verteidiger lebt. Als Letzter tritt er aus dem Staube auf. Bin ich erwacht, dann lässt er mich bei sich erstehen und einen Gott aus meinem Fleische schauen. Ihn werde ich schauen und Er wird für mich sein. Den meine Augen sehen, wird mir kein Fremder sein. Mein Inneres sehnt sich nach Ihm« (Hiob 19.22–27).

Aus einem vordergründigen Gotteshader erhebt sich hier das Bild eines menschlichen, ja menschgewordenen Gottes. Unter dem gewaltigen Druck des Leides entsteht aus der Erfahrung der allseitigen Bedrohung ein Gott, Der mit uns bedroht ist, Der sein Leben für Seine Freunde gibt, Der als Wort, das zu Fleisch geworden, des Todesschicksals fähig ist, Der uns eine andere Tiefe und Höhe offenbart als Jener, in Dem bis dahin der Mensch seinen Gott erahnt hat: »Die Liebe Gottes, die in Christus ist« (Röm 8.39). Einen Gott ersehnt der Mensch, Der in allen Dingen den Menschen, seinen Brüdern ähnlich wird, »damit er barmherzig werde« (Hebr 2.17). Einen Gott, Der »mit Schwachheiten beladen ist«, Der »mit unseren Schwachheiten Mitleid haben kann, weil Er selbst in allen Stücken versucht wurde gleich wie wir, doch ohne Sünde«, Der »bitten und flehen kann mit lautem Rufen«, Der unter »Tränen um Rettung bettelt«, Der selber »aus Seiner Angst erhört« werden musste (siehe Hebr 4.15, 5.2, 5.7). Die letzte Tiefe aller Gottesahnung nimmt hier Gestalt an. Der Gottmensch, dessen Dasein für immer das Medium aller Sehnsüchte, die auf das Absolute zielen, wird. »Wer mich sieht, sieht auch den Vater« (Joh 14.9); der uns nicht mehr als Knechte, sondern als Freunde betrachtet (Joh 15.15). Die gottsuchende Dynamik auf Christus hin, wie auch jede Gnade in unserer Heilsordnung »Christusgnade« genannt werden muss.

Zweitens: Wer seiner eigenen Bedrohung – die wohl zum größten Teil darin besteht, das Leid des Bruders mitzutragen – ausweicht, versperrt sich selbst den Weg zu jener übermäßigen

Freude, die im Jubelruf ausbrechen kann: »Wir haben den Gesalbten gefunden!« (Joh 1.41). Und umgekehrt auch: Jedes Aushalten und Durchtragen und Durchschweigen menschlichen Bedrohtseins kann zum Ausgangspunkt werden eines Aufbruchs zum Gott unseres Lebens.

Der schweigende Mensch

Das Schweigen ist ein Grundereignis des Lebens. Es öffnet das Endliche auf das Absolute hin. Wir möchten in diesem Abschnitt uns befragen: Wie ist jenes Seiende gebaut, und aus welchen Urgründen erwächst sein Tun, das im Schweigen die höchste Mitteilung absoluten Wesens erfahren kann?[53] Es gibt freilich auch ein »negatives Schweigen«, eine stummgewordene Auflehnung, abgründigen Hass, fade Interesselosigkeit. Wir möchten diese düsteren Erscheinungen menschlichen Schweigens unbeachtet beiseitelassen und unseren Blick jenem *positiven Schweigen* zuwenden, das Ereignis persönlicher Innewerdung zu werden vermag.

Immer schon, vornehmlich aber in unserer Zeit des Redens und Aufdeckens, galt das Schweigen als eine der edelsten Tugenden. In einer *Welt des Geredes*[54] zerbricht im Menschen die Fähigkeit zur Unmittelbarkeit. Am deutlichsten erleben wir dies bei jenem absonderlichen Geschäft einigermaßen denkbegabter Menschen, dem man zutreffend den Namen »Diskussion« (»Auseinanderschlagung«) gibt. Im Gerede muss alles »ausgelegt« werden, damit alle »dasselbe« verstehen. Dies ist aber nur möglich, wenn unser Reden (und somit auch unser Dasein) eingeebnet wird. Im Prozess des Weiter- und Nachredens löst sich dann das Wort vom Sein, wird zum Gemeinplatz. Am Ende kann man nicht mehr entscheiden, was ursprünglich geschöpft und errungen und was bloß nachgeredet wird. Die menschliche Existenz verliert den Boden, und es

53. Siehe dazu Ladislaus Boros: *Der anwesende Gott,* GA Band 2, Kapitel »Schweigen« (auch die umfassenden Fußnoten), Seiten 165–184.

54. Siehe dazu Martin Heidegger: *Sein und Zeit,* Tübingen: Max Niemeyer, 1953, Seiten 167, 169, 170 und 175.

entsteht ein Zustand der Entwurzelung. In einer solchen Welt gilt es nun, das Schweigen neu zu erlernen, zur Gegenwart des Erlebten zurückzukehren, zum Geheimnis, das nicht beredet, sondern angebetet werden will.

Will man die Wesenskomponenten des Schweigens namhaft machen, so genügt es, wenn wir uns jene Augenblicke unseres Lebens vergegenwärtigen, in denen sich die *Stille der Liebe* verwirklichte. Wir meinen dabei das zärtliche Ineinanderschwingen der Liebesleute oder Freunde, welches in einem Blick, ja in der bloßen Gemeinsamkeit eines beziehungsreichen Vor-sich-Hinschauens sich an Äußerung und Einvernehmen genugtun kann. Von da an gibt es verschiedene Stufen der Liebesstille bis zu jenem mystischen Miteinanderschweigen, wie es vom Franziskusjünger Ägidius und dem heiligen Franzosenkönig Ludwig berichtet wird, die in einer einmaligen Zusammenkunft kein Wort redeten, sondern wie es heißt – »im Spiegel des göttlichen Antlitzes einander erfuhren«.[55] All diese Ereignisse enthalten ein Vierfaches:

55. »Sankt Ludwig, König von Frankreich, der beschlossen hatte, den Kreuzzug an die heiligen Stätten zu unternehmen, der dann sieben Jahre dauerte, war vom hohen Ruf des Bruders Egidio unterrichtet worden und nahm sich vor, ihn persönlich aufzusuchen. Als er deshalb auf seiner Fahrt durch Perugia kam und vernahm, dass der Bruder hier weile, kam er, ohne sich zu erkennen zu geben, in der Tracht eines armen Pilgers und mit wenigen Herren der Begleitung zur Pforte der Brüder und begehrte dringlich, Bruder Egidio zu sehen. Der Pförtner ging hin und sagte Bruder Egidio, es sei ein Fremdling an der Pforte, der nach ihm frage. Aber der erkannte sogleich durch Erleuchtung des Heiligen Geistes, wer es sei. Und wie trunken vor Freude trat er aus seiner Zelle und lief eiligst zur Pforte. Da fielen sich beide in die Arme, und nach Begrüßung mit heiligem Kusse, als wären sie schon seit langem Freunde, warfen sich gegenseitig voreinander nieder und gaben sich Zeichen herzlicher Liebe – aber keiner von ihnen sprach ein Wort, sondern sie verharrten auf solche Weise in tiefem Schweigen, um sich dann wieder voneinander zu verabschieden. Während der heilige Ludwig sich entfernte, stellte einer der Brüder an einen Herrn des Gefolges die Frage, wer der sei, mit dem Bruder Egidio auf den Knien so liebevollen Austausch gepflogen habe. ›König Ludwig von Frankreich‹, lautete die Antwort. ›Er ist auf dem Kreuzzug und wollte den heiligen Bruder Egidio sehen.‹ Da waren die Brüder ungehalten über Bruder Egidio und sagten zu ihm: ›Wie konntest du so blöde sein, einem so großen König, der von Frankreich kam, um dich zu sehen und ein gutes Wort von dir zu hören, nicht das Geringste zu sagen?‹ – ›Meine lieben Brüder‹, erwiderte jener, ›wundert euch nicht, dass weder ich ihm noch er mir ein Wörtlein sagen konnte! Denn kaum, dass wir uns umarmten, erschloss mir das Licht des göttlichen Schauens sein Herz und ihm das meine. Und im Spiegel des Ewigen schauten wir alles. Was er mir hatte sagen wollen und was ich ihm zu sagen mir vorge-

Erstens: Das eigene Dasein wird als *Geöffnetsein* erfahren, als Bereitschaft, alle Absperrungen abzubrechen, dem Du in seiner Besonderheit und Eigenart Heimat zu bieten. Gerade das Schweigen ist in solchen Augenblicken das Zeichen der Offenheit. Man wagt nicht, die erfahrene Gemeinsamkeit zu bereden, weil man weiß, dass kein Wort das erfahrene Glück ausdrücken kann. Das wortlose Einvernehmen ist Zeichen dafür, dass man das Du als »Heiliges« erfährt und es nicht einmal durch Worte entwürdigen will. Man möchte nur, dass dieses Du bleibt und mit uns verharrt. Man will nichts von ihm, nur ihm wohltun, gut zu ihm sein. Darin zeichnet sich ein weiteres Moment des Liebesschweigens ab:

Zweitens: Das Schweigen der Liebe bedeutet einen Austausch der *Gegenwart.* Der schweigende Mensch erfährt und empfängt nicht einen Inhalt, sondern eine Gegenwart. Diese lässt sich nicht in Einzelelemente und Beschaffenheiten auflösen. Vielleicht könnten alle Eigenschaften eines geliebten Menschen bezeichnet und beredet werden, nicht aber jenes, was das Eigentliche der Liebe ausmacht, die Einzigartigkeit des Du. Deshalb ereignet sich im liebenden Mitsein nicht bloß ein Wachsen, sondern eine Wandlung des bisherigen Weltbezugs. Ein Nichterzwingbares wird in einer Hingabe geschenkt, vor der man nur verstummen kann. Das geliebte Du ist nicht einer der zahlreichen Erkennens- und Erlebnisinhalte unserer Welt, sondern das Erlebnismedium aller anderen Inhalte und Aussagen, weil es alle anderen einschließt und sich auf alles andere hin öffnet. Das Sprechen der Liebe beschränkt sich deshalb fast immer nur darauf, auszusagen, wie sich die Welt durch die Erfahrung der Liebesgegenwart verändert hat. Die Gegenwart selbst bleibt meist unausgesprochen und somit auch das eigentliche Geheimnis der Liebe. Darin ist bereits ein neues Moment enthalten:

Drittens: Das Schweigen der Liebe entsteht in der *Überwältigung.* Der liebende Mensch vermag die empfangene Gegenwart nicht zu enträtseln, ihr Geheimnis nicht durch Worte zu entschlei-

nommen, ward uns ohne Geräusch der Lippen oder der Zunge mit reinem Troste viel besser kund, als wenn wir uns mündlich unterhalten hätten. Und hätten wir dasjenige, was wir innerlich spürten, mit Behelf des tönenden Lautes ausgedrückt, so wäre uns das Ausgesprochene eher enttäuschend als zur Mehrung der Freude gewesen. Daraus könntet ihr wohl verstehen, dass er so tief beglückt von dannen ging« (*Blütenlegende, «I Fioretti»,* entnommen aus Franz von Assisi: *Legenden und Laude,* herausgegeben und erläutert von Otto Karrer, Zürich: Manesse-Verlag, 1945, Seiten 431–433.

ern. Der Mensch weiß mit Unmittelbarkeit, dass er etwas gefunden hat, wovon, worin, woraus und worein er leben kann, insofern er das Geheimnis des Du als Gegenwart nicht zerstört. Das Du ist aber nur unser in seiner Entzogenheit und Nichtberührbarkeit. Wir haben das Du erkannt, haben aber gleichzeitig keine »Erkenntnis« von ihm, die uns sein Geheimnis minderte oder milderte. Würde dies geschehen, dann wäre das Du zu einem Ding geworden, würde aufhören, das Du unseres Lebens zu sein. Wenn man die Härte dieses Paradoxes formulieren will, könnte man das Erfahrene der Liebe folgendermaßen ausdrücken: Wir haben in der Liebe nichts erhalten und eben dadurch doch alles gewonnen. Was einer der subtilsten Denker des Christentums, Nikolaus von Kues, der Lehrer von der »wissenden Unwissenheit« (*docta ignorantia*), über unsere Gottbeziehung ausgesagt hat, gilt wohl im Grunde von jeder Erfahrung der Freundschaft und der Liebe. Eine seiner kürzesten Schriften, die den seltsamen Titel trägt »Ein Gespräch zweier Männer, von denen der eine Heide, der andere Christ ist, über den verborgenen Gott«, schildert eine dramatische Situation: Der Heide betritt eine Kirche und sieht einen Christen in Anbetung; er ist betroffen von einer solchen Andacht und spricht den Christen an. Hier beginnt der Dialog, dessen einleitende Sätze mit erstaunlicher Knappheit das Wesen dessen aussagen, was wir vorhin anzudeuten suchten:

> Der Heide: »Ich sehe, wie du voll Ehrfurcht niedergebeugt, aus tiefem Herzen Tränen der Liebe vergießest, ohne zu heucheln. Sage mir bitte, wer du bist!«
> Der Christ: »Ich bin ein Christ.«
> Der Heide: »Wen betest du an?«
> Der Christ: »Gott.«
> Der Heide: »Wer ist der Gott, Den du anbetest?«
> Der Christ: »Das weiß ich nicht.«
> Der Heide: »Wie kannst du mit solchem Ernst etwas anbeten, das du nicht kennst?«
> Der Christ: »Eben weil ich Ihn nicht kenne, bete ich Ihn an.«[56]

56. NIKOLAUS VON KUES: »Ein Gespräch zweier Männer, von denen der eine Heide, der andere Christ ist, über den verborgenen Gott« in *Philosophisch-theologische Schriften,* Band 1, Wien: Herder, 1964; Seiten 300f.

Es wird hier nicht die Wirklichkeit eines geliebten Du in Zweifel gezogen. Im Gegenteil: Man weigert sich, seine Gegenwart in die Reihe anderer Erkenntnisse einzuordnen. In Bezug auf alle anderen Erkenntnisse muss die Gegenwart des geliebten Du als das Unerkannte und Unerforschliche bezeichnet werden.

Viertens: Der Mensch, der die Gegenwart der Liebe erfahren hat, besitzt eine letzte Sicherheit: Im Überwältigtwerden vom geliebten Du erhielt für ihn die gesamte Welt eine neue *Sinngebung.* Er kann zwar die Fragen des Lebens nicht leichter beantworten; sein Leben wurde aber irgendwie klarer. Jede Not und jedes Verhängnis wurden durch die Gegenwart des Du wie »ent-wirklicht«. Nichts zählt im Grunde mehr. Der Mensch erahnt, trotz jeder Widerwärtigkeit, dass es eine letzte Geborgenheit gibt. Dieses Letzte wurde ihm im geliebten Du geschenkt, das niemand mehr von ihm nehmen kann.

Jedes echte Schweigen enthält diese vier Grundmomente: Geöffnetsein, Gegenwart, Überwältigung und Sinngebung. Daher könnte man menschliches Schweigen beschreiben als *Überwältigtwerden eines geöffneten Lebens durch eine sinngebende Gegenwart.* Wollen wir nun das menschliche Schweigen auf seine transzendentale Bedeutung hin befragen, so müssen wir weiter ausholen. In verschiedenen Vollzugsformen des Schweigens macht das menschliche Dasein jene Grunderfahrungen, die unmittelbar in der erlebten Gegenwart des Absoluten münden. Die erste Nachvollzugsform, der uns bekannteste und zugänglichste Vorgang des Schweigens, ist das

Hören

Als Daseinsereignis (und nicht nur als »Teilvorgang«) bedeutet menschliches Hören, dass jemand die Selbstmitteilung eines fremden Wesens aufnimmt. Dies setzt aber eine vorgängige Disposition voraus, eine grundsätzliche Fähigkeit, die Wahrheit des anderen Seins zu beherbergen, eine Seinsverwandtschaft also. Bemerkenswert ist dabei, dass der Mensch eine unbegrenzte Bereitschaft in sich fühlt, die Mitteilung des Seins zu vernehmen, dass er also nicht nur den Menschen gegenüber, sondern vor dem Sein überhaupt sich als wesensverwandt empfindet. *«Nihil a me alienum puto»* – »Nichts ist mir fremd.« Diese in radikalisierter Form ausgesprochene und umgewandelte Aussage von Terenz (*«Homo sum;*

humani nihil a me alienum puto») ist die Urbeschaffenheit jeglichen Hörens, eine im Hören unthematisch, als Ermöglichung des Hörens selbst enthaltene Überzeugung von der *Wesensverwandtschaft aller Dinge.*

Hier sollte man noch einmal ausholen. Als eine der vornehmsten Errungenschaften menschlichen Denkens kann eine Philosophie (unter dem Sammelnamen »Transzendentalphilosophie« bekannt) bezeichnet werden, die versucht, diese Überzeugung von verschiedenen Ausgangspunkten her und im Zuge reicher und feinsinniger Reduktionen zu erhellen.[57] Ihr ist es gelungen, jenen Vorgang, den wir als vereinzeltes Wahrnehmen der Dinge (in unserem Fall: das konkrete, begrenzte und inhaltliche Hören) auf seinen unbewussten und unthematisch vorausgesetzten Urgrund hin zu erhellen. In jedem konkreten Nachvollzug der Wahrheit (oder des Hörens) ereignet sich ein Mithören aller Stimmen der Welt, ja der Stimme des Seins überhaupt. Dieses Mithören ist Voraussetzung und Ermöglichung allen konkreten Hörens in der Welt. Die Stimme des endlichen Du wird in einer Abhebung wahrgenommen, auf dem Hintergrund des auf uns unaufhörlich heranrollenden, jedoch nicht ausdrücklich wahrgenommenen Tönens und Brandens vom All. In jeder Stimme eines einzelnen Du hören wir alle Stimmen der Welt mit. Das Sein selbst besitzt einen »Wort-und-Stimm-Charakter, hat sich uns also von vornherein mitgeteilt. Das einzelne Hören ist gleichsam nur ein In-Erinnerung-Rufen eines immer schon Gewussten. Es ist nicht unsere Aufgabe, hier die wissenschaftlichen Einzelheiten dieser transzendentalen Reduktionen darzulegen, zumal wir der Auffassung sind, dass sie nur eine Urerfahrung menschlicher Existenz zu artikulieren versuchen, welche im Zuge der Daseinswerdung an jeden Menschen mit überwältigender Evidenz heranzutreten vermag.

Die scheinbar so sinnlosen Worte der Liebe gewinnen hier eine daseinserhellende Bedeutung. Ein einziger Akt personaler Liebe genügt, um das ganze Universum vom niedrigsten bis zum höchsten Sein als Horizont des Liebesvollzugs fühlbar zu machen. Sagt ein Liebender »Du bist alles für mich« (oder umgekehrt: »Ohne dich wäre alles sinnlos«), so spricht er – hilflos vielleicht und um

57. Hier sei nur auf das Werk von Karl Rahner: *Hörer des Wortes,* München: Kösel, 1963, hingewiesen, wobei vielleicht noch anzumerken wäre, dass die »transzendentale Reduktion« im personalen Bereich noch weitergeführt werden müsste.

die Wichtigkeit seiner Worte nicht wissend – eine ganze Metaphysik des menschlichen Vorgriffs auf das Gesamt des Seins aus.[58] Wird die Aufnahmebereitschaft eines Hörenden intensiv, so gewinnt sie eine besondere Zielgerichtetheit. Dann sprechen wir vom

Zuhören

Die Bedeutsamkeit einer Mitteilung formt das einfache Hören ins Zuhören um. Der Mensch vergisst – und sei es nur für einen Augenblick – die Wichtigkeit seines eigenen Seins. Er ist einfach da, zentriert auf das Du. In einer solchen Atmosphäre entsteht das Vernehmen von lebenswichtigen Worten. Vielleicht sind es nur abgegriffene Inhalte, die da mitgeteilt werden. Jedoch öffnen sie sich auf ihren tieferen Ursprung hin. Fast jedes Wort wirkt neu und erschütternd. Dies geschieht gelegentlich, wenn das Wort das menschliche Vermögen des Zuhörens sprengt. Als Mörike seinem Verehrer Theodor Storm (im August 1855) die Novelle *Mozart auf der Reise nach Prag* vorlas, brach einer der Zuhörer aus der Qual des Entzückens aus mit dem Wort: »Aber ich bitt' Sie, ist das nun zum Aushalten!?«

So kann der Mensch im aufmerksamen Zuhören das *Mehr der Welt,* der Dinge und des Du erfahren. Er begreift: In jedem Ding der Schöpfung ist mehr als es bräuchte, um so zu sein, wie es ist. Die Welt ist nicht nach dem Abgemessenen und gerade noch Ausreichenden eingerichtet, sondern auf die Fülle hin. »Eine Blume zum Beispiel leitet ihren Samen nicht auf dem schnellsten Weg, wie in einer Röhre, zum nächsten Jahre hin, sondern blüht im Übermaß von Farben. Dieses Übermaß der Farben gilt, und nur nebenbei fallen die Samen herunter. Um der Fülle, um des Daseins in der Fülle willen, ist die Blume da, nicht wegen des schmalen und raschen Weges zum Ziele.«[59]

Freilich kann man das Wort des Du auch *überhören.* Ein einfaches Wort wird gesprochen von einem verhaltenen Menschen,

58. Damit ist der Ort angegeben, wo der Mensch die Einladung vernehmen kann, sich der (vielleicht nur anonymen) Gegenwart eines (noch unbestimmten) Absoluten zu öffnen, wo sich die freie Gabe der Gnade einführen kann, das Empfangen eines Mehr, ein »herzliches Erwarten des unbekannten Messias« (Blondel).

59. Max Picard: »Das Mehr« in der Przywara-Festschrift: *Der beständige Aufbruch,* Nürnberg: Glock und Lutz, 1959.

der unfähig ist – vielleicht liegt ein Kindheitsbann auf ihm –, sich mitzuteilen. Und nun – stellen wir uns vor, dass dies eine Stunde ist, die es fertigbringt, die Eisenbande um unser Herz aufzubrechen – rafft dieser Mensch sich auf, spricht ein Wort, ein ungeschicktes und undeutliches vielleicht, das jedoch *das* Wort seines Lebens ist. Der Hörende aber geht nicht mit, hört nicht zu, sei es aus Müdigkeit oder aus Nachlassen der Spannung oder wiederum, weil das Geräusch seines eigenen Selbsts alles andere übertönt, was von außen her zu ihm gelangen könnte. Das Wort geht verloren, fällt auf eine unfruchtbare Erde, verhallt im Nichts. Und so kann ein Leben zurückfallen in ein ohnmächtiges Sich-nicht-mitteilen-Können, in die Nichterkanntheit.

Ereignet sich aber ein Hin- und Zuhören, dann beginnt sich die Welt zu öffnen. Die Worte werden vielleicht sparsamer, aber dadurch dichter. Sie leuchten innerlich auf. Das Mehr der Welt liegt offen da, ausgeliefert unserer Liebe.[60] Von der Haltung des Zuhörens führt ein fast unmerklicher Übergang zu jenem noch intensiveren Grad des Schweigens, der sich im

Lauschen

ereignet. Der Mensch, der die Allverwandtschaft und das innere Mehr der Dinge im Hören und Zuhören erfahren hat, ist gelassen und allem gastfrei zugeneigt. Das Lauschen ist gerade diese Seins-Gastfreundschaft, die Fähigkeit der Liebe, leise Stimmen wahrzunehmen, unausgedrückte oder nur angedeutete Empfindungen mitzuvollziehen, verschwiegenes Leid und versteckte Not mitzuspüren, zaghaft angebotener Freundschaft Heimat zu bieten, gefügig zu sein dem Hauchen der Welt. Selbst das Kleinste – ja gerade das Geringe – wird zum Zeichen und zur Stimme des Geheimnisses. Der lauschende Mensch vermag sogar die Natur zu hören. Selbst Steine, Blumen und Bäume haben für ihn noch eine Stimme. Diese Stimmen der Welt werden still in das eigene Sein hereingenommen. Unser Dasein schwingt mit ihnen. Die erlauschten Bilder der Erde gehen ins eigene Blut über, nicht mehr unterscheidbar von uns selbst und den Sinn der Welt deutend. Sie wer-

60. Siehe MARTIN BUBER: *Einsichten,* Wiesbaden: Insel-Verlag, 1953, Seiten 6–8 und 26–27.)

den – in der Haltung des Lauschens – innerlich sanft umfangen und füllen nach und nach unser eigenes Wesen.

Da ist, um ein Beispiel zu nennen, das lauschende Erleben einer Quelle. Unter dem gewaltigen Druck der Erde entspringt der Tiefe ein strömendes Geschenk. Auf einmal wird der Mensch einer Entsprechung inne. Das bin ich; dies ereignet sich in meinem eigenen Leben immer wieder. Eine Quelle muss gesucht werden, aber auch, nachdem man sie gefunden hat, gefasst, gereinigt, behütet werden, sonst versickert sie im Sande. Der Mensch sagt sich: Das ist doch mein eigenes Leben. Da ist auch die Erfahrung einer Flamme. Sie muss entzündet werden, strahlt dann Licht und zugleich Wärme aus; sie ist klein, zitternd und flackernd; auch sie ist selbstverzehrend. Sie kann aber in einem unbeachteten Augenblick Furchtbares anrichten und Zerstörung bewirken. Unvermittelt versteht der Mensch: So ist mein eigenes Leben; so sind meine Gedanken, Wünsche, Empfindungen und Ahnungen. In ähnlicher Weise vermag der Mensch im stillen Lauschen des daseinsdeutenden Geheimnisses der Welt innezuwerden: des Geheimnisses der Welle, des Weges, des Baumes, des Gartens, des Hauses, des Ringes und vieler anderer Dinge der Welt.[61] Durch solche Bilder tritt das Andere, das Heilige, von der Welt her in das eigene Dasein. Sie werden hineingewoben in die Empfindungen und Gedanken, in die Begriffe, in das Tun und in den Traum. Sie schenken Ruhe, verscheuchen die bösen Ahnungen, verteidigen die Existenz vor dem Chaos.

Da mag der Mensch auf einmal – und dies ist das wesentliche Ereignis des Lauschens – mit erschütternder Klarheit die *Abbildlichkeit* der Dinge erleben. Alles in der Welt ist Ab-Bild, ist Ausprägung des Einen, Urhaften und Unfassbaren, ist Fragment und Artikulierung eines Wesenhafteren. Das Sein selbst ist Quelle und Flamme, und so, deshalb und insofern kann es überhaupt eine Quelle und eine Flamme geben. In dieser Erfahrung der Abbildlichkeit verwandelt sich der gesamte Erlebnisbezug des Alltags. Nicht durch die Dinge erfahren wir das Absolute, sondern durch die Erfahrung des Absoluten werden wir überhaupt mächtig, Endliches wahrzunehmen. Unsere bisherige Bemühung, »Gott finden in allen Dingen«, gewinnt eine tiefere Bedeutung, ja eine Um-

61. Romano Guardini: »Das Verblassen der Bilder«, aus eigenen Notizen vom Vortrag Guardinis an der Bayerischen Akademie der Schönen Künste am 16. November 1953.

kehrung: »Alle Dinge in Gott finden.« Nicht die Erfahrung der Dinge weist auf Gott hin, sondern Gott weist uns immer schon und im Vornherein in die Welt der Dinge. Nicht Gott soll gefunden werden, sondern die Welt soll in unserem immer schon gotterfüllten Blick aufleuchten in ihrer Abbildlichkeit. Das Absolute ist das Ursprünglich-Da des menschlichen Geistes, unbenannt, unausgesprochen und unnachvollzogen vielleicht, aber nicht minder wirklich. Seine Gegenwart ist ein ständiger Anruf: »Hier bin Ich.« »Ich bin immer schon zu erkunden gewesen für die, welche nicht fragten, und zu finden gewesen für die, welche Mich nicht suchten. Ich habe immer schon ›Hier bin Ich! Hier bin Ich‹ gerufen« (Jes 65.1–2). Aus dieser Umwandlung unserer Erlebniswelt durch die Erfahrung der Abbildlichkeit entsteht jene Haltung, in welcher das menschliche Schweigen seine letzte Tiefe erreicht und der wir den Namen

Horchen

geben möchten. Im Erlebnis des Lauschens wurde Endliches in seinem Zusammenhang mit dem Absoluten erfahren und so mit einer neuen Sinnschwere beladen. Die Wirklichkeit des Transzendenten wurde in der Welt freigesetzt. Nun erfährt der Mensch, dass er selbst für andere »Wort Gottes« sein kann, so wie andere für ihn »Wort Gottes« geworden sind. In seinem eigenen bedrohten und vielleicht auch unbewältigten Schicksal soll sich die Anwesenheit Gottes für die Welt ereignen. Eine Forderung ist das, der kein Mensch sich gewachsen fühlen kann. *Dasein als Sendung* ist eine Zumutung an unsere Gebrechlichkeit. Der Römerbrief formuliert dieses Gesendetsein in seiner geradezu erschreckenden Paraphrase des Deuteronomiumtextes (Dtn 30.11–14): »Sprich nicht in deinem Herzen: Wer wird zum Himmel hinaufsteigen, um Christus herabzuholen? Oder: Wer wird in den Abgrund hinabsteigen, um Christus [...] von dort heraufzuholen. Sondern: Nahe ist dir das Wort, in deinem Munde und in deinem Herzen« (Röm 10.6–8).

Unser eigenes Dasein soll die Zugewandtheit des Absoluten zur Welt sein! Diese Einsicht reißt die dünne Schicht unserer Selbstsicherheit auf und wir erkennen, wieviel Verlogenheit unser Inneres fesselt, wie wir in List, Hinterhältigkeit und Heuchelei verstrickt sind, wie in unserem Inneren, wo sich unser Sein vor uns ins Dunkel verliert, das Böse herrscht. Und überhaupt, wie unser ganzes Wesen aus Oberflächen, Teilstücken, Trennungen und Zufälligkeiten besteht, durch Situationen bestimmt und durch Stimmungen gefärbt ist. Kann dieses Dasein zum Wort Gottes für die Welt werden? Da beginnt der Mensch, zu horchen auf die Stimme Gottes, sich um sie in Demut zu bemühen. Immer herznäher wird das Bild Gottes in ihm, immer tiefer senkt Sich das Absolute in sein Leben hinein, bis sein Leben selbst zum Wort Gottes geworden ist, bis Gott Selbst gegenwärtig wird, wenn Er einem Menschen still die Hände reicht. In solchem Horchen wird das gesamte Dasein wach: Nur das Unendliche soll in ihm herrschen, frei von jedem Vorurteil, freundlich und befriedend. Wo sich eine solche selbstverzichtende Hingewandtheit im menschlichen Bereich ereignet, ist Gott selbst anwesend. Der Mensch ist dann Bote, Zeichen und Zeuge des Absoluten.

So entfaltet sich das schöne Bild des schweigenden Menschen, aus dessen Innerem auch ungewollt und ohne eigene Bemühung Gott selbst hervorbricht. All das ist der schweigende Mensch: geöffnetes Dasein, Leben in der Gegenwart, überwältigtes Schicksal, eine die letzten Sinnbezüge erfahrende Existenz, welche vom Erlebnis der Allverwandtschaft der Dinge, von der Erfahrung des Mehrseins der Welt, von einer Ahnung der Abbildlichkeit alles Geschöpflichen her lebend für uns zum Zeichen der Gegenwart des Absoluten wird. Solches Dasein ist zwar noch kein »Beweis« Gottes, sondern ein Hinweis auf Gott.[62] Demnach: *Der Mensch ist jenes Wesen, in dessen Schweigen sich die Anwesenheit Gottes für uns ereignen kann.* Dies ist nun unser zweiter Versuch, das Wesen des Menschen zu definieren, dem wir noch andere folgen lassen werden, um den Reichtum menschlichen Daseins in seiner Fülle erfassen zu können.

Die phänomenologische Methode, deren wir uns in dieser Untersuchung verpflichtet haben, hat keine andere Möglichkeit, die Richtigkeit einer Aussage zu belegen, als die innere Form einer Wirklichkeit oder eines Vorgangs so freizulegen, dass diese den Geist überwältigt. Für die innere Wahrheitsgestalt der Aussage »Das Schweigen ist der Ort der Gottbegegnung« hat die Bibel das *Schicksalsbild des Propheten Samuel* entworfen. Es ist eine sagenumwobene Gestalt eines weisen, milden und unbestechlich der Wahrheit dienenden Menschen, dessen »Gotteskraft«, selbst noch

62. Siehe JÜRGEN MOLTMANN: *Theologie der Hoffnung*, München: Kaiser, 1965, Seite 53; siehe auch Anmerkung 61 auf der gleichen Seite.

nach seinem Tode, eine ganze Epoche des Volkes Gottes aus den Tiefen der Erde heraufbeschwören wird (vergleiche Sir 46.13–20; siehe dazu: 1 Sam 10.1, 16.1–13, »Salbung von Saul und David«; 1 Sam 7.10, »Donnerwunder«; 1 Sam 12.1–7, sein »Lebenswandel«; 1 Sam 28.1–25, »Totenbeschwörung«). All seine innere Gewalt ist aber in der Kindheit verborgen. Eine ganze Metaphysik des Kindseins wird uns da vor Augen geführt.

Samuels Sein erwuchs aus der Demütigung seiner Mutter. Sie war unfruchtbar, von ihrer Nebenbuhlerin gekränkt, betrübt und von Kummer niedergedrückt. Die Sehnsucht nach einem Kind beherrschte ihre verletzte Seele. Sie betete für ein Kind. Dieses Gebet aus tiefer Not fand bei Gott Erhörung. Sie betrachtete das Kind als Frucht der Anbetung und gab ihm den Namen »Ich habe ihn von Gott erbeten«, *Samu-El.* In ihrem Geist wuchs still die Einsicht: Dieses kleine Wesen gehört nicht mir, sondern Gott. Mit jubelndem Herzen bricht aus ihr das »Magnificat« des Alten Bundes, der »Lobgesang der Hanna« empor, indem sie das Teuerste ihres Lebens im Heiligtum Gottes zu Schilo, unter der Obhut des greisen, willensschwachen, aber in seiner Art Gott tief ergebenen Priesters Eli, zurücklässt.

Die Mutter *besucht den Knaben* einmal im Jahr, bringt ihm einen kleinen Linnenrock mit, in welchem der Knabe den Dienst vor Jahwe versieht. Das Leben des Kindes ist einsam. Die Söhne des greisen Eli sind raue und grausame Gesellen. Der alte Eli ist aber dem Kinde sehr zugetan. Doch sind nicht die Menschen die wirkliche »Umgebung« dieses Kindes, sondern die Gegenwart des Geheimnisses, dessen Zeichen die in Schilo aufbewahrte Bundeslade ist.

Sätze wie diese: »Der junge Samuel wuchs heran bei Jahwe« oder »Der junge Samuel nahm zu an Weisheit und Alter und Gnade vor Jahwe und den Menschen«, schildern in ihrer Schlichtheit die *Gottzugewandtheit* eines stillen und nachdenklichen Kindes, das in einer schlichten Selbstverständlichkeit bei der Bundeslade, bei der »Gegenwart Gottes« zu schlafen pflegt, gleichsam in den Armen Gottes. Stille und Schweigen beherrschen diese Nächte. Nur eine kleine Lampe flackert vor der Bundeslade. Alles ist sinnerfüllt, von der Gegenwart des Überwältigenden beherrscht; all das einströmend in die geöffnete Seele des Kindes. Ein Wissen um Gott wächst heran in dieser Geborgenheit. Die Welt überragt sich selbst an diesem kleinen Ort. Das Kind weiß um Gott, wie ein Kind eben die Gegenwart seiner Mutter mit seinem ganzen Dasein erfährt, als wärmende Güte des Lebens. Jedoch steht ausdrücklich im Text: »Samuel hatte Jahwe noch nicht erkannt.« Das heißt: Die in der Stille erspürte Gegenwart Gottes ist ihm noch nicht zum bewussten Nachvollzug geworden.

Auf einmal verdichtet sich aber die Stille zu einem Ruf: »Samuel! Samuel!« Das Kind erwacht und spricht in die Stille der Nacht: »Hier bin ich!« Es läuft sofort zum greisen Eli, weckt ihn aus dem Schlaf und sagt ihm: »Du hast mich gerufen.« Der Alte schickt ihn zurück zum Schlafen. Das Gleiche wiederholt sich dreimal, bis der alte, weise Mann begreift, dass hier an diesem zarten Kind etwas Unerhörtes, der Einbruch der Gottesgegenwart in das Schicksal des Menschen, sich ereignet, und er schickt ihn wieder zum Schlafen mit der Weisung, Samuel solle, wenn »man« ihn wieder rufe, antworten: »Sprich, Jahwe!« So erwuchs aus der Stille der Gottgeborgenheit ein Lebensschicksal für Samuel. Diesem, aus dem schweigsamen Geheimnis sich bildenden Wort blieb Samuel ein Leben lang treu: »Samuel wuchs heran, und Jahwe war mit ihm. Kein einziges Wort blieb unerfüllt, und Samuels Wort hatte Geltung.«

Nun sei nur noch darauf hingewiesen, wie hier, in der Erfahrung der Stille, aus dem menschlichen Dasein eine Ahnung aufsteigt von einem Gott der warmen Menschennähe, des Verständnisses und der Güte, in Dessen zurückhaltender Menschlichkeit alle Not Heimat findet und Tröstung. Von einem Gottmenschen, dessen Wesen Milde und stille Bescheidung ist, der immer zugegen ist, wo ihn Verzweiflung, Unglück und Hoffnungslosigkeit ansprechen. Von einem Gott, Der gütig und verhalten Sich verbrauchen lässt, damit Er allen Frieden spende, randvoll und ohne Maß. Einem Gott, Der um unsere Liebe bettelt, Der Anfechtungen und Verzagtheit erlebt, Der vor uns in Demut niederknien kann. *Christus* ist kein Fremder für uns. Er ist die Verdichtung alles Echten, Stillen und Helfenden. Hinter dem Schleier, »Mensch zu sein«, verbirgt sich bereits sein Antlitz. Der schweigende Mensch erahnt ihn schon als seinen Bruder, selbst wenn er von ihm noch nie gehört hat.

Hier erfassen wir die *Bedeutung der Stille* für unser menschliches Sein überhaupt. Die Gestalt eines stillen Menschen in der Welt zu verwirklichen, bedeutet, Gott selbst als Gegenwart Christi spürbar zu machen. Der hörende, zuhörende, lauschende und horchende

Mensch ist der Ort, an dem diese Verwandlung geschieht. Viel Not und bange Verzweiflung werden in seine Seele einströmen. Leise wird er immer neu sein Dasein dem Geheimnis öffnen, damit der menschgewordene Gott aus alldem eine neue Schöpfung gestaltet.

Noch nie hat unsere Welt so viele stille Menschen gebraucht wie heute, und es gab deren vielleicht noch nie so wenige. Wem heute die Erfahrung der Stille geschenkt wird, der mag dafür danken, sie wohl bewahren und sorgen, dass sie fruchtbar werde. Wer aber nichts davon weiß, der soll wenigstens mit dem Ernst des Täglichen anfangen.

Der freundliche Mensch

Aus verschiedenen Erfahrungen kann der Mensch zur Gegenwart Gottes vorstoßen. Man sollte keine Rangordnung unter ihnen aufstellen. Im Grunde sind alle menschlichen Erlebnisse Erfahrungen der Transzendenz oder können zu einer solchen Erfahrung hinführen. Doch ist es wohl erlaubt, einzelne Erlebnisse besonders hervorzuheben, mit besonderer Ehrfurcht zu nennen, weil sie unserem Herzen näherstehen als andere. So möchten wir in dieser Betrachtung die *menschliche Freundschaft* auf das ihr innewohnende Geheimnis hin befragen, mit jener Scheu, die einen Menschen ergreift, wenn er ein Stück seines Lebens preisgibt. Wenn wir vom »freundlichen« Menschen sprechen, so meinen wir mit der Bezeichnung nicht bloß jene Eigenschaft, die man etwa mit der Benennung »wohlwollend«, »aufmerksam«, »zugeneigt«, »gütig« oder »nachsichtig« umschreiben könnte. Vielmehr nehmen wir die Bezeichnung in seiner Urbedeutung, als Ausdruck für die Wesensart eines Menschen, der fähig ist, dem Du-Sein des anderen zu begegnen. Eines Menschen also, dessen Welt nicht aus Messbarkeiten und Gegenständen besteht, sondern aus Begegnungen.

Wie steht ein solcher Mensch im Leben? Woher schöpft er die Kraft, in uns nicht bloß unsere Vorhandenheit zu sehen, sondern jenes Aufgesparte, worin wir »wir selbst« sind und für unsere Freunde ein Du sein können? Welche Welt entfaltet sich um einen solchen Menschen? Welche Horizonte des Seinsverständnisses tun sich ihm auf?[63]

Unbestätigtsein menschlicher Existenz

Der Mensch ist ein in die Unsicherheit entlassenes Wesen. Das Tier braucht nicht bestätigt zu werden. Denn es ist, was es ist, unfraglich. Anders der Mensch. Er wurde von der Natur hineingeschickt in das Unentschlossene, in das einmalige Wagnis. Während auf den niederen Stufen der Seinsentfaltung das Seiende »getrieben« wird, schlägt im Menschen der ganze Entwicklungsdrang um: Der Mensch wird »vorangezogen« von Zielen, Idealen, Hoffnungen und Ahnungen. Freilich wird er auch auf der Oberfläche seiner Existenz getragen von Normen, Einrichtungen und Gemeinschaften. Er ist eingeordnet in ein Raumnetz der Beziehungen, in ein Zeitnetz der Vorgänge, in ein Ordnungsnetz der Gesetzlichkeiten. Oft ist der Mensch ein Bündel von vorausbestimmten Reaktionen, von eingeprägten Meinungen und Wertungen.

Hinter dieser Gegenständlichkeit verbirgt sich aber eine freie Einmaligkeit, welche diese Rahmen ständig sprengt, sich in ein Noch-nicht hineinträumt. Da ist aber der Mensch zutiefst unsicher und einsam. Er schaut nach einem Ja des Seindürfens aus. Da reichen einander die Menschen die Seinsnahrung des Seindürfens, indem sie »du« zueinander sagen. Als die einsamste Spitze der Weltentwicklung kann der Mensch den Schritt ins Dunkle nur wagen in der Bewusstheit, begleitet zu sein. Seine Sehnsucht zieht ihn voran, ins Uferlose. Sein Selbstsein hebt sich unaufhörlich hinaus über die verwirklichte Seinsgestalt. Der Mensch ist sich selbst nirgendwo gewachsen. Seine Sicherheit entgleitet ihm immerzu.[64]

> Wenn wir uns nichts vortäuschen, müssen wir sagen, dass wir von uns selbst nur eine dünne Schicht durchblicken; bald fängt das Unbekannte an. Etwa habe ich einem Menschen geholfen. Davon verstehe ich zunächst das unmittelbare Geschehnis: An dem und dem Tag habe ich ihm das und das

63. Siehe Ladislaus Boros: *Im Menschen Gott begegnen,* GA Band 2, Seiten 243ff.

64. Vergleiche Martin Buber: *Einsichten,* Wiesbaden: Insel-Verlag, 1953, Seite 51.

> gegeben. Ich kann tiefer dringen und fragen, warum ich so getan habe. Antwort: Er war in wirklicher Not, und ich wollte ihn daraus befreien. Ist damit alles geschehen? Bei genauer Prüfung kann mir klar werden: Nein, sondern ich habe für später auf eine Unterstützung in der und der Sache gerechnet. Noch einmal tiefer: Ich habe es aus Eitelkeit getan, denn ich wollte der sein, der groß dasteht. Vielleicht tritt mir sogar bei irgendeiner Gelegenheit – etwa früh, im Halbschlaf, wenn manchmal die Dinge so seltsam durchsichtig werden, weil die Selbstbehauptung noch nicht am Werk ist – grell vor Augen: Ich habe es ja aus Rache getan, weil ich ihn demütigen wollte! Was ich da antreffe, kann aber auch Gutes sein: der Wunsch, ein Unrecht auszugleichen; die Hoffnung auf eine nichtausgesprochene Fürsprache beim Schicksal; eine Liebe, die sich noch nicht ins Wort getraut. [...] Wir sehen: Immer tiefer geht es hinein im eigenen Inneren; der Blick kommt auf keinen letzten Grund. Unser eigenes Sein verliert sich vor uns ins Dunkel.[65]

Das war nur ein kleines Beispiel. Aber so geht es überall in unserem Leben, gerade dort, wo es einmalig wird. Geworfenheit in die Ungewissheit und Drang des Wagenmüssens: Das ist doch der Mensch im Innersten seines Daseins.[66] Von diesem schlichten Ansatzpunkt aus möchten wir nun die Dimensionen menschlicher Freundschaft Zug um Zug entfalten, bis dorthinein, wo endliches Mitsein sich in die Erfahrung Gottes umformt.

Es ist gut, dass du bist!

Was bedeutet nun die eben dargestellte Sehnsucht nach mitmenschlicher Bestätigung? Will etwa der Mensch in seinen Handlungen und Entscheidungen von einem anderen her sich gerechtfertigt wissen? Sucht er Zuflucht bei einem anderen Menschen vor sich selbst; will er, dass ein anderer seine Verantwortlichkeit tragen hilft; möchte er, dass ein Mitmensch ihm in seinen schweren

65. ROMANO GUARDINI: *Johanneische Botschaft,* Freiburg i.Br.: Herder, 1962, Seiten 81f.

66. Vergleiche PETER WUST: *Ungewissheit und Wagnis,* Graz: Verlag Anton Pustet, 1946.

Stunden beisteht? All dies ist vielleicht gerechtfertigt, kann in menschlichen Beziehungen eine bedeutende Rolle spielen. Es macht aber das Wesen jenes Ereignisses nicht aus, dem wir den Namen »Freundschaft« geben.

Stellen wir uns eine »reine Freundschaft« vor. Zwei Menschen begegnen einander und werden voneinander ergriffen. Es handelt sich um gute Menschen, die keine Hintergedanken in sich dulden. Eine unmittelbare Innewerdung ist da, helfend und treu. Der eine von diesen Menschen mag nachdenken: Was liebe ich an meinem Freund? Ist es seine Erscheinung? Vielleicht! Ich bin ja glücklich, wenn wir zusammen sind. Sein Antlitz ist schön, seine Gebärden sind mir vertraut, der Umgang mit ihm ist mir angenehm. Hinter dieser Erscheinung liegt aber etwas Tieferes. Dieses Du hat auch rein leiblich eine Tiefe, aus der heraus seine Äußerungen aufsteigen. Es ist aber noch nicht das Eigentliche, was mich bei ihm anzieht. Sondern: Selbst diese leibliche Innerlichkeit öffnet sich bei ihm auf ein Tieferes hin. Dieser Mensch ist eine Ganzheit, von innen her gebaut und nach einem Innen hin gestuft. In seiner leiblichen Innerlichkeit tritt eine seelische Tiefe zum Vorschein. Diese seelische Innerlichkeit ist bei ihm Reichtum des Bildhaften, von einer Fülle der Stimmungen und Empfindungen, von einer selbstlosen Offenheit beherrscht. Die seelische Innerlichkeit ist aber bei ihm wiederum eingebettet in das Geistige, worin Gedanken arbeiten, Wahrheit erfahren wird und die Welt eine Helle bekommt. Er kann still nachdenken, aber auch, wie in einer plötzlichen Umwandlung, Intuitiv-Begriffenes aus seinem Geist emporsteigen lassen. Und wiederum: Diese geistige Innerlichkeit ist eingeordnet und getragen von etwas Tieferem, von der Innerlichkeit der Person. Er »meint es gut« mit mir. Er würde meine Zuneigung nicht ausnutzen, sie nicht für seine eigenen Zwecke gebrauchen.

All das, und vieles andere mehr, wäre zu sagen, wenn man diesen unscheinbaren Satz erklären wollte: Es ist gut, dass du bist! Ich wurde in unserem Du-Sagen erst ein wesenhaftes Ich. Es war eine Zeit der unbeschreibbaren Freude.

Und dann: Es trat das große Unglück ein. Eine Prüfung und eine Zerrüttung befielen dein schönes Sein. Dein Antlitz wurde hässlich, deine Anmut zerstört. Die Menschen zogen sich von dir zurück. Ich blieb aber bei dir, weil ich erkannt habe, dass all das das Wesen unserer Freundschaft nicht berührt. Deine Lebenskraft schwand nach und nach dahin. Die Harmonie deines Leibes wurde zerrüttet. Meine Liebe ließ aber nicht nach, sondern wurde eher größer, je mehr dein Zerfall voranschritt. Deine Gefühle wurden undurchsichtig, deine Stimmungen launenhaft. Du vermochtest keiner fremden Empfindung mehr in deinem Inneren Raum zu geben. Ich ging mit dir hinein in diese Zerstörung, weil auch das mein Du in dir immer noch nicht berührte. Deine Gedanken wurden wirr und dunkel; du vermochtest keine Helle mehr in unsere Welt hineinzustrahlen; selbst vor mir hast du dich verschlossen. Du wurdest böse, hast angefangen, Menschen zu hassen, hattest keinen Blick mehr für die Not der anderen, ja vermochtest nicht einmal mehr, darunter zu leiden, dass du böse geworden bist. Immer mehr wurde aber meine Liebe zu dir »liebender«. Dein Wesen wurde existenziell gottlos; die Verneinung ist in dir bis zum Inneren vorgedrungen. Am Ende konntest du nicht einmal mich aushalten und schicktest mich weit von deinem Inneren weg. Du wähnst mich jetzt ferne von dir. Ich liebe dich aber mehr denn zuvor.

Es ist immer noch die gleiche Liebe. Vielleicht reiner, verständnisbereiter und leidender, aber immer noch die gleiche. Du hast nichts mehr; aber du bist. Du bist mein Du. In unserem Unglück habe ich erkannt, dass mein Ja zu dir bedingungslos war. Du warst immer schon mehr als deine Erscheinung: Das Du, welches ich bejahte und immer noch bejahe, ist selbst deiner eigenen Verfügung enthoben. Du hast nichts verloren. Ich bewahre alle deine Schönheit in mir und gebe sie Dem anheim, Der uns beide zusammenschmolz.

Fragen wir uns nun: Warum kann die Zuneigung den Verlust aller Vorzüge überdauern? Vielleicht ist die Antwort: Weil in der Freundschaft zwei Menschen nicht nur soweit eins geworden sind, als sie einander bereicherten, sondern bis hinab in den Grund des Seins. In jeder ehrlich gelebten Freundschaft ist ein geheimnisvolles Drittes, ein Überragendes und Alle-Verluste-Überbietendes gegenwärtig: das die restlose Zuneigung zweier gebrechlicher Menschenwesen ermöglichende Sein, das Du schlechthin, Gott. Darum ist nach einem schönen Wort des Aristoteles eine Freundschaft, die einmal ein Ende nehmen könnte, nie eine echte Freundschaft gewesen. Versuchen wir in dieser Richtung noch weiter vorzustoßen:

Lieben heißt sagen: Du wirst nicht sterben

Freundschaft als Seinsverbundenheit ist jenseits von Glück und Unglück. Sie ist das Schlechthin-Jenseitige unserer Existenz und entzieht sich somit jeglicher Bedrohung. Sie richtet über das geliebte Wesen das Zeichen der Unsterblichkeit auf. Vielleicht ist dies eine Tat der verzweifelten Liebe: Es kann nicht sein, dass du mir für ewig verschwindest; es kann nicht sein, dass du einer ewigen Zerrüttung ausgeliefert seist; es kann nicht sein, dass es nie mehr die Möglichkeit geben wird, dass du dich zu dem entfaltest, was ich in Augenblicken der Innewerdung in dir erahnt habe.

Denkt man an einen verstorbenen Freund, so befällt einen eine die Kehle zuschnürende Traurigkeit: Wir waren vielleicht für ihn nie wirklich »Gegenwart«; vielleicht haben wir ihn nie richtig verstanden, sondern nach Konventionen und Launen beurteilt; oft haben wir ihn mit den Augen fremder Leute angesehen und ihm nicht die Möglichkeit gegeben, ganz »er« zu sein. Gerade aber in solchen Augenblicken erlebt man eine geheime Tröstung: Es gab und gibt für ihn einen Freund für die Ewigkeit. Unsere gebrochene Freundschaft, unser inneres Suchen war immer schon irdische Verdichtung der Zuneigung Gottes. Dorthinein ist er mir entschwunden und von dorther spricht er mir Tröstung zu:

Es ist schon alles gut. So ist der Glaube an die Unsterblichkeit des geliebten Du nicht so sehr ein Ergebnis schlussfolgernder Beweise, sondern geradezu die innere Evidenz der Freundschaft selbst. Es ist notwendig, sich in ganzer Ehrlichkeit solchen Grenzsituationen zu stellen, damit an ihnen das Wesen der Freundschaft selbst sichtbar werde. In der menschlichen Freundschaft sind Urevidenzen enthalten, die keines Beweises mehr bedürfen für den, der liebt: die Gegenwart des Du, die Möglichkeiten einer grenzenlosen Entfaltung in dieser Gegenwart und die all das ermöglichende Gegenwart des Absoluten. Von überallher bedrängt und hilflos ist diese Evidenz. Gerade deshalb ist sie unabhängig von vordergründigen Formulierungen und Erklärungen. Wird aber diese keimende Einsicht in Treue gepflegt, so wächst sie und durchdringt unser Leben. Etwas Unerschütterliches hebt sich aus der Freundschaft in den Bereich der Durchsichtigkeit: die Ergriffenheit von der absoluten Güte.[67]

67. Siehe Gabriel Marcel: *Présence et immortalité*, Paris: Flammarion, 1959.

Von dorther entsteht in unserem Leben die Seinsweise der Freundlichkeit. Der Mensch hat durch die Freundschaft eine neue Sicherheit gewonnen im Leben. Der gierige Griff der Selbstsucht lockert sich. Man wird gelassen, ruhig und still. Der Mensch wird aufmerksam und höflich; vornehm in der Haltung vor dem Du; rücksichtsvoll mit der menschlichen Überheblichkeit. Ein Mensch, der versucht, keinem Wesen Leid anzutun. Er vermeidet sorgfältig alles, was in seine Umgebung einen Misston oder eine Verstimmung hineintragen könnte: das Aufeinanderprallen von Meinungen, den Zusammenstoß von Empfindungen, den Trübsinn und die Verdächtigung. Er ist bestrebt, das menschliche »Wohnen in der Welt« angenehm und heimisch zu machen. Er hat Augen für seine Gemeinschaft. Besonders zartfühlend ist er gegen die Schüchternen und liebenswürdig gegen die Zurückhaltenden. Er stellt sich nicht in die Mitte des Interesses, spricht wenig von sich selbst. Für Nachrede hat er kein Ohr, trägt Beleidigungen nicht nach. In seiner Geduld versteht er die Unbeholfenheit der anderen. Er sucht sogar, seinen Gegner zu verstehen, und erweist sich als zu weitherzig, um andere der Lächerlichkeit preiszugeben. Mit schlichtem Wort vermag er Bedrückte zu trösten, verzweifelte Menschen zu begreifen, zwischen Streitenden Frieden zu stiften, Beleidigern zu verzeihen.[68]

Wie einfach all das sich anhören lässt! Wie unscheinbar und leicht scheint eine solche Haltung zu sein! Gerade im Unscheinbaren bewährt sich aber das von Gott ergriffene Herz. Es hat sich hier etwas ereignet, dessen Grund Paulus mit den Worten aufreißt: »Gelobt sei Gott, der Vater unseres Herrn Jesus Christus, der Vater aller Erbarmung und Gott allen Trostes. Er hat uns getröstet in all unserer Trübsal, sodass wir imstande seien, jene zu trösten, die in Bedrückung sind, durch den Trost, mit dem wir von Gott getröstet werden« (2 Kor 1.3–4). Wir sehen hier, wie eine Freundschaft die menschliche Seele, den Grund aller Freundlichkeit öffnet. Sie zu erfahren, ist die Gnade unseres Gottes.

68. Vergleiche John Henry Newman: *The Idea of a University,* London 1952, Seiten 208–211.

Ich hoffe für mich in dir

In geschöpflicher Freundschaft Gottes Gegenwart zu erfahren und von Gott her Freundlichkeit zu sein, dies ist die Struktur jener Dialektik, die das Dasein eines gütig gewordenen Menschen beherrscht. Er hofft nichts für sich selbst. In einem letzten Grunde ist ihm gleichgültig geworden, was mit seiner eigenen Existenz geschieht. Er rafft sich dennoch auf, um auch für sich zu hoffen. Die Sehnsucht, sich zu verschenken, machen sein Selbstsein aus. Dies war die ergreifende Lebensgestalt jenes glühenden und schwergeprüften Mannes, in dem die frühe Kirche sich zum Selbstverständnis durchrang, des Apostels Paulus.[69] Er war ein Mensch, der in einem erschütternden Augenblick seines Lebens die geheimnisvolle Einheit Christi mit dem Menschenbruder erfahren hat. Auf dem Wege nach Damaskus wurde ihm offenbar, dass die letzte Tiefe des Menschendaseins Christus selbst ist (Apg 9.3–4). Diesem Überwältigenden, den er »Geist« nannte (2 Kor 3.17), hat er sein Leben geweiht. »Geist« bedeutet bei Paulus in diesem Zusammenhang die Wirklichkeit Christi selbst (in ihrer Fülle und Herrlichkeit). Eine unbeschreibbare Spannung entstand in seinem Leben: Einerseits wünscht er sich, »aufgelöst« zu werden in Christus, anderseits drängt ihn die gleiche Erfahrung, bei seinen Menschenbrüdern zu bleiben (Phil 1.23–24). So geht er hinein in die Not irdischer Beengung.

Er ist ein kranker Mensch, ein verletzliches Wesen, das seinen »Schatz in irdenem Gefäß« trägt (2 Kor 7.5). Von überallher ist er bedrängt, klagt aber nicht. Ohne Rat und Weg, verzweifelt er nicht (2 Kor 4.8). Seine Rede ist stockend und ungehobelt (2 Kor 11.6). Ein Narr ist er vor den Menschen geworden (2 Kor 12.11), der sich darüber freuen kann, dass seine Kraft nicht ihm selbst gehört und er sich nur in Trübsalen rühmen kann, die ihn geduldig machen (Röm 5.3). Er erzählt von ihnen immer wieder: »Ihr wisst, wie ich vom ersten Tage an, da ich Asien betrat, [...] dem Herrn in aller Demut gedient habe, unter Tränen und Schwierigkeiten« (Apg 20.19).

69. John Henry Newman nannte Paulus den »Freund der menschlichen Natur« und entfaltete dieses Bild von ihm in einer seiner schönsten Ansprachen "St.Paul's Gift of Sympathy" in *Sermons Preached on Various Occasions*, London: Longmans, Green, 1892, Sermon VIII. Siehe auch Malachy Gerard Carroll: *The Mind and Heart of Saint Paul*, Langley: Brown & Nolan, 1959.

Oder »Wir wollen euch nicht über die Trübsal in Unkenntnis lassen, liebe Brüder, die uns in Asien widerfahren ist, dass wir über Maß und Kraft heimgesucht wurden, sodass wir selbst am Leben verzweifelten« (2 Kor 1.8). Dies tat er aber wiederum aus Güte, um die »Herzen der Jünger zu stärken«, damit sie einsehen, dass »wir durch viel Trübsal hindurch in das Reich Gottes gelangen müssen« (Apg 14.22).

Sein Abschied von Milet zeigt, wie tief er mit seinen Brüdern verbunden war: »Er kniete nieder und betete mit ihnen allen. Alle weinten. Sie fielen Paulus um den Hals und küssten ihn. Am meisten waren sie über das Wort betrübt, das er gesprochen hatte, sie sollten sein Antlitz nicht mehr sehen. Dann begleiteten sie ihn zum Schiff« (Apg 20.36–37). Eine warme Freundschaft folgt ihm überall: Sein Begleiter Titus war ihm sehr teuer; sogar Diätratschläge schreibt er einem anderen Freund, Timotheus, auf (1 Tim 5.23). Rührend sorgt er sich um den Jüngling, der bei seinem Vortrag eingeschlafen und aus dem Fenster gefallen ist (Apg 20.9–12). Er freut sich über den Besuch dreier Freunde (1 Kor 16.17) und legt Fürsprache für einen christlichen Sklaven ein (Philemonbrief). Paulus ist betrübt, wenn Menschen ihn verlassen, wie ein Demas (2 Tim 4.10). Er ist beglückt, wenn ein Freund ihn in Rom aufsucht (2 Tim 1.16–17). Am Ende ist er sehr allein geblieben. Nur der »geliebte Arzt« (Kol 4.14) harrt noch bei ihm aus (2 Tim 4.11): Lukas.

Immer wieder beschwört er Timotheus, ihn doch noch zu besuchen. Er fühlt sein Ende herannahen: »Ich sehne mich danach, dich zu sehen, [...] damit meine Freude erfüllt werde« (2 Tim 1.4). »Beeile dich, bald zu mir zu kommen« (2 Tim 4.21). Göttliches und Menschliches sind hier in einer Menschenseele vermengt, in einer Haltung, worin Paulus selbst das Geheimnis der Menschwerdung Christi erblickt hat: »Die Sanftmut und die Milde Christi« (2 Kor 10.1). Ein ergreifendes Menschendasein.

—

Wir versuchten, in vier Denkschritten darzustellen, wie das menschliche Dasein auf die Freundschaft angewiesen ist. In der Begegnung mit einem einmaligen Du wird der Mensch des Transzendenten inne, wird innerlich umgewandelt und beginnt als Zeuge Gottes zu leben. *Der Mensch ist jenes Wesen, das in der Freundschaft der Menschen Gottes Gegenwart erfahren kann und darin die Freundlichkeit zeugnishaft zu verwirklichen vermag.*

Wiederum versucht die Erfahrung der Menschheit, diese eben geschilderte Urgegebenheit menschlichen Lebens in einem dichten, zartgezeichneten Bild darzustellen, in der Freundschaft zwischen David und Jonathan.

Da ist einerseits der edle Königssohn Jonathan. Als junger Feldherr löst er den Schicksalskampf Israels aus. Er erschlägt den Philistervogt, führt seine Krieger zu Überraschungsangriffen, wird vom Volk innig geliebt, sodass es ihn selbst gegen seinen Vater verteidigt. Er ist ehrlich seinen Freunden gegenüber, aufrichtig in der Lebensführung, äußerlich schon sehr gewinnend. Anderseits David: Ein ziemlich hässlicher Hirtenjunge von einer vitalen Furchtlosigkeit, von Gott gesendet, um den Vater Jonathans, Saul, zu entthronen. Er ist ein Mensch von explosiver Gegensätzlichkeit, der singen, tanzen und jubeln kann, aber auch mit List und Tücke seine Ziele verfolgt. Seine Seele ist von einer Ergriffenheit durch das Heilige beherrscht. Zugleich kann er sich über Gebote gewaltsam hinwegsetzen. Vier Begegnungen schildert die Bibel zwischen diesen scheinbar so gegensätzlichen Menschen. Hineingestellt in einen Schicksalsstrom von Kämpfen, Auflehnungen, Hass, Brutalität und Begeisterung entfaltet sich vor uns eine menschliche Innigkeit, die seltsam hineingewoben ist in die Anwesenheit Gottes.

Ihre erste Begegnung (1 Sam 18.1–4) ereignet sich nach dem Sieg Davids über Goliath. Saul lässt den jungen Hirtenknaben zu sich kommen und befragt ihn. Jonathan ist anwesend und hört zu:

> Als er seine Unterredung mit Saul beendet hatte, da geschah es plötzlich, dass die Seele Jonathans an die Seele Davids gefesselt wurde, und Jonathan gewann ihn lieb wie sich selbst. Saul nahm ihn an jenem Tag zu sich und ließ ihn nicht mehr in sein Vaterhaus zurückkehren. Und Jonathan schloss einen Bund mit David, denn er liebte ihn wie sich selbst. Dabei zog Jonathan den Mantel aus, den er anhatte, und gab ihn David, ebenso seinen Waffenrock, sogar sein Schwert samt seinem Bogen und seinem Gürtel.

Es ist ergreifend, wie schlichte Worte den Wesensvorgang der Freundschaft auszudrücken vermögen: Das plötzliche Aufflammen einer Zuneigung, die Ergriffenheit bis ins Innerste der Seele, die neue Einheit von Schicksal, das Geschenk Jonathans als Symbol der Selbsthingabe, wobei man unwillkürlich an das Gedicht von

Rudolf Borchardt erinnert wird, das mit der Strophe beginnt: »Was man will, kann man nicht geben, // Und man gibt nur, was man muss, // Also gibt man einen Kuss, // Und man gäbe gern das Leben.«

Die zweite Begegnung (1 Sam 20.41–42, 21.1) geschieht heimlich. David ist auf der Flucht vor Saul, der ihn töten will. Eine traurige Schwere breitet sich über die beiden Freunde aus:

> Nach dem Weggang des Burschen [von Jonathan] erhob sich David hinter dem Steinhaufen, warf sich auf sein Angesicht zur Erde und verneigte sich dreimal. Dann küssten sie einander und weinten zusammen bis zum Übermaß. Darauf sagte Jonathan zu David: »Geh in Frieden! Was wir beide uns beim Namen Jahwes geschworen haben, dessen ist Jahwe Zeuge zwischen mir und dir, zwischen meinen Nachkommen und deinen Nachkommen in Ewigkeit.« Danach machte sich David auf und ging fort, Jonathan aber kehrte in die Stadt zurück.

In der schweren Prüfung der beiden Freunde steigt die innere Gestalt, das Geheimnis der Freundschaft, klar empor: Gott verbindet in der Freundschaft, und deshalb kann sie nicht untergehen. Da rührt der Mensch an etwas Heiliges. Die Zuneigung wird zur Verehrung. Sie helfen einander, soweit sie können. In diesem Fall: Sie weinen miteinander. Sie bestätigen damit ihre Freundschaft im Mitleiden vor dem Angesicht Gottes.

Die dritte Begegnung (1 Sam 23.15–18) zwischen dem zum Bandenführer gewordenen David und dem Königssohn ist von schlichter Erhabenheit. Jonathan erkennt die Auserwählung Davids und ist entschlossen, sich zurückzustellen. Er will immer nur »der Zweite« sein. Die Demut der Freundschaft bricht hier sinnbildlich durch:

> David fürchtete sich, weil Saul ausgezogen war, um ihm nach dem Leben zu trachten. David weilte zu Horscha in der Wüste Siph. Da brach Jonathan, der Sohn Sauls, auf, begab sich zu David nach Horscha und machte ihm wieder Mut in Gott. Er sagte zu ihm: »Sei ohne Furcht, denn die Hände meines Vaters Saul werden dich nicht zu fassen bekommen. Du wirst vielmehr König Israels werden, und ich werde nach

> dir der Zweite sein. Auch meinem Vater ist das bekannt.« Dann schlossen beide einen Bund vor Jahwe, und David blieb in Horscha, während Jonathan nach Hause zurückkehrte.

Die vierte Begegnung (2 Sam 1.17–27) ist kein Zusammentreffen mehr, sondern die Klage Davids über Jonathans Tod, der im furchtbaren Gemetzel bei Gilboa zusammen mit seinem Vater und seinen Brüdern fiel. In seinem Schmerz erlebt David noch einmal die Schönheit der Freundschaft Jonathans: »Der Ruhm Israels liegt erschlagen [...]. Der Bogen Jonathans! Nie ist er ausgewichen [...]. Jonathan, Geliebter, Holdseliger [...]. Durch deinen Tod bin ich in tiefsten Schmerzen; mir ist es weh um dich, mein Bruder! Jonathan, du warst mir über alles lieb! Ja deine Liebe ging mir über die Liebe einer Frau zu ihrem erstgeborenen Sohn.« Die Erinnerung an die reine Liebe wird David später noch begleiten als Verbundenheit über den Tod hinaus (siehe 2 Sam 9.1, 21.7).

Es bleibt hier nicht mehr viel über die Freundschaft zu sagen, was wir aus diesem Schicksalsbild nicht erahnen könnten. Hier zeigt sich vielleicht noch eindrücklicher als an anderen Stellen der Gotterfahrung, wie der menschliche Geist auf ein Absolutes ausgerichtet ist, aber dieses Absolute als Menschenschicksal erlebt.[70] Dieses Bild von Gott ist miteinbeschlossen in jeglicher menschlich ehrlichen Zuneigung: Die Wirklichkeit eines Gottes, Den Paulus in einer der kühnsten Aussagen seines gottergriffenen Geistes als »den Menschenfreund« benennt (Tit 3.4) und zu Dem der Mensch sprechen kann wie zu einem Freund: »Wer ist ein Gott wie Du, Der Schuld vergibt und Frevel verzeiht, Der im Zorn nicht verharrt, sondern es liebt, barmherzig zu sein? Habe wiederum Erbarmen mit uns. Zertritt unsere Missetaten, und in die Tiefe des Meeres wirf alle unsere Sünden« (Mich 7.18–19). Gott ist »Zärtlichkeit und Freundlichkeit«. Dies ist die Uroffenbarung des menschlichen Herzens über Gott (Ex 34.6; Ps 103.8).

Nicht nur den Menschen, sondern jedes Lebewesen umfängt Er mit Seiner Freundlichkeit: »Seine Zärtlichkeit ruht auf allem Fleisch« (Sir 18.13). Beim Propheten Hosea bietet Gott Seine Gnade dem Menschen »gleichsam als Brautgeschenk« an, damit der

70. Siehe dazu die Darstellung Hans Urs von Balthasar über *berit, chesed, chen, raḥamīm, sedek, sedeka, mischpāt, emet, emuna* und *schalom* als »Gottes Raumgewähren« in *Herrlichkeit,* Band III/2, Einsiedeln: Johannes-Verlag, 1967, Seiten 138–164.

Mensch durch freie Hingabe Gott antworten kann und lernt, die vergebende Liebe zu verbreiten (Hos 2.21, 4.1, 6.4–6, 10.12). Dem Menschen steht eine Verheißung bevor, eine neue Welt, die sich in dieser Zärtlichkeit Gottes entfaltet und ganzheitlich als eine »heile Welt« erlebt wird, in der Gott »alles in allem sein wird« (1 Kor 15.28). »Ich lausche. Was spricht Gott? Redet Er nicht vom Frieden? [...] Seine überwältigende Schönheit wird wohnen in unserem Lande. Erbarmen und Treue begegnen einander, Ordnung und Friede umarmen einander. Aus der Erde sprosst Treue empor, und Ordnung neigt sich vom Himmel herab. Der Herr selber gibt den Segen und unsere Erde gibt ihre Frucht« (Ps 85.9–13).

Diese neue, von der Freundlichkeit Gottes durchflutete Welt ist *in Christus* bereits angebrochen, dessen Existenz im Grunde nur die Offenbarung war: »Gott ist die Liebe« (1 Joh 4.8–16) und das restlose Ja zu unserer Menschlichkeit, die unüberbietbare Vollendung des Urwortes, die Gott am Anfang der Welt zur gesamten Schöpfung sprach: »Es ist gut, dass du bist» (Vergleiche Gen 1.31).

Ist ein solches Bild von Gott und vom Menschen nicht einseitig? Werden die harten Forderungen Gottes an uns dadurch nicht abgeschwächt? Wird das Geheimnis Gottes dadurch nicht durch menschliche Empfindung noch mehr verschleiert? Wer solche Fragen stellt, scheint nicht zu wissen, wie einfordernd die Freundschaft als Hingabe ist. Nicht in den Geboten Gottes liegt Seine letzte Forderung, sondern in Seiner Liebe, die Er in unsere Herzen gelegt hat (Röm 5.5), die uns beherrschend drängt (2 Kor 5.14), von der uns niemand mehr trennen kann (Röm 8.35–39). Dies ist vielleicht die härteste, aber auch die beglückendste Forderung unseres Glaubens: Zeuge der Freundlichkeit Gottes zu sein in einer so oft hasserfüllten und deshalb so unglücklichen Welt. »Freundschaft, diese Gabe Gottes in uns! Sprechen wir nur Gutes über sie.«[71]

71. Dies war die Weisung eines klugen und heiligmäßigen Dominikanerprovinzials in England an einen seiner Mitbrüder, dessen Gewissen betrübt war wegen einer menschlichen Freundschaft. Zitat nach EVELYN WAUGH: *The Life of Ronald Knox,* London: Chapman & Hall, 1959, Seite 125.

Der helfende Mensch

Als der Apostel Petrus zum ersten Mal zu den Heiden über Christus sprechen musste, war er offensichtlich verlegen. Wie soll er in wenigen Sätzen jene überwältigenden Erfahrungen der letzten Jahre mitteilen, die ihn für immer mit Christus verbanden? Verlegen und nach Worten suchend beginnt er seine Rede. Er spricht schwerfällig das Geheimnis seines Herzens aus mit den unscheinbaren Worten: »Er ging umher und tat Gutes« (Apg 10.38). Es ist vielleicht nicht viel Theologie in diesen Worten enthalten, trotzdem berühren sie uns mit ihrer erlebten Unmittelbarkeit. Die Zuhörer ahnen, was alles sich hinter diesem hilflosen Satz verbirgt. Etwa: »Wir haben endlich in unserem Leben die Existenz eines restlos guten Menschen erlebt.« Dann bricht der Schmerz aus der Seele des Apostels hervor: »Und den haben sie umgebracht, indem sie ihn ans Holz hängten« (Apg 10.39). Schließlich verkündet Petrus den Sieg des guten Menschen: »Gott hat ihn aber am dritten Tag auferweckt« (Apg 10.40).

Gerade die Kargheit und die Anspruchslosigkeit dieses Sprechens legen das Wesen des bestürzenden Christusgeheimnisses bloß. Am schwersten können wir darüber sprechen, was unsere Seele voll erfüllt. Die Ergriffenheit des Apostels teilt sich aber mit, prägt sich in die Seele seiner Zuhörer ein. Es geschieht jene Umwandlung der Existenz, worin ein Mensch zum Christen wird: »Während Petrus noch diese Worte sprach, kam der Heilige Geist über alle, die diese Rede hörten« (Apg 10.44). Wir wollen diesen Vorgang hier nicht weiter analysieren, sondern nur als Eingang der nachfolgenden Meditation benützen, die auch wegen der Schlichtheit ihrer Aussage in Gefahr geraten kann, als »Altbekanntes« überhört zu werden: *Die tätige Güte ist der Ort der Erfahrung Gottes.*

Das menschliche Dasein ist auf die Güte angewiesen

Was bedeutet die Erscheinung der Güte in unserer Existenz? Schauen wir wieder zunächst unser eigenes Leben an, seine Ratlosigkeit und Verwirrung. Was finden wir in ihm?

Zunächst *unsere Tage:* Unser Dasein ist hineinzerstückelt in die Zeit. Die Tage kommen und vergehen; ja sie vergehen fast eher, als sie gekommen sind. Ein Gestürz von Dingen und Ereignissen scheint unser Leben mitzureißen. Und mit ihnen verschwindet auch ein Stück unseres Lebens. Es ist aber nicht etwas Äußeres, das vergeht, sondern jene Äußerlichkeit, die wir in ständiger Bemühung in unser Inneres umzuwandeln suchten. Wir verwandeln die Dinge in unsere Existenz. Wir erleben ihr Glück und ihre Fülle, sie werden zum Teil unseres Wesens. Und dann: Sie sind auf einmal nicht mehr da und hinterlassen eine fast unerträgliche Leere in uns selbst.[72] Diese Leere im eigenen Sein möchte der Mensch immer wieder auffüllen durch jenes Seltsame und oft bitter Enttäuschende, was man als das *»Haben der Dinge«* bezeichnen könnte. Der Mensch greift ein Stück Welt heraus, drückt es an sein Herz, fühlt sich für einen Augenblick erfüllt. Durch jede Erfüllung verengt sich aber sein Leben. Man sieht, wie viele Dinge einem entschwunden sind rein dadurch, dass man nur einzelnen von ihnen seine Aufmerksamkeit schenkte. Und selbst dieses wenige kann man nicht halten.[73]

So arbeitet in uns der zähe Trieb nach *Bereicherung* weiter, ein Hunger nach Erleben, eine Sehnsucht nach Mehrsein und nach Anderswerden. Bis der Mensch merkt, wie grundsätzlich fremd ihm alles geworden ist; wie wenig Nähe und Wärme er erfahren hat. Auf sich selbst schaut er auch mit fremden Augen: Was ist dieses Wesen, das von Vielfalt erfüllt und doch leer, von Sehnsucht getrieben und doch nirgends daheim ist?[74] Etwas Fremdes hat sich seiner bemächtigt und ihn gleichsam in eine trostlose Ausdehnung des Lebens hinein zerrissen.[75] Der Mensch ist nirgends wirklich »er selbst«. Er schaut sich immer nur für einen Augenblick, in gebrochenen Spiegelungen der Dinge und in flüchtigen Gefühlen, Erleb-

72. Die nächsten Zitate beziehen sich wesentlich auf Aurelius Augustinus. Siehe dazu den Aufsatz: LADISLAUS BOROS: »Les Catégories de la temporalité chez saint Augustin« in *Archives de Philosophie,* Juli–September, 1968, Seiten 323–385, sowie die Dissertation: LADISLAUS BOROS: *Das Problem der Zeitlichkeit bei Augustinus,* München 1956, GA Band 8. Vergleiche *Enarrationes in psalmos,* 38:7 (PL 36, 419), 121:6 (PL 37, 1623) und 62:6 (PL 36, 752).

73. Vergleiche AURELIUS AUGUSTINUS: *De vera religione,* 20:40 (PL 34, 139); *Sermones,* 124:2.2 (PL 38, 687); *De vera religione,* 22:43 (PL 34, 140); *Sermones,* 331:1.1 (PL 38, 1459).

74. Vergleiche *Sermones,* 125:11 (PL 38, 698); *De libero arbitrio,* 3:7.21 (PL 32, 1281).

75. Vergleiche *Confessiones,* 11:26.33 (BT 287); 11:29.39 (BT 292).

nissen und Ahnungen seiner Seele an; in Vorgängen also, die zwar zu ihm gehören, aber niemals zu seinem bleibenden und mit sich eins gewordenen Sein.[76] »Eine reiche Armseligkeit und ein armseliger Reichtum« – so definiert Augustinus das menschliche Leben als Ek-sistenz, als Aus-stand, als Geworfenheit in die Zerstückelung.[77]

So gibt es im Grunde kein ganzheitlich »aus-verwirklichtes« Leben. Der Tod ist auch nicht ein äußerlich an das Dasein herangetragenes Ende, sondern das innerlich-gegenwärtige »Verenden« unserer Erlebnisse und Begegnungen. Die menschliche Existenz ist keineswegs bloß ein »Rennen zum Tod«, sondern ein *Sein-zum-und-im-Tode.*[78] Als *viator* lebt der Mensch in einem Ständig-auf-dem-Wege-Sein, als Wanderer, Landgänger, Wallfahrer oder einfach Landstreicher. Dabei bedeutet das Symbol des Weges nicht ein Direkt-auf-ein-Ziel-Zugehen, sondern den oft so vergeblichen Versuch, zu irgendeinem Ziel zu gelangen. Unsere Wege sind selten etwas anderes als »Holzwege«, die auf einmal im Unbegangenen aufhören.[79] »Wir sind noch nicht. Wir hoffen zu sein.«[80] »Das Eigentliche ist im Menschen immer ausstehend und wartend.«[81] Somit ist unser Leben nicht bloß Erwartung, sondern genauer und radikaler eine »Erwartung von Erwartungen, die selber auf Erwartung warten.«[82] Dies ist jene dem menschlichen Dasein innewohnende *»Krankheit zum Tode«,* von der ein Augustinus oder ein Kierkegaard so ergreifend sprechen konnten.[83] Es ist wirklich

76. Vergleiche *Enarrationes in psalmos,* 121:6 (PL 37, 1623), 121:8 (PL 37, 1624).

77. Vergleiche *De vera religione,* 21:41 (PL 34, 139); *Sermones,* 125:11 (PL 38, 698).

78. Siehe den Begriff des »Todes« bei Martin Heidegger: *Sein und Zeit,* Tübingen: Max Niemeyer, 1953, Seiten 258–259, und die Ausfaltung des Begriffes, Seiten 260–267. Bei Aurelius Augustinus: *Sermones,* 97:3.3 (PL 38, 590); *De civitate Dei,* 13:10 (CCL 48, 392); *In Joannis evangelium tractatus,* 38:10 (CCL 36, 343); *Confessiones,* 4:10.15 (BT 65); *Enarrationes in psalmos,* 127:15 (PL 37, 1686).

79. *Enarrationes in psalmos,* 76:3–4 (PL 36, 972), 39:3 (PL 36, 434), 129:1 (PL 37, 1696). Siehe auch Martin Heidegger: *Holzwege,* Frankfurt a.M.: Klostermann, 1957.

80. Blaise Pascal: *Pensées,* Nr. 172.

81. Ernst Bloch: *Das Prinzip Hoffnung,* Frankfurt a.M.: Suhrkamp-Verlag, 1959, Band 1, Seite 285.

82. Jean-Paul Sartre: «L'Être et le néant: Essai d'ontologie phénoménologique» in *Nouvelle Revue Française,* Paris, 1943, Seite 622.

83. *Sermones,* 97:3.3 (PL 38, 590); *Enarrationes in psalmos,* 102:6 (PL 37, 1320), *Sermones,* 17:7.7 (PL 38, 128). Siehe auch Søren Kierkegaard: *Krankheit zum Tode,* Jena: Diederichs, 1875.

ein Kampf ums Leben, eine gleichsam verzweifelte Bemühung, das Wirklichste und Schönste unserer Existenz zu behalten, zu entfalten und mitzuteilen: ein Kampf mit ungleichen Waffen, ja oft ohne jede Waffe, bloß mit nackten Händen gegen einen Feind, den man nicht kennt und nicht sieht.[84]

Ein durch Gefühle, Abneigungen, Verfeindungen und durch Hass innerlich vergiftetes Leben ist es, das wir immer mehr als Gefängnis empfinden, aus dem es kein Entweichen mehr gibt.[85] Das *»Altwerden«* als existenzieller Vorgang setzt sich immer mehr durch: Verengung des Lebens, Verhärtung des Inneren, Verkrampfung der Gefühle.[86] Eine unfruchtbare Erde wird aus unserem Leben, verwüstet durch Leidenschaft und Traurigkeit, unfähig, neues Leben hervorsprießen zu lassen.[87] Ein Augustinus gebraucht hier ein noch ausdruckskräftigeres Bild, das Symbol der »Verwesung«. Ekel als Grundbefindlichkeit des Daseins ist keineswegs Erfindung moderner Anthropologie existenzialistischer Richtung.[88]

Sich im Leben als Verbannten zu erfahren,[89] das erfüllt die menschliche Seele mit der Sehnsucht nach Heimat, nach einer letzten Geborgenheit,[90] nach einem Zustand, da unsere Sehnsucht nicht mehr »von Erwartung zu Erwartung« geht;[91] nach einer Seinsweise der restlosen Aufgehobenheit in einer endlosen (und sich endlos erweiternden) Gegenwart.[92] Gelegentlich ereignet sich bereits in unserem irdischen Leben ein Durchbruch zum Sehen,

84. *De civitate Dei,* 21:15 (CCL 48, 781); *Sermones,* 344:1 (PL 39, 1512); *De agone christiano,* 2:2 (CV 41, 103); *Enarrationes in psalmos,* 142:16 (PL 37, 1854), 49:22 (PL 36, 579), 13 (PL 36, 523), 136:7 (PL 37, 1765), 141:17 (PL 37, 1843), 141:17–18 (PL 37, 1843), 147:5 (PL 37, 1917).

85. *Enarrationes in psalmos,* 141:7 (PL 37, 1843), 67:26 (PL 36, 830).

86. *Enarrationes in psalmos,* 131:11 (PL 37, 1716), 47:5 (PL 36, 536).

87. *Enarrationes in psalmos,* 91:8 (PL 37, 1176), 76:6 (PL 36, 974), 139:11 (PL 37, 1809).

88. *Sermones,* 254:4.5 (PL 38, 1184), 361:9.9 (PL 39, 1184).

89. *Enarrationes in psalmos,* 49:22 (PL 36, 579); *Sermones,* 124:4.4 (PL 38, 688); *Enarrationes in psalmos,* 148:4 (PL 37, 1940).

90. *Enarrationes in psalmos,* 55:9 (PL 36, 652); *Sermones,* 49:3.3–4 (PL 38, 322); *De civitate Dei,* 22:29.6 (CCL 48, 862).

91. *In Joannis evangelium tractatus,* 63:1 (CCL 36,485); *Enarrationes in psalmos,* 62:16 (PL 36, 758), 104:3 (PL 37, 1392); *De Trinitate,* 15:2.2 (PL 42, 1059).

92. *De doctrina christiana,* 1:38.42 (PL 34, 35); *Epistulae,* 130:14.17 (CV 44, 71–72); *De civitate Dei,* 22:30.1 (CCL 48, 862), 12:30.5 (CCL 48, 866); *De Genesi ad litteram,* 4:13.24 (CV 28, 1, 110).

zum Begreifen und zur Geborgenheit,[93] der sich aber nie zum Zustand entfalten kann. Der Mensch fällt immer wieder zurück in das Neblige des Alltags.[94] Man wundert sich nicht mehr über die Irrungen des menschlichen Geistes, weil man sein eigenes Dasein auch als ein seltsam gefesseltes Wesen begreift.[95] Hineingestoßen in einen Abgrund der Verzweiflung, eingesperrt in die eigene Unfähigkeit, sich mitteilen zu können, in die Unsicherheit des Herzens,[96] schreit der Mensch auf, ruft nach Hilfe. In diesem Aufschrei findet sein Leben immer noch einen letzten Sinn.[97]

Denn es mag auf einmal das Unerwartete, das aus den dunklen Zusammenhängen der Welt Unerklärbare sich ereignen: Ein Mensch ist da für uns, vielleicht selber gebrochen und im Dunkeln umhertappend, und reicht uns seine hilfreiche Hand. Vielleicht weiß er selber keine Antworten, aber seine Nähe wärmt unser Herz. Plötzlich fallen die Ketten ab, die Fesseln des Daseins lösen sich. Ein Licht ist da und ein Sinn tritt in unsere Existenz. Wir sind verwundert: Wie bringt ein Mensch die Kraft auf, sein Wesen unserer Not und Dunkelheit zu öffnen, sich über sein eigenes Elend hinaus noch mit der Schwere unseres Daseins zu belasten? Wie wagt ein Mensch, der selber gebrochen ist, einem anderen Menschen überhaupt zu helfen? Womit will er uns das Leben erleichtern? Die Antwort heißt ganz schlicht: mit seinem in das Dunkle des fremden Daseins hineingesprochenen und immer wieder in Treue neu ausgesagten Wort: Du bist nicht allein. Das »Wagnis des Helfens« erlebte die Menschheit immer schon als ein transzendentes Ereignis, als einen Einbruch der absoluten Güte in die Dunkelheit der Welt, als einen seinshaft bevorzugten Ort der Erfahrung des Absoluten. Sie umgab die Gebärde menschlichen Helfens immer wieder mit dem Heiligenschein des Wunderbaren. Diese »Wundergeschichten« sind Verdeutlichungen eines tieferen, eigentlicheren Vorgangs, einer wesentlicheren Einsicht: Das menschliche Dasein in all seinen Dimensionen der Dunkelheit

93. *Confessiones,* 7:17.23 (BT 146), 7:10.16 (BT 141), 9:10.24 (BT 200); *Enarrationes in psalmos,* 41:10 (PL 36, 471).

94. *Enarrationes in psalmos,* 41:10 (PL 36, 471); *Confessiones,* 10:40.65 (BT 259), 7:17.23 (BT 146).

95. *Enarrationes in psalmos,* 102:6 (PL 37, 1320); *Contra epistolam Manichaei quam vocant fundamenti,* 2 (CV 25, 194).

96. *Enarrationes in psalmos,* 41:13 (PL 36, 473), 100:12 (PL 37, 1292), 55:9 (PL 36, 652), 134:16 (PL 37, 1749); *Sermones,* 47:14.23 (PL 38, 312), 49:3.3 (PL 38,321).

97. *Enarrationes in psalmos,* 39:3 (PL 36, 434), 129:1 (PL 37, 1696).

und Verwirrung ist in der Güte Gottes immer schon aufgehoben, nirgends einem absoluten Draußen preisgegeben. Diese Ahnung ist das *Grundwunder unseres Lebens,* das schlechthin Unerwartete und alle Hoffnungen Überbietende.

Deutlich erweist sich dieses Wesentliche in jenem tief menschlichen aber nur schwer deutbaren Vorgang, den wir »christliches *Gebet der Fürbitte*« nennen. Der Mensch erfährt seine Hilflosigkeit vor der fremden Not. Er sieht, wie das Leben und das Werk, ja überhaupt das Schicksal der Menschen, denen er gütig zugeneigt ist, von unkontrollierbaren, heillosen Zusammenhängen der Welt bedroht sind. Mit der Spontaneität seines Herzens ruft er eine absolute Macht an, diese möge eingreifen und die Bedrohung vernichten. Zugleich weiß aber dieser Mensch darum, dass er sich selber in die Gefahr begeben hat und sich am Rande der Magie, der Indienststellung des Göttlichen für menschliche Zwecke befindet; dass er also das Bild Dessen verdunkelt, bei Dem er für einen anderen Zuflucht sucht; dass er also einen Gott anruft, Den es so gar nicht gibt. In einer dialektischen Bewegung seines Gebetes stellt der Bittende die Gewährung Gott anheim: »Nicht mein Wille geschehe, sondern der Deine«! Und hier stößt der betende Mensch unmittelbar ans Geheimnis. Er erkennt, dass alle Not und alles Leid, die nur die Vorhandenheit des Menschen berühren, in einem letzten Grunde unwichtig sind, das Eigentlichste des Daseins nicht bedrohen. Das Wesentlichste liegt anderswo. In der Einsicht nämlich, dass Gott die Liebe ist. Im Grunde richtet sich jedes Bittgebet auf diese einzige Gewährung: Ich bitte Dich, Gott, lass diesen Menschen innig erleben, dass Du wirklich die Liebe bist, dass er in Dir noch eine Zuflucht hat, dass er bei Dir für immer geborgen ist. Lass ihm diese Einsicht über alle Not und alles Schicksal aufleuchten. Lass ihn sein Leid, seine Verluste und seine Ausweglosigkeit erfahren, als immer schon aufgehoben in Deiner Liebe, die ihm niemand nehmen kann. Gib ihm einen neuen Blick, den Blick Deiner Liebe, auf seine vielleicht unabwendbare Not. Schenke ihm die Erfahrung Deiner Liebe, und er wird sein Leben aushalten.

Demnach würde das Wesen des Bittgebetes (und wohl auch das Wesen der *Vorsehung*) in einem Wandel der Gesinnung bestehen. Dies ist jenes Grundwunder des Lebens, wovon vorher die Rede war: die Erfahrung der liebenden Nähe Gottes und das Bestehen in unserem vielleicht schwergeprüften Leben von dieser Erfahrung her. Und menschliches Helfen erreicht auch erst dort seine Tiefe, wo es für die anderen Zeugnis der Nähe Gottes wird. Hier taucht wieder der vorhin ausgesprochene Gedanke auf: Menschliches Helfen kann und darf nicht an seinen Erfolgen gemessen werden, sondern im Wesentlichen nur daran, in welchem Maße das Helfen vom selbstlosen Willen getragen wird, dem Du eine gütige Nähe zu schenken.

Die Schicksalsgestalt des helfenden Menschen und die damit verbundene Symptomatik menschlicher Not wird in der Bibel im Leben des *Propheten Elisäus* vom Religiösen her verdichtet. Seltsam schillernd ist das Schicksal dieses Mannes, wie es im sogenannten Elisäus-Zyklus des zweiten Buches der Könige (Kapitel 2–13) geschildert wird. Ein einziger Abschnitt hebt sich mit seiner Geschlossenheit von allen anderen Schilderungen ab. Im vierten Kapitel, gleichsam eingekeilt in die Beschreibung von Chaos, Hass und Vergeltung, erscheint ein Elisäus von allen Wirrnissen abgehoben als Verkörperung menschlicher Güte. Diese Güte erfährt ihre Verdeutlichung in fünf »stillen« Wundern, die geradesogut im Evangelium stehen könnten; so rein, innerlich und menschlich sind sie. Eine Stelle des Verweilens und des Betrachtens über den »guten Menschen«.

Erstens: Der Krug einer Witwe

Die Frau eines der »Prophetenjünger« sucht bei Elisäus Hilfe in einer ausweglosen Situation: »Dein Knecht, mein Mann, ist gestorben. Du weißt doch, dass dein Knecht ein Verehrer Jahwes war. Nun kommt der Gläubiger, um sich meine beiden Jungen als Sklaven zu holen.« Die Frau hat nichts mehr im Hause als einen Krug mit Öl. Elisäus sagt ihr, sie soll sich von ihren Nachbarn leere Gefäße (»aber nicht wenige«) borgen. Sie hat sich daraufhin mit den zwei Söhnen in ihr Haus eingesperrt und füllte nacheinander die leeren Gefäße aus dem einzigen Krug voll, bis kein leeres Gefäß mehr da war, verkaufte das Öl, bezahlte ihre Schuld, und von dem, was übrigblieb, lebte sie samt ihren Söhnen (2 Kön 4.1–7). Wenn wir dieses schlicht erzählte, volksmärchenhafte Ereignis nach seiner inneren Wahrheit befragen, so ergibt sich eine Einsicht von außerordentlicher Tragweite.

Die beengte und bedrohte menschliche Existenz ist auf eine *Überfülle* hin entworfen. Diese Überfülle, vom Menschen innerlich ersehnt und nach deren Empfang als sein Eigenstes empfunden, wird ihm aber immer nur gnadenhaft gewährt. Doch sollte der Mensch sich bereit halten für das Geschenk der Fülle. Maß seiner Empfänglichkeit sind die »leeren Gefäße«: unser harrendes Ungenügen; in den Bereich des Erlebnisses heimgeholt: unsere Sehnsucht. Es wird hier ein Gottesbild gleichsam als Hintergrund des Symbolgeschehens gezeichnet, das über alles Rechnen und Berechnen erhaben ist. Ein Gott wird hier erahnt, für Den es eine Seligkeit ist, zu schenken; ein Gott, Der nicht nur liebt, sondern Dessen Wesen aus Liebe besteht; Der sich auf das Wagnis einlässt, Seine Güte durch Menschenbrüder mitzuteilen; ein Gott also, Der in die Enge der Situation hineinsteigt, in einem Maß vielleicht, das alles menschliche Vorstellungsvermögen übersteigt.

Da Gott nichts *hat,* das er verschenken könnte, sondern alles *ist,* verwandelt Er Sich vom Schenkenden ins Geschenk. Vollenden würde sich aber Sein Geschenktsein erst, wenn Er selbst zur Aufnahmebereitschaft unseres Daseins würde, wenn also unser personales Gegenüber zu Ihm von Ihm her derart intensiviert würde, dass unser Miteinander sich in einer ewigdauernden Dialektik der Erfüllung und des Noch-mehr-Empfangenkönnens vollzöge. Hier wird ein Zustand erahnt (als unmittelbare Regung des Zuhörers: »Schade, dass die arme Frau nicht mehr leere Gefäße ausgeborgt hat«), in dem das menschliche Wesen sich in die Unendlichkeiten erweitert. Und zwar: im Vorgang der Erfüllung des Seinkönnens und der Übersteigerung dieses Seinkönnens durch die Erfüllung selbst. Soll nun (erstens) das menschliche Helfen ein Zeichen dieser Struktur der Nähe Gottes sein und besteht (zweitens) das wesenhafte Helfen des Menschen in seiner Gegenwart, dann ergibt sich aus alldem die Folgerung: Unsere helfende Nähe sollte im Menschen, dem wir helfend beistehen, die Überzeugung aufrechterhalten und nähren, dass ihm nicht bloß in seiner materiellen und seelischen Not geholfen wird, sondern dass ihm auch eine Zuneigung, *menschliche Gegenwart* also, zuteilwird. Wie wir dies, je nach unserer individuellen Veranlagung, leisten können, das herauszufinden, ist die gnadenhafte Aufgabe des Zeugnisgebens.

Zweitens: Das unfruchtbare Paar

Auf seinen Wanderungen kehrte Elisäus immer wieder bei einer Familie ein, die ihn gastfreundlich aufnahm und ihn reichlich bewirtete. Eine gute Atmosphäre der Stille und der Zuneigung umgab den oft sehr müden Propheten in diesem Haus. Die beiden Eheleute haben für ihn ein kleines Obergemach hergerichtet, mit einem Bett, einem Tisch und einem Stuhl, dazu noch mit einem Leuchter. Da konnte er sich zurückziehen, sooft er vorbeikam. Eine geheime Traurigkeit lag aber über diesem guten Ehepaar. Sie hatten keinen Sohn. »Da sagte der Prophet beim Weggehen zur Frau: ›Übers Jahr um diese Zeit wirst du einen Sohn liebkosen.‹ Sie erwiderte: ›Ach nein, mein Herr, mache deiner Magd nichts vor!‹ Und die Frau ward guter Hoffnung. Sie gebar einen Sohn um die Zeit, die Elisäus ihr genannt hatte« (2 Kön 4.8–17). Wiederum bemerken wir die Kargheit und die Lebensnähe des Berichtes. Er ist umstrahlt von einem Wunder schlichter Güte. Für viele hätte die Geburt eines Sohnes nichts Erschütterndes bedeutet. Aber für dieses alternde Ehepaar war sie die Erfüllung einer geheimen Sehnsucht.

Die Unfruchtbarkeit der Ehe steht hier, wie auch anderswo in der Bibel, als Symbol der Vergeblichkeit des ganzen Lebens. In diese Vergeblichkeit hinein wirkt nun Gottes Nähe die *Fruchtbarkeit.* Auf einmal sprudelt neues Leben hervor, wo vorher nur Dürre und Sinnlosigkeit waren. Der Mensch fühlt sich erfüllt. Dahinter steht das Bild eines Gottes der Sehnsucht, für Den nichts endgültig verloren ist und keine Quelle für immer versiegt. Ein Gott, für Den keine menschliche Hoffnungslosigkeit eine Grenze Seiner Güte bedeutet. Der neu belebende und lebendig machende Gott wirkt hier.

Gottes Liebe enthält eine geheimnisvolle *Zuneigung zum Unglücklichen,* dem die Erfüllung versagt blieb. Sie enthält das »Pathos der Betroffenheit«. Sie sieht das Hilflose als bedeutend, das von der Welt Weggeworfene als berufen. Es ist eine Liebe, welche die ihren aus den Abseitigen und Unerkannten sammelt und sie hineinführt in die Vollendung. Gerade sie werden für selig erklärt von der Hinneigung Gottes, die alle Menschen in Sein Erbarmen miteinbezieht. Indem sie es aber tut, deutet sie an, dass im Grunde alle Menschen unglücklich sind, dass jedes Leben in irgendeinem Bezug unfruchtbar ist. Gerade die Perioden unseres vielleicht verborgenen Unglücks sind Zeichen der Verheißung in unserem Leben.

Die wesentlichste Hilfe des Menschen, der helfend ein Zeuge von Gottes Liebe zum menschlichen Unglück sein will, besteht wohl vornehmlich darin, dass er sein eigenes Leben von dieser Liebe Gottes her besteht: »Die Unglücklichen sind die Lieblinge Gottes.« Dass er also sein konkretes Dasein zum *Trotzdem und Dennoch,* ja zum Gerade-deshalb des Gottvertrauens macht. Hier wird wiederum der charismatische Charakter des Zeugnisgebens-von-der-Güte-Gottes sichtbar. Denn nirgends sonst wird unser Leben derart einmalig wie in unserem Unglück und in dem Versuch, es trotzdem als hoffnungsträchtig zu betrachten. Einmal kann es ein ernstes Dulden sein oder ein Verstummen vor der Unbegreiflichkeit, ein andermal eine stille Freude darüber, Unglück erlebt zu haben und von diesem Erlebnis her den unglücklichen Bruder besser verstehen zu können, und wiederum eine Loslösung von dem eigenen Selbst und die Bereitschaft, für andere da zu sein.

Jedenfalls soll unsere helfende Nähe zu den Unglücklichen immer auf irgendeine Weise die Nähe eines Mit-Unglücklichen sein, der aber sein eigenes Unglück als Gottdurchsichtigkeit begreift. Von da aus begreifen wir die instinktive Regung jener Heiligen, die sogar das Wagnis auf sich nahmen, dem Leiden Christi gleichgestaltet zu sein, und durch deren Existenz die Welt sich der unbegreifbaren Zuneigung Gottes öffnete.

Drittens: Die Erweckung eines Knaben

Die Eltern waren nun glücklich, einem munteren und lebenslustigen Knaben Dasein gegeben zu haben. Aber: Eines Tages lief der Knabe hinaus aufs Feld zu seinem Vater, der mit den Schnittern arbeitete. Plötzlich sagte er zum Vater: »Mein Kopf! Mein Kopf!« Der Vater nahm ihn und trug ihn zur Mutter und machte sich wieder an die Arbeit. Bis zum Mittag lag der Knabe auf dem Schoß der Mutter, dann starb er.

Die erste Regung der Frau ist: Elisäus wird helfen. So machte sie sich auf, befahl dem Knecht, das Reittier schnell voranzutreiben. Als sie ankam, umfasste sie die Füße des Propheten. Der Diener des Elisaus wollte sie schon zurückstoßen, wurde aber vom Propheten daran gehindert: »Lass sie. Ihre Seele ist betrübt. Jahwe aber hat es mir verborgen.« Da erfuhr Elisäus über das Unglück und wollte seinen Diener mit dem wunderwirkenden Stab hinschicken, um dem Knaben zu helfen. Die Frau war aber verzweifelt und ließ Elisäus nicht los, bis er einwilligte, selber mitzukommen. Dem vorausgegangenen Diener war das Wunder der Totenerweckung nicht gelungen. Elisäus ging selber zum Knaben, schloss die Tür und warf sich verzweifelt auf das Kind und betete. »Da nieste der Knabe und schlug seine Augen auf.« Elisäus ließ die Frau herbeikommen und sagte: »Nimm deinen Sohn.« »Sie trat heran, warf sich ihm zu Füßen und verneigte sich bis zum Boden. Dann nahm sie ihren Sohn und ging hinaus« (2 Kön 4.18–37).

Eine Botschaft von einem Gott, Der »kein Wohlgefallen am Tode hat« (Hes 18.32), sondern Seine Lebendigkeit in die Schöpfung hineinstrahlt und unser flackerndes Leben in Seinen Händen hält, es wärmt und nährt; von einem Gott, Der nicht nur »lebt und lebendig ist«, sondern Dessen Wesen Leben bedeutet, ein Leben, von dem alles Sterbliche an uns »verschlungen wird« (2 Kor 5.4). Ein solches Gottesbild ist zugleich der radikalste Protest des Menschen gegen den Tod als Ende, als Vernichtung und als Strafe. Aus dieser Spannung zwischen der Wirklichkeit des Todes und Dem ihm als Feind entgegentretenden, aber scheinbar ohnmächtigen Gott steigt eine Ahnung aus der Menschenseele empor: Der Tod als Hinübergang zur Eigentlichkeit, unsere eigentliche Geburt also, muss irgendwie als Gnadenerweis des lebendigen Gottes an uns verstanden werden. Für alle Menschen muss es eine Möglichkeit geben, das Leben ganzheitlich zu empfangen in Erkenntnis, Freiheit und Begegnung. Dazu muss aber der Mensch aus seiner Dunkelheit und Selbstverhaftung herausbrechen, zur Eigentlichkeit erwachen, in das wirkliche Leben eingehen. Was sich hier als Geschenk für eine arme, traurige Frau zeichenhaft ereignet, ist eine Kunde von der Gesinnung Gottes, nicht weniger. Wie Gott diesen Sieg des Lebens »durchfechten« wird für uns, ist hier noch nicht abgemacht. Aber: Wer in die Gesinnung des Leben liebenden Gottes eingetreten ist, für den wird die Botschaft von einem Gott, Der selber den Tod auf Sich nimmt, um zum »Anführer des Lebens« (Apg 3.15) zu werden, nicht mehr als fremd erscheinen. Ja, es würde ihm sogar ein Gott nicht fremd erscheinen, Der über die Taten unserer Erlösung hinaus noch andere Taten des Lebens vorbereitet, um schließlich, trotz menschlicher Auflehnung und Zurückweisung, durch eine – für uns allerdings noch unvorstellbare – Tat der Sich-Verdemütigung, alles Leben am Ende in eine Seligkeit heimzuführen.

Uns genügt es vollständig, die Kunde von Seiner *Lebensliebe* vernommen zu haben, um gelassen, ruhig und wissenden Herzens Ihm alles anheimzustellen. Er ist »größer als unser Herz« (1 Joh 3.20) und Sein Lebenswille kennt keine Grenzen. Darin besteht auch das zeugnishafte Helfen in einer unglücklichen Welt: Eine Botschaft des Lebens und der Lebendigkeit soll durch uns, durch unser erlittenes und um die Liebe Gottes wissendes Schicksal zur gütigen Nähe zum Mitmenschen werden. Darin verstand auch die Urkirche ihren wesentlichen Auftrag: »Geht hin, tretet auf und verkündet die Worte des Lebens« (Apg 5.20).

Viertens: Die vergiftete Speise

Elisäus weilte einmal während einer Hungersnot unter den »Prophetenjüngern«. Er befahl seinem Diener: »Setze den großen Topf auf und koche uns ein Gericht.« Dieser ging hinaus und pflückte von wilden Ranken eine Frucht, die er zerschnitt und in den Kochtopf gab zum Gericht. Als man aber den Männern das Gericht ausschöpfte zum Essen, da schrien sie: »Mann Gottes! Der Tod ist im Topf!« Da befahl Elisäus, dass sie ihm ein wenig Mehl bringen sollen. Er mischte es in den Topf und sagte: »Schöpft es den Leuten zum Essen.« Da war nichts Schädliches mehr im Topf (2 Kön 4.38–41). Eine – ich persönlich glaube: schmunzelnd erzählte – Geschichte von einem Gotteswunder. Der Grund ist wohl: Die wilde oder bittere Gurke (*cucumis colocynthis*) galt schon damals als ein äußerst wirkungsvolles Purgativum; nur in großen Mengen wirkt sie giftig.

Als Symbolereignis für einen inneren Vorgang dürfen wir allerdings die Geschichte dahingehend deuten, dass Gott hier Seinen Willen offenbart, Güte aufrechtzuerhalten. Er lässt nicht zu, *dass Menschen einander »vergiften«*. Dies ist aber wohl eine der größten und schwierigsten Aufgaben menschlicher Hilfe in einer weitgehend noch gottundurchsichtigen Welt. Wie leicht kann es geschehen, dass eine Gemeinschaft von Menschen auf einmal von einer vergifteten Atmosphäre befallen wird und daran zugrunde zu gehen droht. Gewöhnlich sind es bedeutungslose Ereignisse: Ein falsch verstandenes Wort, eine unüberlegte Handlung, eine nichtverziehene Beleidigung, ein harter oder verletzender Ausdruck – und schon ist das ganze Miteinandersein vergiftet. Es entsteht eine Unstimmigkeit zwischen Gesagtem und Gemeintem. Auf einmal ist man machtlos. Die Worte werden umgedeutet und ins Gegenteil verdreht. Man will nicht mehr die Wahrheit wissen, nur siegen in einem sinnlos gewordenen Kampf der Meinungen. Hass zieht sich über den Menschen zusammen, und niemand ist mehr frei, gelöst und ruhig. Die Gereiztheit trifft dann oft die Unschuldigen, die man glaubt, quälen zu müssen, um selber gerechtfertigt dazustehen. Kleinherzigkeit, Berechnung, Nachtragen und das Unglück der ohnmächtigen Selbstbemitleidung gewinnen Überhand. Ein Zauber des Bösen befällt alle und hält sie in seinem Bann.

Da mag ein wirklich guter Mensch in diese verworrene Situation hineintreten, mit seinem ruhigen und abgeklärten Wesen, mit seiner heiteren Klarsichtigkeit, und plötzlich löst sich der Bann. Die zwingende Gewalt des Bösen und die Nichtigkeit der Ursachen werden sichtbar. Man versteht nicht mehr recht, wie man sich in eine solche Verworrenheit hat hineintreiben lassen können. Man kann wieder atmen, beruhigt und glücklich sein. Die Vergebung ist wieder da und auch die Barmherzigkeit. Die Macht des Bösen in uns will nichts Großartiges und Spektakuläres, und auch nicht etwas auf den ersten Blick Bemerkbares (keine »schweren Sünden« der titanischen Auflehnung) erreichen, sondern nur unser Leben durch kleine Ursachen hineintreiben in die Unehrlichkeit und Verhärtung, in ein Zwielicht also, in dem man die Wahrheit nicht mehr sehen, nicht mehr an Güte glauben, die Reinheit des Gutgemeinten nicht mehr wahrnehmen und so auch Liebe nicht mehr empfangen kann.[98]

So wird aber auch die Hilfe nicht in einer »großartigen« Tat bestehen müssen, sondern in dem *Zeugnis der Stimmigkeit* im eigenen Sein. Dies bedeutet dann: ruhig, abwägend, in stiller Zurückhaltung der Wahrheit Raum zu lassen, eine Atmosphäre auszustrahlen und zu verbreiten, in der die Dinge im richtigen Licht und in der richtigen Proportion erscheinen; eine Existenz darzuleben, in der

98. Es sei bei diesem Gedanken auf das Werk von C. S. Lewis: *That Hideous Strength* hingewiesen (deutsch: *Die Böse Macht*, Freiburg i. Br.: Herder, 1960), worin der Autor die seltsame Wirksamkeit des Bösen darstellt als Zwielicht, Verschiebung der Perspektiven und die Banalität.

alles »stimmt«; jenes Bescheidene und Wohltuende zu sein für die Menschen, das Paulus mit dem unvergesslichen Wort umschreibt: »wahrhaftig sein in der Liebe« (Eph 4.15).

Fünftens: Die Brotvermehrung

Schließlich wird von Elisäus berichtet:

> Es kam ein Mann aus Baal-Schalischa und brachte dem Gottesmann Erstlingsbrot, zwanzig Gerstenbrote und Schrotkorn in seinem Sack. Der [Gottesmann] befahl: »Gib es den Leuten zu essen!« Der Diener entgegnete: »Wie soll ich das hundert Mann vorsetzen?« Er aber sagte: »Gib es den Leuten zu essen. Denn also spricht Jahwe: ›Ihr werdet essen und noch übriglassen!‹« Da setzte er es ihnen vor, und sie aßen und ließen noch übrig, wie Jahwe es gesagt hatte (2 Kön 4.42–44).

Der Sprache und der Form nach ist diese Stelle ein Fragment. Nichts wird ausgeführt, begründet und entfaltet. Nur eine Tatsache steht da mit ihrer Symbolgewalt. Welche Bedeutung erreicht aber diese schlichte Erzählung für einen Christen, der sie in der Perspektive auf das Wunder der Brotvermehrung Christi betrachtet (Mt 14.13–21; Mk 6.31–44, Lk 9.10–17; Joh 6.1–15 und auch Mt 15.32–39; Mk 8.1–10), und zwar in der johanneischen Anschauungsweise als »Vorspiel und Verheißung« des Lebensbrotes, welche die Wirklichkeit Christi ist. Dahinter können wir einen *Gott der Umwandlung* erschauen: einen Gott, Der nicht unvermittelt in unser Leben einbricht, sondern das Bereits-Vorhandene achtet, annimmt und vermehrend verwandelt. Das eigentliche Geheimnis der Erzählung liegt aber in der Person des unbekannten Mannes und in seinen zwanzig Gerstenbroten; oder bei Johannes im ebenso unbekannten Knaben, der fünf Gerstenbrote und zwei Fische hatte (Joh 6.9). Dies ist die Handlungsweise Gottes: In Seiner vornehmen Zurückhaltung gebraucht er Seine Geschöpfe, lässt sie innerlich wachsen. Von Anfang der Schöpfung an verleiht Er ständig ein Mehr an Ursächlichkeit, ja erhöht und übersteigert die Fähigkeit des Hervorbringenkönnens, damit sich die Welt aus sich heraus entfalte, aus dem Weniger ein Mehr werde, damit der

Bestand der Welt sich öffne bis hinein zum Menschen und durch den Menschen auf das transzendente, absolute Mehr, das Gott selber ist. In der Stille, in der umwandlungsfähigen Tiefe der Welt wirkt Er: in den Seelen, in den Haltungen, in den Gesinnungen und nicht durch Beherrschung und Machttat. Wäre die Welt da, um uns über Gott zu belehren, so würde Gottes Herrlichkeit in ihr allenthalben unwiderleglich aufleuchten. Die Welt ist aber nicht ein Lehrstück Gottes, sondern ein Du Seiner Liebe und Zurückhaltung.

Und dies wäre das echteste Zeugnis von Gott in einem helfenden Menschen: Die menschliche Not so zu überwinden, dass der Notleidende davon nichts oder fast nichts merkt. Dies wäre dann wirkliche Hilfe für ihn: dass er selber den Ausweg findet, von sich aus Taten vollzieht, deren er sich vorher unfähig fühlte. Das *unbemerkte Geben* ist wohl die höchste Angleichung des Menschen an Gottes ewige Güte,[99] die Vornehmheit Gottes aufscheinend in menschlicher Selbstlosigkeit.

Zusammenfassend dürfen wir sagen: In einem Menschen, der in stiller Zurückhaltung, ohne sich zu betonen, uns eine helfende Hand reicht, in dessen Nähe wir eine Überfülle der Zuneigung verspüren, der gewillt ist, mit uns in der Hilflosigkeit zu verharren, der uns zu neuer Lebendigkeit erweckt, dessen Wesen für uns Zeugnis der Wahrheit ist und der (schließlich) diese seine Hilfe uns nicht aufzwingt, sondern es aus uns selbst herauswachsen lässt – in einem solchen Menschen ereignet sich Anwesenheit Gottes in der Welt. Und dies selbst dann, wenn dieser Mensch uns nicht von Gott spricht, oder vielleicht selber Gott gar nicht kennt und beim großen Erwachen jenem Gott, Dessen zeugnishaftes Ebenbild er durch sein Helfen wurde, verlegen antworten muss: »Herr, wann habe ich das getan?« (vergleiche Mt 25.37–40). Wäre dann vielleicht die vierte Definition menschlichen Daseins: *Der Mensch ist jenes Wesen, das in seiner helfenden Nähe zum zeugnishaften Abbild Gottes in der Welt werden kann*?

Gottverwandt ist der helfende Mensch! Ganz nahe ist er jenem erlösenden Gott, Der uns in unserer Verstoßenheit umarmt, Der den Bettler aufnimmt, Der den Untergehenden zu sich zieht, Der ein Gott ist für alle Gescheiterten, Verfemten und Verführten.

99 Siehe die Erörterung der »Anonymität Gottes« bei Hans Urs von Balthasar: *Herrlichkeit*, Band 1, Einsiedeln: Johannes-Verlag, 1961, Seiten 464f, und auch die dort zitierten Stellen von Blaise Pascal.

Jenem Gott, Der in uns selbst das Verhängnis segnet; Der hinabgestiegen ist in die schaurigen Schluchten unserer Seele und dem nächtlichen Schatten des Todes entgegenging um unseretwillen; Der ein Gott der in die Einsamkeit Hinausgesprengten ist; Der den Letzten, den Hoffnungslosesten am zärtlichsten liebt; Der ein Gott der unverbitterten und dennoch bittenden Liebe ist. Wir verbinden leicht mit dem Wort »die Heiligen« die Vorstellung einer Ausnahme. Im Lichte unserer Betrachtung müsste man aber eher sagen, der heilige Mensch ist gerade jener, der so sein will, wie wir alle sind in der Sehnsucht unseres Herzens: Leben liebende, Hoffnung schenkende, tröstende und helfende Menschen, in deren Nähe sich das Herz des Bruders beruhigt.

Wenn wir unser Leben ehrlich befragen, was aus ihm am Ende an Schönem, Bestehendem und Beglückendem übrigbleibt, müssen wir nicht still und bescheiden antworten: »Von allem, was mir gehörte, blieb mir nur das Verschwendete, nur das Verschenkte«? [100]

Der Mensch ist behütet

Jeder Mensch trägt in irgendeinem Bezug seiner Wirklichkeit etwas Behütetes in sich; etwas, das er vor dem Andrang und Zugriff der Welt schützen möchte. Es ist oft etwas Zartes, Teures und Liebenswertes, das aber eben deshalb nicht in die Sphäre der preisgegebenen Öffentlichkeit gehört. Sein Wesen würde daran zerbrechen.

Oft sind es *Erinnerungen* an Augenblicke gelebten Lebens, erlittenen Leides, schüchterner Sehnsucht. Sie sind irgendwie versunken, in unsere Innerlichkeit hinabgestiegen und streben nur gele-

100. Gertrud von Le Fort: *Gedichte,* Wiesbaden: Insel-Verlag, 1958, Seite 17, »Gnade des Dichters«: »Oh faltet die Flügel für mich, ihr meine Lieder, // Ihr trauten Gestalten darinnen, bittet, oh bittet für mich // Und legt mir liebreich // All euren Reichtum um, den einstmals meinen – // Nur eine Stunde lang leiht mir die eigene Seele, // Das Leben, das ich euch gab – nur eine Stunde, // Dass ich bestehen kann, denn ach, von allem, was mir gehörte, // Blieb mir nur das Verschwendete, nur das Verschenkte.«

gentlich – wenn der Mensch nachdenklich und »ab-wesend« ist – aus dem Meer des Vergessens empor. Der Blick einer längst vergessenen Landschaft, die Gebärde eines verstorbenen Freundes, eine Farbe, ein Laut, ein Menschenantlitz. Sie sind gleichsam versunkene »Inseln«,[101] die plötzlich aus einem tiefen Vergessen heraufsteigen und da sind, wieder verschwinden und wieder erscheinen. Man verweilt bei ihnen, träumt sich in sie hinein und fühlt sich in seiner eigenen Heimat, in den Gegenden des Ganz-Eigenen und Innerlichen, des Nicht-mehr-Mitteilbaren.

Es sind aber auch *Einsichten,* die man zu behüten gezwungen ist. Einsichten, die an der Härte der Tagesevidenzen zerbrechen würden, ihrem Druck nicht standhalten könnten. Sie sind aber für uns dennoch wichtiger und wesentlicher als alle oberflächlichen Zusammenhänge der Welt. Etwa: dass das Himmelreich den Armen im Geiste gehört; dass die Trauernden einmal sicher getröstet werden; dass die Sanftmütigen das Land erben; dass die Milden eigentlich und im Tiefsten die Welt beherrschen; dass es gut ist, zu hungern und zu dürsten nach Gerechtigkeit, lauteren Herzens zu sein, Barmherzigkeit zu üben und Friedensstifter zu sein.

Oft sind es auch *Erlebnisse* besonderer Zerbrechlichkeit. Etwa: Erfahrungen im Gebet, verborgene Zuneigung zu Menschen, Berührtwerden von einmaligem Schicksal und unabwendbarer Not, intuitives Erfassen von Gestalten unserer Welt in Musik und Dichtung. All das lässt sich nicht in die Welt hinausschreien, soll also behütet werden. In diesen Bereichen des Daseins wird der Mensch innerlich, fühlt sich daheim und lebt wirklich. Alles andere kann aus seinem Leben »weggedacht« werden, von anderen genauso gut erlebt, mitgeteilt, eingesehen und mitvollzogen werden. Nur dieses Innere, Zarte, Zerbrechliche und Unmittelbare nicht. Wir möchten hier die These aufstellen, dass das menschliche Leben gerade in diesem Bereich des »Behüteten« die Nähe Gottes ganz besonders innig erfahren kann, ja dass das Behütete des Seins in einer Beziehung der Unmittelbarkeit zu Gott steht.

Welches sind nun jene *Daseinsvollzüge,* die der Mensch unwillkürlich derart behüten möchte? Wenn wir in dieser Betrachtung vorläufig davon absehen, auch die behütenswerten Zustände der Existenz (etwa: Kranksein, Verfolgtwerden, Gefangenschaft, Traurigkeit und andere mehr) zum Gegenstand unseres Nachdenkens

101. Siehe Rudolf Jakob Humm: *Die Inseln,* Zürich: Fretz & Wasmuth, 1968.

zu machen und uns nur auf die echten Daseinsgestalten des Behütetwerden-Sollens beschränken, dann finden wir: das Kind, die Frau und die alten Menschen. Diese sind ihrerseits seinsgewordene Symbole von Lebenshaltungen, die der Mensch anstreben sollte, wenn er sein Leben voll verwirklichen will. Sie sind Symbole der *Unmittelbarkeit,* der *Zärtlichkeit* und der *Helle.*

Das Kind: die Unmittelbarkeit

Was bedeutet jene Traurigkeit, die unsere Seele ergreift, wenn wir gelegentlich an unsere Kindheit zurückdenken, wenn ein Wort, ein Geschmack, ein Ton oder ein Bild sie unvermittelt in die Erinnerung ruft? Es ist das Gefühl, dass wir etwas endgültig verloren haben und es nie wieder gewinnen werden. Sicherlich haben wir alle in unserer Kindheit auch Schweres und Unglückliches erlebt. Seltsame Gefühle der Auflehnung und Vergeltung arbeiteten in uns und vergifteten Tage, Wochen, ja ganze Gezeiten unserer Kindheit. Es ist aber nicht das, was wir heute so sehr vermissen und was unsere Erinnerung mit dem Verlangen nach einer neuen Kindwerdung erfüllt.

Es ist vielmehr jene Unmittelbarkeit des Erlebens, die das Kindsein als Wesensmerkmal auszeichnet. Unsere kleine Seele konnte von Ereignissen, Dingen und Empfindungen vollkommen gefesselt werden, sodass wir nicht mehr auf uns selbst zurückschauten, sondern den Blick in der Gestalt verloren. Als Ganzes waren wir einem Ganzen ganz nah, *ungeteilt und ohne Verdoppelung.* Nichts haben wir berechnet, nichts gerechtfertigt, nichts verborgen. Wir waren einfach »da« mit weitgeöffneten Augen, hingegeben einem überwältigenden Erlebnis, in einer ungeahnten Aufwallung des Gemüts.

Wir erahnen hier die Tiefe jenes leider oft ins Sentimentale gedeuteten Vergleiches, der von den Kindern sagt, sie seien *»wie Engel«.* Freilich nicht, dass die Engel der Offenbarung hübsche, kleine und niedliche Wesen wären. Ganz im Gegenteil! Aber in einem sind sie dennoch ähnlich. In jener Seinsintensität nämlich, die Rilke mit dem dichterischen Wort andeutet: Die Engel sind »Tumulte stürmisch entzückten Gefühls«. Sie erleben nicht nur Entzückung in der Hingerissenheit einer lodernden Übereignung, sondern sind es; sie sind ganz Entzückung: Hingabe in der Selbstvergessenheit. Ihr Wesen ist ganz der Ruf: »Heilig, heilig, heilig«, ohne Warum und Weshalb, in reiner Ergriffenheit. Darin sind die Kinder den Engeln ähnlich.

Und wenn ein einfacher Mensch von den Kindern spricht, so kommt ihm unweigerlich das Wort *»Paradies«* auf die Zunge, das uns wiederum mit dem Gefühl der abgeschmackten Sentimentalität erfüllt. In keiner Weise ist es aber so, dass jenes Mächtige und Ergreifende, das wir als menschlichen Urzustand begreifen und von woher wir unsere jetzige Gefallenheit deuten, aus Träumerei und aus sorglosem Vor-sich-Hindämmern bestanden hätte. Vielleicht in keinem Moment ihrer Geschichte war die Menschheit mehr bedroht und ausgesetzt, von den Härten des Lebens geplagt, als damals. Dennoch waren all ihre Erfahrungen »anders«. Die Andersheit kam ihr nicht von der Welt her; sie war ja die gleiche, ja noch viel härtere und bedrohlichere Welt. Sie ereignete sich von Gott her, indem der Mensch seine Welt von Gott her erlebte, in einem tiefen, gedanklich zwar noch unartikulierten, aber das ganze Dasein ergreifenden Wissen um Gott und Sein Geheimnis. Hier haben wir abermals das Element der Unmittelbarkeit der selbstvergessenden Hingabe, worin wir das Daseinskonstituierende des Kindseins erkannt haben.

So ist das Dasein des Kindes ausgespannt zwischen Paradies und Engelwelt in einem nicht mehr sentimentalen, sondern das Metaphysische dieser drei Seinsdimensionen durchleuchtenden Sinn. Von dorther ist es auch zu verstehen, warum das Kind »als Kind« bedroht und behütenswert ist. Es ist restlos dem Erscheinenden ausgeliefert und wirft sich mit der Ganzheit des Erlebnisses in die vor ihm aufleuchtende Gestalt, macht diese zum eigenen Dasein. Ähnliches mag sich ja in jenen Ereignissen vollzogen haben, in denen die christliche Theologie die seinshafte Unordnung unserer Welt begreift, im Abfall der Engel und in der Ursünde der Menschheit. Verfällt ein »Wesen der Unmittelbarkeit« dem lichthaft erscheinenden Bösen, so wird sein Dasein nicht nur oberflächlich berührt, wie es bei uns so oft der Fall ist, sondern bis zum Innersten zerrüttet. Deshalb versucht der ehrliche Mensch – aus dem Instinkt seiner Natur heraus – das Kind vor dem Bösen zu beschützen, mit Güte und Sorge zu behüten. Instinktiv spürt er die große Gefahr und sieht bald ein, dass seine eigenen Kräfte nicht ausreichen. Das Kind ist zu sehr im Geheimnis. Es kann sich vor einem Stück Holz und ein Paar Fetzen aus Stoff hineinträumen in die transzendente Wirklichkeit des Märchens, in das Darüber-hinaus-Liegende.

Wie das Kind »darüber hinaus« lebt, so soll ihm die wesentliche Hilfe, das eigentliche Beschütztsein von dorther zuteilwerden. Aus dieser Erfahrung entsteigt die vornehme Gestalt des *Schutzengels,* die sich anhand der Engeltheologie des heiligen Paulus in die Wirklichkeit Christi selbst umdeuten lässt. Will man dieses transzendente Behütetsein des Kindes nicht als ein magisches Ereignis, sondern als eine das Kind selbst immer umgebende, gleichsam seiner Seele mitgegebene Kraft begreifen, so müsste man Folgendes annehmen: Gott selbst tut Sich dem Kinde unmittelbar kund als Qualität und Intensität Seines In-der-Welt-Seins, Seiner Unmittelbarkeit zu den Dingen. Wir postulieren hier – freilich nur hypothetisch – eine spezifische, auf keine andere Art der Gotteserfahrung zurückführbare *»Mystik«* als übernatürliches Existenzial (das heißt als real vorgegebene, gnadenhaft geschenkte, aber aus der faktischen Existenz des Kindes niemals fehlende, alle sonstigen Bestimmungen und Vollzüge des Kindseins durchdringende, von der Natur des Kindseins untrennbare Grundwirklichkeit). Ständig, unmittelbar und »un-realisiert« ist Gott dem Kinde als Raum des Lebens und Erlebens gegenwärtig, in einer Weise also, die es nicht erlaubt, Gott selbst als Gegenstand der Reflexion in die Sphäre des Ausdrücklich-Erkannten heimzuholen, sondern nur unreflektiert, vielleicht als Glanz der Erscheinung wahrzunehmen. Der Bericht des Evangeliums, wonach Christus ein Kind umarmt, wäre in diesem Sinne nicht bloß geschichtlich oder symbolisch, sondern real und ontologisch zu deuten. Größe und Bedrohtheit kindlicher Existenz und das darin aufleuchtende transzendente Behütetsein: Das sind die drei Elemente, von denen her eine christliche Anthropologie des Kindseins zu entwickeln wäre.[102] Dabei sollte man allerdings bedenken, dass diese drei Grundwirklichkeiten des Kindseins nur Aspekte der einen Grundbestimmung seines Daseins sind: der Unmittelbarkeit zur wahrgenommenen Gestalt der Dinge und Ereignisse.

102. Zur Anthropologie des Kindseins: Noch immer ist das Werk von Gustav Siewerth: *Metaphysik der Kindheit,* Einsiedeln: Johannes-Verlag, 1957, wegweisend in dieser Frage.

Die Frau: die Zärtlichkeit

Wenn wir die Schicksalsgestalt der Frau von der Zärtlichkeit her zu verstehen suchen, so meinen wir damit keineswegs, das Frauendasein und sein Geheimnis erschöpfend begriffen zu haben, und wollen es auch nicht zweitrangig zurückstellen, es gleichsam wieder in den Bereich des Sentimentalen, Artigen und im Grunde Nichtentscheidenden zurückweisen. Das Gegenteil ist der Fall: Zärtlichkeit ist nichts Schwächliches oder Minderwertiges, sondern jenes Hohe des Ergriffenseins, welches die liebenswerten Dinge der Welt behüten, ihnen Achtung entgegenbringen, sie mit der Vornehmheit der Zurückhaltung behandeln kann. Die Frau ist unmittelbar hineingesenkt in das Geheimnis des Lebens, weiß um die Zerbrechlichkeit des Daseins, begreift die oft verworrenen Zusammenhänge der Wirklichkeit; und zwar dies nicht so sehr durch Theorien und Begriffsentwürfe, sondern unmittelbar, *vom Leben her.* Sie ist zwar durchaus fähig, im geistigen und beruflichen Bereich, wie es so seltsam heißt, »ihren Mann zu stellen«, doch besteht ihre hohe Würde gerade darin, zarten Dingen zärtlich zu begegnen. Und das Leben besteht zum größten Teil aus »zarten Dingen«. Eine der bedeutendsten Einsichten der Wertphilosophie hebt die Erkenntnis hervor, dass der höherstehende Wert im Zusammenhang der niedrigeren Werte als schwach, als dem Kampf nicht gewachsen und als bedroht erscheint.

Wie schwach war das Leben, als es zum ersten Mal im Zuge der Evolution erschien: von Zufällen bedroht, aus Zufälligkeiten entstanden, ausgesetzt. Wie schwach war der menschliche Geist, als er zum ersten Mal aus dem Bereich des Tierischen erwachte: suchend, zweifelnd, den Menschen von seinem warmen Lebensgrund entfernend. Wie schwach sind die höheren Einsichten dieses Geistes in der Welt der alltäglichen Evidenzen (dass etwa die Milde stärker sein kann als alle Gewalt): scheinbar erfolglos, zurückgestellt und für »unreif« erklärt. Wie schwach ist der stille Mensch im Kreis flinker Sprecher. Wie schwach ist die sich umsonst hingebende Betrachtung der Schönheit in der Welt des Nützlichen. Wie schwach ist die Hoffnung, wenn man sie anderen, »handgreiflicheren« Tugenden gegenüberstellt, wie unsicher und schwankend. Wie wenig kann sich der Mensch mit der Ethik Christi, im strengen Sinn mit der Bergpredigt, in der weiterlaufenden

Geschichte einrichten. Wie leicht zerbricht der »träumende Mensch« an der harten Wirklichkeit. Wie bedeutungslos kann ein Mensch erscheinen, der den Forderungen der Liebe nachlebt, wenn er also langmütig, freundlich und selbstlos ist, nicht eifert, nicht prahlt, sich nicht aufbläht, nicht den eigenen Vorteil sucht, sich nicht erbittern lässt, das Böse nicht nachrechnet, sich über die Wahrheit freut und nicht über das Unrecht. Wie fremd erscheint uns ein Mensch, der sein Leben vom Wesen alles Wesentlichen, vom Himmel her, zu bewältigen sucht. Und schließlich: Wie machtlos und »nicht vorhanden« kann Gott sein in der Welt.

Wir haben hier eine ganze aufsteigende Linie vom Erwachen des Lebens bis zu Gott, unserer Vollendung, gezogen und überall die gleiche Grundgesetzlichkeit am Werk bemerkt: Das Mächtigerwerden der Schöpfung, der Aufstieg des Lebens, der Durchbruch zur Eigentlichkeit ist zugleich, und zwar wesenhaft, ein Prozess des Zärtlicherwerdens des Zarten, des Noch-mehr-Bedrohtwerdens des Bedrohten, des Ausgesetztwerdens des bereits Ausgesetzten. *Das Kreuz im christlichen Sinne,* die Erlösung im Untergang, ist eine kosmische Gesetzlichkeit des Aufstiegs, die in Christus, in diesem Zartesten allen Lebens, die höchste Verwirklichung fand. Von dieser Grundgesetzlichkeit des Lebens ergriffen zu sein, sie oft am eigenen Leib und an eigener Seele zu erspüren, hineingeschickt zu sein in die Welt der intuitiven Erkenntnis dieser Grundgesetzlichkeit, ist die große Berufung der Frau. Sie ist doch ein Wesen, das still und vielleicht verwundet unter dem Kreuz des Lebens stehen kann, wartend auf die Auferstehung. Frau als *Vermittlerin des Aufstiegs des Lebens,* der sich aber zugleich meistens als Gekreuzigtwerden vollzieht: Dies wollten wir andeuten, als wir ihr Wesen von der Zärtlichkeit her zu verstehen suchten. Nicht mehr: Es gibt ja so verschiedene, ineinanderschillernde Eigenschaften des Frauendaseins, die aber zu erörtern die Aufgabe anderer, besser Orientierter sein mag. Aber auch nicht weniger: In der Tiefe all unserer Erlebnisse vom Wesen der Frau, in dem, was wir durch sie an Schönem, Liebenswertem und Bedrohlichem erhalten haben, sammelt sich als Letztes, Schönstes und Liebenswertestes ihre Zärtlichkeit.

Deshalb ist sie selber in ihrem Dasein bedroht, gerade wegen ihrer Wesensverwandtschaft mit dem Zärtlichen und Zerbrechlichen. Als solche steht sie aber unbedingt unter Gottes Hut, ist transzendent behütet, indem und insofern sie ihrer Wesensaufgabe der Zärtlichkeit treu bleibt. Das letzte Bild, in dem die Offenbarung das Wagnis des Absoluten mit der Schöpfung darstellt, ist das Bild eines Gottes, Der die gesamte Welt als Braut heimführt in die Vollendung. Dieses Geheimnis der besonderen Nähe Gottes muss wohl die Frau innerlich, vielleicht nicht auf eine gegenständliche, sondern gleichsam auf atmosphärische Weise nachvollziehen als Gottes besondere Zuneigung zu ihr. Denn: Woher würde sie sonst ihre nicht weniger geheimnisvolle Kraft schöpfen, das zu verwirklichen, wozu sie in einer dem Untergang geweihten, durch den Untergang in die Vollendung eintretenden Welt berufen ist: Zärtlichkeit zu sein dem bedrohten Geschöpf.[103]

Die Alten: die Helle

Was kann ein alter Mensch uns an Besonderem, ihn einzig Auszeichnendem vermitteln? Vielleicht ist seine Lebendigkeit bereits gebrochen. Seine Kraft reicht nicht mehr aus, um aus dem Stoff der Welt Neues zu schaffen. Die Dynamik des Kämpfens und Bewältigens ist in ihm schon erlahmt. Was ihm geblieben ist, bedeutet vordergründig nicht viel. Wenn er sich an dieses Vordergründige klammert, erscheint er selber für uns als bedeutungslos. Doch kann im alten Menschen eine Kraft sich zusammenballen, die andersgeartet ist als die *dynamis* des Schaffens und der Verwirklichung: die Kraft der Weisheit, entstanden aus der durchlittenen Erfahrung eines Lebens und aus der Nähe des Todes.

Einerseits: Indem für einen alten Menschen der Vorgriff auf die Zukunft immer unbedeutender wird, steigt in seiner Seele der *Erfahrungsreichtum der Vergangenheit* empor. Was ihn noch im Leben zurückhält, sind dünne Fäden und karge Kräfte. Da ist der Mensch ganz zurückgeführt auf das Letzte, aus dem ein Mensch überhaupt noch leben kann. Darin wird das Wesen des Lebens, werden jene geheimnisvollen Stränge des Daseins, die es noch an das Leben binden, offenbar. Die Jahre sind dahingeflossen. Hat er seine Jugend geträumt, oder war es Wirklichkeit? Hatte jenes wirklich Gewicht, was er wertvoll wähnte? Es ist eine Erinnerung da an

103. Zur Anthropologie des Frauseins: Für viele Untersuchungen möchten wir hier nur eine einzige nennen: Frederik Jacobus Johannes Buytendijk: *De Vrouw: Haar natuur, verschijning en bestaan* (deutsch: *Die Frau: Natur – Erscheinung – Dasein,* Köln: Bachern, 1953.

Entschlüsse, die man nie verwirklichte, an Schönheiten, die man nie ausgekostet hat. Es war doch im Grunde ein Leben des inneren Vergehens; ein beständiges Wegrinnen des eigenen Selbsts: Alles Auftreten, Unternehmen, alle Zerstreuung, alle Lebensklugheit und Weltüberlegenheit, aller Unternehmungssinn und alle Tatkraft, war das alles nicht, im Schein zu werden, was man in Wahrheit nicht sein konnte,[104] eine Flucht vor der Tatsache, der zu sein, der man ist? Da erkennt der Mensch, dass ihm die größte Not nicht aus dem kommt, was ihm geschah, sondern aus dem, was er war und ist. So dringt das Kümmerliche und Hässliche des eigenen Daseins ins Bewusstsein und setzt sich dort fest. Freilich war all das schon in der Kindheit verborgen; in der Jugend war es vielleicht durch die Hoffnung des Jungseins selbst überschwungen; später kam dann das Gefühl werdender Reife und mit ihm auch die Zuversicht, alles ginge gut voran. Aber jetzt, am Rande der Existenz, an den Grenzen der Lebensfähigkeit angelangt, bleibt dem Menschen nur Angst und Überdruss. Das Gefühl, in sich selbst eingeschlossen zu sein, richtet sich auf und verlässt den Menschen nie mehr: Ich bin dieser und kein anderer; ich kann nie mehr ein anderer werden, nur dieser, der ich aus den zahlreichen wunderbaren Möglichkeiten meines Lebens wurde.

Anderseits aber: Dieses Gefühl der Lebensbeengung, die *Nähe des Todes,* macht den Menschen auf eine eigenartige, ja »un-heimliche« Weise klarsichtig. Die Frage richtet sich auf: Wenn alles letztlich dem unterworfen ist, dem ich jetzt unweigerlich entgegengehe, wenn also alles Leben auf den Tod hin entworfen ist, wenn aller Frühling einmal abblühen muss, wenn alle frohen Stunden schon am Anfang nach dem schmecken, was auf sie folgt – ja, wenn dem allem so ist, was bleibt dann aus dem menschlichen Leben überhaupt noch übrig? Der Mensch kann sich in einem verstohlenen Augenblick etwa vorstellen: Ich liege da, bewegungslos ausgestreckt als Leichnam, und die Welt um mich herum geht weiter; meine Freunde gehen ihren Geschäften nach; einer von ihnen trifft Vorbereitungen für die Beerdigung und regelt mit einer gütigen Wirksamkeit das Unerledigte meines Lebens; nach einer kurzen Zeit wissen sie nicht mehr, was sie mit mir anfangen sollen; ich steige ihnen immer seltener und blasser in Erinnerung; und selbst

104. Zur Anthropologie des Alters siehe besonders die kleine, aber in ihrer Gründlichkeit bemerkenswerte Schrift von ROMANO GUARDINI: *Die Lebensalter,* Würzburg: Werkbund-Verlag, 1967.

diese Menschen, die sich meiner gelegentlich noch erinnern, werden ihrer immer weniger. Überlegt man all das – nicht mit Erbitterung, sondern in der Stimmung letzter Gelassenheit –, so mag man denken: Im Grunde war mein Leben ein Hinein-Berufensein in den Misserfolg; es sind wenige, aber wirklich recht wenige Augenblicke, für die es sich gelohnt hat, all diese »Umstände gemacht« zu haben. Wenn es eine Ewigkeit gibt, so möchte ich gerade sie mit mir nehmen in das restlose Darüber-hinaus. Derart, in der Gelassenheit vor dem eigenen Versagen, macht sie das Zauberhafte schwebend aus dem Widerstreit des Vorhandenen frei: einige Augenblicke ausgehaltener Einsamkeit, wesenhafter Selbstlosigkeit; wenige Momente des Ausharrens bei einem lieben Menschen; einige gute Taten, die man dem eigenen Herzen gleichsam abgerungen hat; einige Einsichten, von denen man erst jetzt bemerkt, dass man sie nicht so genau prüfen darf; dann freilich das Durchgehaltene des Lebens, die Treue vielleicht bis zur Verzweiflung, das Trotzdem des Hoffens inmitten des Versagens; die gütige Hand, der helfende Blick, die erste Liebe und andere mehr. Das möchte der Mensch mitnehmen in die Vollendung; jenes, was sich sozusagen nebenbei in seinem Leben ereignet hat.

Solcherart wird der Mensch weise, belehrt durch eine letzte Entbehrung. Indem und insofern er sich alldem in einer letzten Ehrlichkeit stellt, die nur jener besitzt, dem sich sein Leben restlos verengt, entsteigt seinem gebrochenen Dasein *die Kraft und die Helle der Geduld.* Der weise Mensch besitzt nicht mehr an Erkenntnis, sondern ein Mehr des Geltenlassens: eine zärtliche Liebe zu dem, was umsonst getan wird, eine Zuneigung zum Verschwendeten. Mit einem leisen Lächeln betrachtet er, wie das Leben spielt und sich ergeht, wie es Umwege macht und verweilt, wie es sich am Blühen und Verschwenden freut, für das Überflüssige und scheinbar Törichte Raum hat, wie es in einem seltsamen Widerspruch zu dem steht, was »Nützlichkeit« und »berechnete Ordnung« heißt, und gerade darin sein Köstlichstes besteht. Ruhig und wissend wartet er ab: Er schaut zu, wie das Lebendige hängenbleibt und sich verknäult; zögernd, ungewiss und unentschlossen wird, bis es wieder frei wird und von sich aus die Richtung findet. Er erträgt das Unvollkommene, mäßigt sich vor dem Fehlerhaften, schont das Missratene und umgibt es mit jener geheimnisvollen Sorge, die nicht nur Barmherzigkeit, sondern auch ein Gefühl verborgener Solidarität vor dem Schicksal ist. Der alte Mensch hütet eines der kostbarsten und kargsten Geheimnisse der Welt und wird selber von ihm behütet: Gottes Geduld mit der Schöpfung.[105]

—

Wir haben versucht, anhand einer knappen Analyse von drei Wesensgestalten menschlicher Existenz – der Gestalt des Kindes, der Frau und des alten Menschen – in jene geheimnishafte Seinsdimension vorzustoßen, die »Behütetwerden« heißt. Dabei haben wir eine Wesensgesetzlichkeit entdeckt, die geradezu in eine Definition menschlichen Daseins umgewandelt werden kann: *Der Mensch ist jenes Wesen, das, indem es Zartes und Bedrohtes hütet, selber behütet wird vorn Zarten und Bedrohten, worin sich für ihn Gottes Macht offenbart.* Diese feine, selber zerbrechliche Einsicht – die also ihrerseits behütet werden muss und uns behütet – wird in einer der ergreifendsten, weil selber so zarten Erzählungen der Bibel, in der Zeichnung des *Schicksalsbildes des Tobias,* in den Bereich der Anschaulichkeit projiziert. Diese märchenhafte Geschichte ist uns allen zwar in lebhafter Erinnerung, soll hier dennoch kurz nacherzählt werden.

Die Geschichte des Tobias hebt mit einem Bericht über die Gleichzeitigkeit einer zweifachen menschlichen Not vor Gott an. Einerseits ist es das Schicksal eines leidgeprüften und gottergebenen alten Menschen, des *greisen Tobias* (oder Tobit): Als er noch in seiner Heimat, im Lande Israel, lebte, war er fast der Einzige, der Gottes Gesetz treu beobachtete. Auch blieb er der Gesinnung seines Menschen liebenden und erbarmenden Gottes ergeben und sorgte hütend für die Ärmsten seines bedrückten und geängstigten Volkes. Mit Frau und Sohn wurde er nach Ninive verschleppt, wo er in guten Werken verharrte, sich der Verlassenen annahm und die Toten begrub. Er harrte aus, trotz vieler Schicksalsschläge. Am Ende konnte er nicht mehr: Arm geworden, blind, von allen verlassen, wandte er sich zu seinem Gott und flehte Ihn an, ihn aus dieser Welt zu nehmen, wo er keine Hoffnung mehr hat (Tob 1.3–3.6).

Anderseits ist es das Schicksal einer jungen, unglücklichen Frau: Zur gleichen Zeit fasste Sara in Medien den Entschluss, sich zu erhängen in ihrem Obergemach. Schon siebenmal wurde sie verlobt, aber alle sieben Männer starben, bevor die Ehe vollzogen werden konnte. Ihr Schicksal wird zum Gegenstand von Gespött und

105. Siehe dazu ROMANO GUARDINI: *Glaubenserkenntnis,* Freiburg i.Br.: Herder, 1949, vor allem den Abschnitt »Gottes Geduld«, Seiten 21ff.

Schmähung. Sie kann es nicht mehr aushalten. Sie will aber ihrem Vater keinen Kummer bereiten, und statt sich zu erhängen, betet sie zu Gott mit ausgebreiteten Armen vor dem Fenster, Er möge ihr das Leben nehmen (Tob 3.7–15).

Zwei an ihrem Schicksal zerbrechende Menschen. Ein alter Mann und eine junge Frau, beide stehen gleichzeitig im Gebet am Rande der Verzweiflung. Da bricht aus dem Bereich des Transzendenten die Gestalt ihrer Behütung, der Engel, als Bote Gottes in die Welt hinein, um beide zu befreien (Tob 3.16–17). Die Befreiung vollzieht sich *durch die vom Engel behüteten Taten des jungen Tobias,* dessen Wesen noch im Bereich des Kindseins beheimatet ist, aber bereits im Aufbruch zum Manntum besteht.

Dieses Kind wird auf eine gefährliche Reise geschickt, um eine bedeutende Geldsumme von einem gewissen Gabael in Medien für seinen Vater abzuholen. Mit guten Ratschlägen und mit großer Angst wird Tobias von seinen Eltern verabschiedet in *Begleitung des Engels* »zur Reise ein wenig verkleidet«.[106] Der Engel führt Tobias auf die Wanderung und weiß ihn zu unterrichten: In Gefahren steht er ihm bei, lehrt ihn die Bedeutung verschiedener Heilmittel (gegen die Blindheit seines Vaters und gegen die bösen Dämonen), bereitet ihn auf die Begegnung mit seiner schönen, aufrichtigen und beherzten Kusine Sara vor, macht ihn auf die Sippenpflicht ihr gegenüber aufmerksam, die zu erfüllen dem jungen Tobias angesichts des Charmes der Sara nicht schwerfällt. Beide überwinden, den Weisungen des Engels folgend, die gefährliche Schicksalsnacht zur großen Überraschung der Eltern der jungen Frau. Vierzehn Tage lang wird Hochzeit gefeiert. In der Zwischenzeit holt der Engel das ausgeliehene Geld bei Gabael ab, der es sich aber nicht nehmen lässt, selber bei den Hochzeitsfestlichkeiten zu erscheinen. Inzwischen sind aber die Eltern des Tobias sehr beunruhigt. Die Reisetage sind schon abgelaufen und der Sohn ist immer noch nicht da. Täglich geht die Frau des alten Tobias hinaus, um am Weg zu wachen. Der junge Tobias seinerseits hat keine Ruhe und drängt auf Heimkehr. Die große Karawane macht sich auf den Weg heimwärts (Tob 4.1 – 10.13).

Tobias und der Engel eilen voraus, und die Freude des Wiedersehens kennt keine Grenzen, zumal es durch das Heilmittel des Engels auch für den greisen Tobias ein wirkliches Wieder-Sehen

106. Rainer Maria Rilke: *Duineser Elegien*, Zweite Elegie, Verse 4–5).

wird. Der alte Mann eilt (wie es heißt: »in eigener Kraft voranschreitend«) seiner Schwiegertochter entgegen und führt sie ins Haus. Der Tag wird zum Fest für alle Juden in Ninive. Für den Engel ist es aber Zeit, Abschied zu nehmen. Er offenbart sein Wesen als Bote Gottes und Behüter, gibt Anweisungen und Ratschläge für die Zukunft, enthüllt die geheimen Pläne Gottes, und schließlich »enthebt er sich«: »Als sie aufstanden, sahen sie ihn nicht mehr. Sie priesen Gott mit Lobgesängen und dankten Ihm, Der solche Wunder gewirkt: *Ein Engel des Herrn ist erschienen*« (Tob 11.1 – 12.21).

Die Tage des greisen Tobias und seiner Frau enden in stillem Glück. Der Greis Tobias geht hinüber in einer Vision der Heimführung Israels aus der Gefangenschaft, der Bekehrung aller Völker der Erde und der Vollendung der Gottesherrschaft im ewigen Jerusalem. Nachdem der junge Tobias seine Eltern in Ninive begraben hat, kehrt er mit Hab und Gut nach Medien zu seinen Schwiegereltern zurück, die er in ihrem Alter mit ehrfürchtiger Sorge umgibt. Die Zeit vergeht im Glück. Die Schwiegereltern sterben auch, Tobias erbt ihr Vermögen und lebt inmitten seiner Nachkommenschaft an der Seite seiner Frau Sara, wird hundertsiebzehn Jahre alt und erschaut noch vor seinem Tod die ersten Anzeichen der von seinem Vater angekündigten Gottesherrschaft. »Er konnte den Herrn preisen von Ewigkeit zu Ewigkeit. Amen« (Tob 13.1 – 14.15). Mit diesem liturgischen Abschluss endet der Bericht über Bedrohung und Glück, über Gefahr und Behütetsein, über frommes Leben und gottergebenen Tod, über die Treue des Menschen und den Besuch des Engels, über irdisches Schicksal und die Güte Gottes.

Es ist ein mit großer Zärtlichkeit erzähltes Schicksalsbild (vielleicht aber nur ein »Märchenbild«) und darin die Offenbarung menschlicher Wirklichkeit in ihren letzten Bezügen des Behütetwerdens und des Behütens. Dennoch wird in der Erzählung das menschliche Leben nicht zur Idylle. Auch hier wird die überragende Wirklichkeit Gottes nicht verharmlost. Im Grunde ist es nicht einmal so wichtig, was da alles erzählt wird. Die eigentliche Offenbarung verbirgt sich in diesem Buch in einer Lebenshaltung, in dem, *wie* all das erzählt wird: Alles ist getragen vom Positiven, von einem Sinn für das Sein, einem Glauben an das Sein, einem Geschmack am Glück, einer Begeisterung für das Sein, einem »Gefühl für das Sein, unendlich reicher und erneuernder als unsere

Logik«, einer »Anerkennung der Fülle«, die wir bei allen aufbauenden Geistern, vor allem in Zeiten der Wandlung und der Gefahr, entdecken können.[107] Es ist die Haltung der *»Treue zum Glück«.*

Die eigentliche Tiefe, sozusagen die Wesensstruktur des Seins, wird in der heilsgeschichtlichen Deutung der Welt durch zwei Begriffe ausgelotet, die ihrerseits auf die Grunderfahrung des Behütetseins zurückzuführen sind: *Segen* und *Glück.* Dem gesamten Sein haftet eine geheimnisvolle Grundeigenschaft an:

Das Gesegnetsein

Die Bibel beschreibt das Werden der Welt als eine Flut des göttlichen Wohlwollens, die unbeirrbar, trotz aller gegenteiligen Evidenz im Bereich des Sichtbaren, trotz Sünde und Abfall, trotz Auflehnung und Verhärtung, die Welt einer ewigen Vollendung im grenzenlosen Glück entgegentreibt. Von den allerersten Anfängen ist diese geheimnisvolle Kraft am Werk. Von ihrem Ursprung her ist die gesamte Menschheit gesegnet und in ihr, für sie, die gesamte Welt. Diese Segnung verdeutlicht sich in einer ganzen Reihe gottergebener Menschen, aus denen sie ausstrahlt in die Schöpfung hinein. Immer mehr verdichtet sie sich in einem kleinen Volk und innerhalb dieses Volkes in einem kleinen Rest besonders treuer und gottergebener Menschen. Aus der gesamten Welt, aus der Menschheit, aus dem gesegneten Volk, aus dem Dasein besonders empfängnisbereiter Menschen kristallisiert sich in einem langanhaltenden Prozess alles Gesegnete zu einem einzigen Sein, in dem der Segen Gottes reine Gestalt annimmt, zum Menschendasein wird: in *Jesus Christus.* Seine Lebensgestalt ist dann, alles Gesegnete in sich aufzunehmen und es hinüberzuretten in einen Bereich, da es ewig bestehen und sich entfalten kann. Dann ist die endgültige Welt als Segnung geboren; dann ist der Mensch selber geboren in seiner unzerstörbaren Wirklichkeit; dann kann das eigentliche Leben beginnen im ewigen Glück. Gerade eine solche Zusammenraffung der Heilsgeschichte zeigt jene *Unbeirrbarkeit Gottes* auf, mit der Er die Welt und die Menschheit dem Glück »entgegentreibt«. Dieser Seinsbewegung alles Erschaffenen kann keine geschöpfliche Kraft Widerstand leisten, niemand ihre end-

107. Siehe Jean Daniélou: »Gottes Wiederentdeckung« in *Wort und Wahrheit,* Heft 8/9, 1962, Seiten 517ff.

gültige Entfaltung verhindern. In diesem Sinne wäre die Vorausbestimmung der Welt, die »Prädestination«, nichts anderes als die Unbeirrbarkeit des Wohlwollens Gottes, eines Wohlwollens, das beständig ist, wie jede echte Liebe, welche sich ja auch nicht zurückweisen lässt, sondern alles, selbst die Zurückweisung, in eine noch größere Liebeshinwendung einbaut. Als existenzielle Antwort entspringt aus unserem Dasein die Haltung der Freude am Sein:

Die Glückseligkeit

Diese ist bewusstes, in eine Grundeinstellung zum Leben umgewandeltes und in die Freude des Alltags umgemünztes *Sich-tragen-Lassen vom Wohlwollen Gottes.* Oft ist sie eine harte, gegen alle Verzweiflungen der Welt, gegen Armut, gegen das Weinen, gegen die Trauer, gegen die Unterdrückung, gegen die Ungerechtigkeit, gegen das Unerfülltsein sich stemmende Tugend eines bedrückten Herzens. In dieser Sicht wären alle düsteren Aspekte der Offenbarung, die zweifellos in ihr enthalten sind, die Momente des Untergangs, der Bedrohung, des Leides und der Dunkelheit, keineswegs Zeichen göttlicher Strafe: Gott hat Sich endgültig dafür entschieden, vom Anfang der Schöpfung an die Welt dazu bestimmt, Seinen Segen in immer reicherem Maße uns mitzuteilen. Es gibt für Sein Ein-für-allemal kein Zurück mehr. Sein Segen wächst und entfaltet sich unwiderstehlich in der Welt und damit auch das angebotene Glück

Um aber wirklich glücklich zu sein, dem seinshaften Segen Gottes in unserer Existenz Heimat zu bieten, muss sich unser Dasein von sich selbst lösen, muss sich aufbrechen, die Schichten und die Ablagerungen der Selbstsucht sprengen, ganz empfänglich werden. Paradox ausgedrückt: Die Liebe Gottes, die nur Liebe und sonst nichts ist, kann für unser Empfinden im dunklen Gewand der Strafe erscheinen, obwohl sie von ihrem Wesen her jegliches Moment der Strafe ausschließt. Ein Gleichnis dafür bietet uns die menschliche Liebe: Erst wenn wir jene Seinsverbundenheit, jenes Klare und Helle erleben, das die restlose Zuneigung eines liebenswürdigen Wesens in unserer Existenz bewirkt, fangen wir an, unter dieser Liebe zu leiden; sie wirkt wie Feuer in unserer Seele, sodass in ihr alles verbrennt, was ihrer nicht würdig ist. In mir, der ich in der Liebe mit einem anderen Menschen in einer Seinseinheit verbunden bin, soll nur Schönes, Aufbauendes, Freudebringendes und Bereicherndes existieren. Es ist nicht eine Strafe für die Liebe, sondern die glückbringende Sehnsucht des Herzens, dieser Liebe wirklich würdig zu sein. Leid, Tod, Fegfeuer, Gericht, Strafe und andere düstere Begriffe der Theologie mehr brauchen gar nicht eigens entmythologisiert zu werden, da die Offenbarung die entmythologisierende Aufhebung dieser Gedankenschemata bereits in einer radikalen und von uns gar nicht einholbaren Weise vorgenommen hat in der Aussage, dass Gottes Wesen aus Liebe und nichts anderem als aus Liebe besteht.

Nach dem Gesagten dürfte kein Zweifel darüber bestehen, dass die Atmosphäre der Freude und des Glückes Zeichen dafür sind, dass in einem Menschenleben sich Heiliges ereignet. Treue zur Freude und zum Glück ist jenes Lebenselement, aus dem sich – oft unter von anderen gar nicht erkannten oder auch nur erahnten Leiden und innerem Aufgebrauchtwerden – *christliche Heiligkeit* bildet in unserer Welt. All das geschieht aber unter Gotteshut: im Behütetwerden durch Jenen, Der alles Leben mit unendlicher Zärtlichkeit umfängt, vor allem dort, wo dieses Leben am meisten bedroht und ausgesetzt ist.

Der glückliche Mensch

Wollen wir das menschliche Dasein in seinem Wesentlichsten begreifen, so müssen wir es nach seinem Glück befragen. Die Tatsache des Glücklichseins lässt sich nicht bestreiten. Wir alle haben schon Augenblicke jener Helle erlebt, die unsere Existenz durchsichtig machte auf eine ihr innewohnende Gestalt hin: Aus der Verworrenheit alltäglichen Daseins erhob sich auf einmal ein letzter Sinn, *das »ge-glückte« Sein.* Da empfanden wir ein Gefühl heiligen Schauderns. So ist also mein Leben in seiner Tiefe: so hell, so klar, so erfüllend und so »anders«. Ein Dasein stand vor uns, das zweifellos »wir selber« waren, aus dem gleichen Stoff des Seins gebaut, das Ganze unseres gewordenen Schicksals umfangend. Aber: Gleichzeitig war es nicht mehr nur »unser Leben«, sondern etwas Geschenktes und Unbegreifliches.

Eine seltsame Stimmung bemächtigte sich unserer Existenz. Es war nicht Freude und auch nicht Traurigkeit. Es war weder Hohes noch Tiefes. Es gehörte überhaupt nicht in den Bereich anderer Gefühle und Gemütsregungen. Es war das »reine Da« in tiefer Verwurzelung und in hoher Geöffnetheit: das Glück. Das gesamte Dasein wurde *von innen her durchsichtig,* fühlte sich mit dem All verwandt; blieb aber dabei es selbst, wurde nicht aufgelöst. Endliches Wesen als Vollendetes erlebt: Dies ist Beglückung. Was dabei erahnt und empfunden wird, kann fast nicht zum Gegenstand analytischer Erörterung werden. Es steht völlig in sich selbst und kann auf nichts Wesentlicheres mehr zurückgeführt werden. Obwohl das Ereignis selbst unbeschreibbar ist, bleibt es unwiderlegbar für jenen, der solche Augenblicke entweder im eigenen Dasein oder im Schicksal eines geliebten Menschen wahrgenommen hat. Wenn wir über unser Glück sprechen könnten, dann hätten wir jene Sprache erfunden, mit der der Mensch über den Himmel reden sollte. Eines können wir jedoch versuchen, und dies ist der Gegenstand jener denkerischen Bemühung, die wir in diesem Abschnitt wagen müssen: Jene *Grundbedingungen* namhaft zu machen und sie zu verstehen suchen, aus denen das Glück erwachsen kann. Es sind deren acht.

Erstens: Die Armut

Wir dürfen die Armut als die erste Grundbedingung des Glücks nennen, weil in ihr – sofern sie nicht bloß materielle Entbehrung, sondern existenzielle Haltung ist – jene *Grundentscheidung des Lebens* sich vollzieht, in der der Mensch darauf verzichtet, sich selbst, sein gültiges Sein mit seiner Vorhandenheit gleichzusetzen. Ich bin mehr als alles, was ich habe. In dieser Entscheidung ereignet sich Durchbruch zur Freiheit: Der Mensch lässt sein Leben durch nichts beengen und den Weg ins Unbekannte durch keine irdische Eroberung versperren. Er ist mehr als all das, was er in seinem Leben erreicht, verwirklicht, erkannt und »er-liebt« hat. Ein Empfinden existenzieller Gelöstheit steigt aus dem Dasein empor: »Das Eigentliche meines Seins kann mir niemand nehmen. Ich kann frisch und sorglos dem je Größeren entgegengehen, ohne mich durch irgendetwas binden zu lassen. Ich kann mich durch alles in Anspruch nehmen lassen, ruhig bei der Schönheit der Welt verwellen, aber auch den Sorgen und Nöten der Menschen gegenwärtig sein.« Im Grunde ist *geistige Armut* die Offenheit eines liebenden Herzens, dem es gleichgültig ist, ob ihm im Leben viel oder nur wenig gelingt. Ob ihm der Vordergrund und die Oberfläche entgleiten. Die Seele wird horchend, drängt sich nicht vor. Sie überwindet die Macht der Gewohnheiten und der Alltäglichkeit. Sie lässt ihre Daseinsregungen von sich selbst fortgehen, ist offen auf eine immer neue Gegenwart. Die erste, gleichsam instinktive Regung eines innerlich Losgelösten ist ein *unaufdringliches* Gut-Meinen mit den Dingen, Menschen und Ereignissen, und nicht ein Besitzergreifen.

Dies ist *schöpferisches Mitsein,* das auch dann noch ausharren kann, wenn es nicht erwidert, wenn es verkannt oder zurückgewiesen wird. Durch solche innere Loslösung ereignet sich jene Wendung zur Innerlichkeit, aus der die Fähigkeit des Erschauens erwächst. Der Mensch will die Dinge um ihres eigenen Selbsts willen und nicht in erster Linie, um sie zu gebrauchen. Er kann beim Gegenüber verweilen, stehenbleiben mit aufgetanem Geist. Er besitzt die Welt nicht. Doch schenkt diese sich ihm tiefer, als es in irgendeinem Besitz geschehen könnte. So entsteht gelöste Existenz, zum Schauen befähigt und tiefgründig wissend. Die Menschen öffnen solchem Dasein ihr Geheimstes, weil sie wissen, dass sie nicht *ge*braucht und *ver*braucht werden, nicht manipuliert und nicht in fremde Zusammenhänge gestellt, sondern aufgenommen werden in ihrer Einmaligkeit der Freude und der Not. Eine neue Welt entsteht um ein solches Dasein, erwachsen aus der Haltung der Hingabe: Das Reich des Einmaligen, Geborgenen und Anerkannten. *»Selig sind die Armen im Geiste, denn ihrer ist das Himmelreich«* (Mt 5.3).[108]

Zweitens: Die Trauer

Die Haltung der Selbstloslösung, die Armut im Geiste, befähigt den Menschen zum wesenhaften Mitsein. Dies bedeutet nicht bloß eine besondere Empfindlichkeit des Einfühlungsvermögens, sondern – darüber hinaus – eine Fähigkeit der *Anteilnahme am fremden Schicksal.* Besonders fühlt sich aber ein solcher Mensch hingezogen zu den gedrückten und gedemütigten Existenzen. Zu

108. Siehe Johannes Baptist Metz: *Armut im Geiste,* München: Ars Sacra, 1962.

Menschen also, die ihrem leidvollen Geschick nicht entkommen können. Absichtslos und oft scheu öffnet er sich der fremden Not. Vor dem Leid verstummt sein Inneres, wird zur Annahme menschlicher Hinfälligkeit. An seinem »Gastmahl«, an seiner Gemeinschaftlichkeit des Mitseins nehmen vornehmlich »Arme, Blinde, Krüppel und Lahme« teil (Lk 14.12–14). Eine seltsame Unruhe bemächtigt sich seiner Seele: aus dem Menschlich-Bewohnten ausbrechen und »selber nichts haben« zu müssen, »wohin er sein Haupt legen könnte« (Mt 8.20), damit er in ständiger Bereitschaft verbleibe, allen Bedrückten seine Nähe schenken zu können. Es ist eine Seligkeit für ihn, nicht mehr sich selbst zu gehören, Anteil zu nehmen an der Ausgesetztheit der Menschen.

Ein von den Nöten des Bruders derart ergriffener Mensch geht zum leidenden Menschen nicht in der Haltung des Belehrens, des unbeteiligten Aushelfens und des trüben Bemitleidens. Nein, er wird ein Stück vom Sein des Leidenden selbst. Nicht nur brüderliche Hilfsbereitschaft oder soziale Wohltätigkeit sind hier am Werk. All das kann freilich mit dabei sein und soll es auch, wenn das helfende Herz sich bewähren will. Die tragende Haltung ist aber tiefer zu suchen: in der Selbstentäußerung, in jenem *Mehr der Liebe,* die uns willens macht, das eigene Dasein durch die Finsternisse fremden Leides verdunkeln zu lassen.

Auszuharren beim Du in seinem ausweglosen Schicksal, die Armseligkeit fremder Existenz lange auszuhalten, hineinzugehen in die Erniedrigung eines gebrochenen Daseins, nicht aus Sentimentalität oder Rührung, sondern aus einer zur Gesinnung gewordenen Lebenshaltung, dies ist jene Trauer, die mit ihrer Dunkelheit jeden Selbstlos-Liebenden umgibt in der kahlen, von Leid und Tod bedrohten Welt menschlichen Schicksals. Die Trostlosigkeit einer solchen Trauer kann ein Leben verbrauchen, es hohl und leer machen. Unsicher, geängstigt und müde wird der Mensch dabei. Doch rafft er sich immer wieder auf, schenkt neu seine Gegenwart, selbst dann, wenn er nicht mehr verstanden wird. *Sich der Trauer der Welt auszuliefern,* das ist die Wesenstat einer solchen Existenz. Entscheidend und für das Verständnis des Menschseins selbst von weitreichender Bedeutung ist dabei die Erfahrung: Nach und nach, in einem langsamen Prozess der Treue und des Durchhaltens, bildet sich in solchen Menschen eine den Zufälligkeiten der Stimmungen, der vordergründigen Beweise und der scheinbaren Entäußerlichung enthobene Mitte. Darin, in diesem Zentrum, entsteht eine neue Seinsdimension des Getröstetseins: die Seligkeit des Nicht-mehr-sich-selbst-Gehörens, des Von-sich-Genommenseins, der inneren Preisgabe. Solche Menschen leben im Wesentlichen ihres Daseins bereits in einem geheimnishaften Drüben, von woher ihnen immer wieder die Kraft zuströmt, in Gelassenheit, ohne Scheinwerk und Selbstbemitleidung, sich aufbrauchen zu lassen. Sie sind irgendwie bereits aus dieser Welt entschwunden. Wir bemerken nur die Spuren ihrer Größe an unserem getrösteten Schicksal. *»Selig sind die Trauernden, denn sie werden getröstet werden«* (Mt 5.4).[109]

Drittens: Die Milde

Die freudige Bereitschaft der Selbstlosigkeit (geistige Armut) verwandelt sich in ihrem Nachvollzug in die Entschlossenheit, sich selbst dem Leid der Welt zu öffnen (Trauer). Darin wird im Menschen ein neuer Lebenskern gebildet, die Seinsweise einer festgegründeten Vornehmheit dem Leben gegenüber. Diese besondere Art der Festigkeit in der Widerwärtigkeit und Verworrenheit der Welt nennen wir »Mut zur Milde«, oder »Sanftmut«. Sie ist nicht die Tugend der Schwachen, sondern der innerlich Großen, die es nicht nötig haben, »Gleiches mit Gleichem zu vergelten« oder zurückzuschlagen.

Doch dies ist nur eine negative Bestimmung der Milde. Das Positive an ihr besteht in einer grundsätzlichen *Zuneigung zum Geschöpf,* die der Mensch vornehmlich denen entgegenbringt, die ihn selbst bedrohen. Freilich äußert sich die Milde auch unter anderen Formen: als Gesinnung der Zurückhaltung, des Nichterzwingens, des Sich-nicht-Aufspielens, der Ruhe des Blickes und des Erkennens, der Feinheit des Sprechens und der Sensibilität der Begegnung. Wo sie sich aber am meisten bewährt, wo sie gleichsam die Grenze des Menschlich-Vollziehbaren erreicht und deshalb sich in reiner Gestalt zeigt, ist die *Liebe zum Feind.* Sie bedeutet nicht feiges Sich-Abfinden mit dem, was nicht sein soll und zu Unrecht besteht. Sie besagt auch nicht, dass der Mensch nicht mehr für Wahrheit und Gerechtigkeit eintritt. Schließlich auch nicht, dass er das Wertvolle, Liebenswerte und Lebendige nicht mehr vor dem Angriff des Bösen verteidigt; also ist sie keine

109. Siehe ROMANO GUARDINI: *Der Herr,* Würzburg: Werkbund-Verlag, 1951, Seiten 81f, 88f und 103.

Verwischung der Grenzen und ein Wegdiskutieren der Gegensätze.

Liebe zum Feind ist vielmehr etwas gar nicht Gekünsteltes, eine Urregung jedes liebenden Herzens: »Für mich bist du kein Feind; nicht in deinem Inneren. Mögen zwischen uns noch so viele Gegensätze und Verschiedenheiten bestehen, mag ich mich gegen das Unrecht, das du mir antun willst, wehren, es geschieht nicht aus Feindschaft. Ich will dich nicht besiegen, nicht demütigen, will dir überhaupt nicht weh tun. Auch mich selbst will ich nicht gegen dich behaupten. Ich hasse dich nicht; ja ich empfinde, dass gerade du meiner Liebe am meisten bedarfst, weil uns sonst so vieles trennt.« Ohne diese grundsätzliche Miteinbeschließung der Person des Feindes in die Sympathie liebender Zuneigung kann der Mensch nicht zu jenem ruhigen Gesammeltsein gelangen, die eine Vorbedingung des Glückes ist. Seine Seele wird von Gedanken, Gefühlen und Plänen des Hasses und der Ablehnung vergiftet, ihrer Eigentlichkeit beraubt. Das Bewusstsein kann nicht frei werden, sondern begibt sich in die Dinglichkeit einer negativen Selbstbestimmung, wird zum Sklaven des gehassten Menschen, ja zum Sklaven des sich gegen ihn richtenden Hasses. Dies ist dann die schlimmste Verlorenheit, in die sich ein Mensch hineinstürzen kann. Insofern und indem er in diesem Zustand verbleibt, kann er nichts ruhig besitzen, nichts unbekümmert aufnehmen, keiner Schönheit, keiner Wahrheit, keiner erfüllenden Liebe sich ganz hingeben. Er kann der Erde nicht mehr nahe sein, sie nicht mehr »erben«.

Dagegen ist die Liebe zum Feind die höchste *Freiheitsbehauptung* menschlicher Existenz. In ihr zeigt sich die Weltüberlegenheit des Bewusstseins, seine herrschende Größe. Der Umgang mit solchen Menschen ist die größte Wohltat, die wir kennen. Dies ist gleichsam sein Amt unter uns: nicht zu hassen. Seine Macht über das Herz der Menschen ist gewaltig, weil sie ganz innerlich ist, ganz Anziehung und ganz Güte. So ein Mensch kann wirklich »Hirte der Seelen«, ja Hirte des Seins werden: Unwillkürlich suchen die Menschen bei ihm Zuflucht. Das Sein selbst erschließt sich ihm, ruhig und gelassen. Bei einem solchen Menschen wird ihm kein Leid zugefügt. *»Selig sind die Sanftmütigen, denn sie werden das Land erben«* (Mt 5.5).[110]

110. Vergleiche Ladislaus Boros: *In der Versuchung. Meditationen über den Weg zur Vollendung*, GA Band 9.

Viertens: Die Sehnsucht

Durch seine Gelöstheit, Geöffnetheit und allumfassende Zuneigungsbereitschaft entsteht im Menschen und um den Menschen herum die »richtige« Welt, die Seinsform der in sich selbst festgegründeten Beheimatung, ein Existenzbereich, in den sich alles einfügt in eine Seins-Ordnung. Die Seele eines solchen Menschen wird zu einem befriedeten Siedlungsraum des Geschöpfes. Dort, bei ihm und in ihm, hat man wirklich einen freien Raum. Man kann ganz Wahrheit sein, und man braucht sich nicht zu schämen oder zu verstellen. Man kann ganz Güte sein, ohne ausgenützt und beraubt zu werden. Man kann so sein, wie man ist in seinem einmaligen Schicksal, in der gewordenen Einheit des eigenen Lebens, ohne missverstanden zu werden, ohne die Zerstörung dieser inneren Einheit erfahren zu müssen. Man kann seinen inneren Reichtum zeigen, schön sein, ohne Neid und Begierde zu erwecken, ohne sich der Lächerlichkeit preiszugeben. Mit einem Wort: Man kann sein; wahr, gut, einmalig und schön *sein* und darin Erfüllung finden.

Jener Zustand der *Beheimatung* wird hier gemeint, der bei Jesaja die folgende unbeschreibliche Beschreibung gefunden hat:

> Dann wohnt der Wolf bei dem Lamm und lagert der Panther bei dem Böcklein. Kalb und Löwenjunges weiden gemeinsam, ein kleiner Knabe kann sie hüten. Die Kuh wird sich der Bärin zugesellen, und ihre Jungen liegen beieinander. Der Löwe nährt sich wie das Rind von Stroh. Der Säugling spielt am Schlupfloch der Otter, und in die Höhle der Natter streckt das entwöhnte Kind seine Hand. Sie schaden nicht und richten kein Verderben an auf Meinem ganzen heiligen Berg. Denn das Land ist voll der Erkenntnis Jahwes, wie die Wasser das Meer bedecken (Jes 11.6–9).

Die Wahrheit dieser Dichtung liegt sowohl in der Darstellung des Friedens, des Überflusses, der Schönheit und der Klarheit als auch in der Unmöglichkeit der Aussage, in der Unvereinbarkeit und Gegensätzlichkeit der Bilder. Die »rechte Ordnung der Dinge«, das beheimatete Sein ist demnach zugleich das Schönste, aber auch das Unerreichbare unserer Sehnsucht.

Die »Gerechtigkeit« (*zedek*) ist noch keine Wirklichkeit. Sie ist uns gegeben immer nur im *Ausstand*. Sie verdichtet sich gelegentlich in besonders selbstlosen, offenen und milden Menschen, oder darüber hinaus in Gruppen und Gemeinschaften – in Menschen also, die sich nach einem solchen Zustand der Welt sehnen. Ihre Sehnsucht selbst trägt die Erfüllung in sich als Verheißung. Es gibt gleichsam eine Unterströmung der Geschichte der Menschheit: die »Bewegung« der Sehnsüchtigen, der Habenichtse, die wissen, dass sie hoffnungslos arm, hungrig und bedürftig sind, tagtäglich, in allem, was sie tun. Meistens sind es »kleine Leute«, deren ewige Sehnsucht es aber trotzdem bleibt, einmal erfüllt zu werden. Und obwohl sie das schon so lange ersehnen, obwohl sie dafür so vieles geopfert haben, so viel Herzblut vergossen haben und immer, immer wieder enttäuscht wurden, betrogen und belogen, können sie sich doch nicht dazu verstehen, nicht mehr zu hoffen. Warum? Es ist wohl die innere Evidenz der Sehnsucht selbst, die Gegenwart der Erfüllung, die Präsenz des Ersehnten als Konstitutivum menschlichen Sehnens. Die innere Evidenz der »Erreichbarkeit eines Unerreichbaren«, die unmittelbare Einsichtigkeit des Wortes: *»Selig sind, die hungern und dürsten nach Gerechtigkeit, denn sie werden gesättigt werden«* (Mt 5.6).[111]

Fünftens: Die Barmherzigkeit

Ein mit Sehnsucht erfüllter, von einem unstillbaren Verlangen nach Größe getriebener Mensch fühlt sich gerade mit jenen solidarisch, die der Unerfüllbarkeit ausgeliefert sind, mit den *Leidenden*. Dies nicht etwa aus Herablassung, sondern aus Wesensverwandtschaft des gleichen Schicksals menschlicher Not. Es gibt sozusagen einen »Geheimbund« aller ehrlich leidenden Menschen, die Schicksalsgemeinschaft der »Maskenlosen«: der Hungrigen, der Traurigen, der Dürstenden, der Gehetzten und der Verfolgten. Nicht jener, die aus Armut, Elend und Hunger eine Tugend machen, sich fromm darin bescheiden, sich darin gefallen und sie zur Schau stellen; die aus ihrer Leere geschickt eine Fülle zu machen wissen, die ihre Krankheit gewandt in Gesundheit umdeuten, die ihren Hunger als Sattheit ausgeben. Auch nicht jener, die mit

111. Ernst Bloch: *Das Prinzip Hoffnung*, Frankfurt a. M.: Suhrkamp, 1959, Band I–II.

Masken herumlaufen, hinter denen sie ihre entstellten, verzerrten Gesichter verbergen. Mit Masken kann niemand glücklich werden.

Der Glückstrieb schreit in uns auf, wenn wir hungrig sind, und verlangt nach Nahrung. Der Dürstende in uns bittet um Trunk. Das nackte Leben friert und will bekleidet werden. Der Gefangene träumt von Erlösung. Der Kranke hofft auf Gesundheit und der Verirrte auf Heimat. Der Unwissende fühlt sich beengt und sehnt sich nach Licht. Der Zweifelnde geht zu einem Freund und sucht bei ihm Rat. Der Betrübte will getröstet werden. Das Unrecht schreit nach Gerechtigkeit. Der Beleidiger hofft auf Vergebung. Und das ganze Leben – aber auch die Toten – harren auf unsere liebende Nähe der Freundschaft.

Nun: Kann ein Mensch, der noch nie hungrig, krank, fremd, leer, verlassen und hoffnungslos einsam war, all diese Not der Menschheit verstehen, ihr in seinem Inneren Heimat bieten? Wahrscheinlich nicht. Er wird vielleicht sehr feierlich und gütig all dieser Not entgegengehen, sie auf sich nehmen und sie für die anderen tragen wollen. Aber er kann es nicht! Nicht im Letzten. Nicht dort, wo das Leid sinnlos wird. Mein Leid, meine Sünde, meine Verlorenheit kann mir niemand abnehmen. Sie sind keine Handelsware. Wie niemand mir meine Geburt oder meinen Tod abnehmen kann, so kann mir niemand meine Verfallenheit abnehmen. Aber: Es kann sich jemand, der selber die Sinnlosigkeit leidender Existenz erlebt hat, neben mich setzen, wenn ich traurig bin und mich verloren fühle und – kein Wort sagen. Ich werde schon spüren, dass er mein Freund ist, der vielleicht nichts für mich tun kann, als *mit mir traurig sein.* Dann werde ich in meiner Trauer nicht mehr allein stehen. Das wird mich vielleicht trösten. Dieses Sich-neben-mich-Setzen ist zwar vordergründig sinnlos, außer dann, wenn er mein Freund ist. Es gibt keine andere Erklärung dafür. Er kann es anders nicht sagen. Auch ihm fehlen die Antworten, aber er trägt keine Masken. In diese Gesellschaft der Maskenlosen muss auch der Gott der Erlösung hinabsteigen, wenn Er unser Leid leben will, wenn Er unser Freund sein möchte, Freund der hoffnungslos Kleinen. Dass er sich aber neben uns setzt, selber ausgehöhlt, leer, hungrig, dem Tode geweiht, gottverlassen sogar, das werden nur jene bemerken, die den Mut haben, sich selbst zur Welt der Verlorenen zu zählen und die selber fähig sind, neben alle zu sitzen, die verloren sind, als ihr Freund. Solche

Barmherzige werden die Barmherzigkeit Gottes wahrnehmen können; die anderen werden ihn gar nicht bemerken, den unscheinbaren, kleinen Mann mit göttlicher Sehnsucht. *»Selig sind die Barmherzigen, denn sie werden Barmherzigkeit finden«* (Mt 5.7).[112]

Sechstens: Die Lauterkeit

Wir haben bis jetzt die innere Gestalt des glücklichen Menschen zu schildern versucht, indem wir das zentrale Element menschlicher Freude, das Nicht-sich-selbst-Gehören in seiner immer breiteren Auswirkung betrachteten. Der innerlich arme Mensch geht offenen Geistes den Dingen, Ereignissen und Menschen entgegen; er lässt sich durch menschliches Schicksal ganz in Anspruch nehmen bis in die tiefste Trauer hinein; er schließt niemanden von der Teilhabe seiner Zuneigung aus und lässt seine Milde auch dem Feind gegenüber walten; es ist eine Sehnsucht in ihm lebendig, die ihn hinausträgt über alle Kleinheit in eine herrliche Verheißung einer »richtigen« Welt; er möchte, dass seine Freunde, die Bedrückten und Geängstigten, irgendwie auch an seinem Glück des seligen Aufbruchs teilhaben, und versucht deshalb, ihr Leid durch selbstlose Gegenwart zu lindern. Wir spüren, wie hier eine neue Seinsart entsteht, ein *Selbstsein in der Selbstloslösung.*

Etwas Reines, Keusches, Nicht-um-sich-selbst-Wissendes steht da: der Mensch der Lauterkeit, *Dasein als Transparenz.* Nach und nach weicht aus seinem Leben, was Furchtsamkeit, Verkrampfung und Heuchelei (die Verstellung der Wirklichkeit) bedeutet, und eine seinshafte Heiterkeit erhebt sich als Seinsgestalt. Freude und Frieden beginnen zu herrschen. Großmut, Weitherzigkeit, Duldsamkeit und schlichte Brüderlichkeit entfalten sich. Die Dinge um ihn herum werden ruhig und klar. Das Sein selbst wird zutraulich. Es ist eine Kraft voller Geheimnisse. Es ist nicht eine Gewalt, die uns erschüttern mag: Es ist nicht die Großartigkeit, wie etwa die der gigantischen Berge oder der stürmenden Meere. Es ist die Kraft der Helle, der Durchsichtigkeit, das Leuchten eines klaren Tages, oder einer in sich vollendeten Gestalt. Es ist die Kraft der Schönheit des mit sich eins gewordenen Seins, das von uns nichts will, sich nicht aufdrängt, alles, was es hat, uns gibt und darin selig ist.

112. Siehe Ladislaus Boros: *Der anwesende Gott,* GA Band 2, Kapitel »Das Erbarmen«, Seiten 62 ff.

Dennoch ergreift das Zeugnis eines reinen Seins uns innerlich mehr als alle Gewalt der Welt. Ein unreflektiertes, für die anderen lebendes Glück ist hier am Werk: *klares Wesen ohne Verdoppelung.* Und wenn ein solches Wesen sich uns schenkt, sind wir erschüttert; so ganzheitlich und unbedingt ist diese Hingabe. Man ist versucht zu rufen: »Nein, das darfst du nicht tun. Ich bin deiner Hingabe nicht würdig!« Und dennoch geschieht es in einfacher Selbstverständlichkeit, wie eine Blume oder eine Vase oder ein Baum ihre Gestalt auf uns übertragen und dabei rein und unberührt bleiben. Solche Menschen sind Wahrheit für uns. Ihnen zu begegnen, ist eine der größten Gnaden unseres Lebens. Ihre Offenheit und Hingabe sind für uns der Beweis, dass sie irgendwie durch uns hindurchschauen in eine Ewigkeit, in das absolute Sein, das sich in uns verdichtet. Sie schauen bereits Gott und sind mit Ihm inmitten all der armseligen Dinge der Welt. *»Selig, die lauteren Herzens sind, denn sie werden Gott anschauen«* (Mt 5.8).[113]

Siebtens: Die Stiftung

Solche Menschen haben etwas eigentümlich Schöpferisches an sich. Sie stiften: schaffen in unserer Welt Heilig-Gnadenhaftes. Ihr wesentliches Werk heißt *»Friede«*. Ein unscheinbares Werk also. Nicht Hervorbringung neuer Elemente aus dem Sein, nicht Schaffen neuer Gedanken und Impulse. Es richtet sich auf das Bereits-Vorhandene, das es in rechte Ordnung bringt. Eine demütige Tat, die fast ein jeder vergessen oder später für sich beanspruchen wird. Eine Tat der Zurückhaltung auch: Indem man Frieden stiftet, bleibt man unbemerkt. Man fängt tödliche Emotionen auf, bringt sie zur Ruhe, lässt Gefühle aufeinanderprallen und sich entladen, sucht nach Weg und Ausweg, bleibt dabei, lange, wenn es sein muss.

Nur wer festgewurzelt in der Wahrheit steht, kann Frieden stiften, ohne Beleidigung und Kompromiss. Die Wahrheit soll für alle geboren werden, von den Gegensätzen aus. Der Stifter steht nur dabei, und wenn die Geburt vorbei ist, zieht er sich zurück. Und das Werk steht da in leuchtender Selbstverständlichkeit, und alle meinen: »Ich habe es getan.« Dies ist eines der schwierigsten Werke

113. Siehe dazu Gregor von Nyssa: *Auslegung des Hohen Liedes* (PG 44, 756–1120); deutsch: *Der versiegelte Quell,* Einsiedeln: Johannes-Verlag, 1954.

selbstloser Liebe. Der Mensch muss sich dabei hingeben, er muss hineingehen in die Zerrüttung des anderen, muss ganzheitlich mit ihm sein. Zugleich muss er aber die innere Klarheit bewahren, festgegründet sein, bescheiden und ruhig. Frieden zu bringen in eine zerfallende Seele: Das kann nur ein Mensch tun, der entweder den inneren Frieden bereits gefunden hat oder dessen Dasein darin besteht, *den Frieden zu suchen.* Und dieser Friede ist fast immer nur für einen Augenblick da in seiner Gelungenheit. Die mühsam aufgerichtete Harmonie droht, gleich zu zerfallen. Deshalb scheint uns in einem Menschen, der Frieden ausstrahlen kann, Gott selbst zu wirken, unter uns gegenwärtig zu sein.

Der »Gott des Friedens« (2 Kor 13.11) leuchtet durch sein Dasein hindurch, der Gott, Dem »es gefallen hat, in (Christus) die ganze Fülle Wohnung nehmen zu lassen und durch ihn alles zu versöhnen auf ihn hin, indem er durch das Blut seines Kreuzes Frieden stiftete, durch ihn alles (zu versöhnen), was auf Erden und was im Himmel ist« (Kol 1.20). So verdichtet sich um den Friedensstifter herum das Christusähnliche unserer Welt, die Ähnlichkeit mit dem Gottessohn, der »unser Friede« ist (Eph 2.14). Es sind wirklich *»Gottes Söhne«* in der Welt, und ihr Dasein selbst steht als Beweis da für die Existenz und die Gestalt Christi. Es genügt, ihre Gesinnung zu erleben, um eine ferne Ahnung von Christus selbst zu bekommen, ja auch eine Ahnung vom »Blut seines Kreuzes«. *»Selig die Friedensstifter, denn sie werden Söhne Gottes heißen«* (Mt 5.9).[114]

Achtens: Das Leid

Uns ist hier die Gestalt des glücklichen Menschen ganz nahegetreten, sodass wir von ihrer Evidenz überwältigt sein sollten. Zugleich mussten wir aber auch erahnen, wie gefährdet ein solches Dasein ist, wie hilflos ausgeliefert dem menschlichen Leid. Es gibt ein immanentes Leid des glücklichen Menschen, das Kreuz des Glücklichseins selbst. Denn es gibt keine größere Not, als das Glück in sich zu tragen und zugleich der Verlorenheit allen Menschseins ausgeliefert zu sein, ja beides zumal zu sein, *Glück und Verlorenheit.* Diese zwei sind dem glücklichen Menschen nicht äußerlich auferlegt, sondern mit dem Nachvollzug seines Glücklichseins gegeben.

114. Siehe Karl Rahner: *Einübung priesterlicher Existenz,* Freiburg i.Br.: Herder, 1970; Seiten 237ff.

Sein Glück besteht ja gerade darin, dass er sich in den Kreis der Verlorenen hineinbegibt als einer, der an ihrem Schicksal ehrlich teilnimmt, um Gerechtigkeit zu schaffen in der Welt. »Richtige Welt« soll entstehen, ein Bereich, in dem alles zugleich Heimat findet, miteinander existieren kann im Frieden, eine Welt, wie sie in der vorher angeführten eschatologischen Vision des Jesaja geschildert wird: Ein Kind spielt mit der Natter, Kalb und Löwenjunges weiden zusammen, Böcklein lagert beim Panther. Dies ist der Zustand der Seele eines guten Menschen. Er wird nicht durch Verzauberung aufgerichtet, sondern von Menschenhand aufgebaut, von Menschenseele durchlitten, von Menschentreue ausgehalten. So ist das Dasein des guten Menschen uns allen nahe in inniger Freundschaft, dennoch ist es uns allen fremd, uns entzogen in den Bereich einer von uns nur erahnten, aber in ihrer Tiefe nie ausgeloteten Not.

Wenn die Theologie das Dasein Christi wenigstens andeutungsweise verstehen will, dann rückt sie zwei Grundbegriffe ganz dicht aneinander. Sie sagt: Christus war ein Mensch, der ganzheitlich in der *visio beatifica* (*beseligenden Anschauung*) Gottes gelebt und dabei jene Tat des Seinswagnisses vollzogen hat, die wir mit dem Namen *descensus ad inferos* (*Abstieg in die Hölle*) bezeichnen. In Christus war es das gleiche Ich, das in der seligen Gottesnähe jubelte und zugleich aussprechen konnte: »Meine Seele ist zum Tode betrübt« (Mt 26.38). Erst diese zwei entgegengesetzten Erfahrungen weiteten die Seele Christi derart aus, dass sie die gesamte Schöpfung »der Breite und der Länge, der Höhe und der Tiefe« (Eph 3.18) nach in sich beherbergen konnte und so zur Erfüllung des Alls wurde, zum Fürst eines neuen Reiches der Welt. *»Selig sind, die Verfolgung leiden um der Gerechtigkeit willen, denn ihrer ist das Himmelreich«* (Mt 5.10). Dies auszuhalten, restlos offen zu sein auf das Geheimnis und eingewurzelt zu bleiben in der Tiefe und Verlorenheit des Menschlichen, heißt auch, glücklich zu sein.[115]

—

Wir haben unser Herz ehrlich nach dem menschlichen Glück befragt. Nicht unsere vielleicht oberflächlichen Wunschregungen oder die nach dem Schein der Dinge greifenden Sehnsüchte, sondern jene tiefen Ahnungen vom vollendeten Menschsein, die wir noch so oft verraten haben, aber nie wirklich vergessen können.

115. Siehe Herbert Vorgrimler: »Fragen zum Höllenabstieg Christi« in *Concilium,* Heft 1, 1966, Seiten 70ff, auch die Anmerkungen!

Dies ist *der* Mensch. Die aus diesen tief-menschlichen Ahnungen emporsteigende Gestalt des glücklichen Menschen deckt sich vollkommen mit jener Wesensbeschreibung des Glücks, die uns Christus selbst gegeben hat in seinen Seligpreisungen. Diese werden oft dargestellt als etwas völlig Neues, Widersinniges und Paradoxes. Gerade das soll an ihnen so »göttlich« sein. Wer so redet, ist nicht nur leichtsinnig, sondern beweist, dass er nur wenig darum weiß, welche Tiefen im menschlichen Dasein wohnen. Es ist nichts Neues und Überwältigendes an den Seligpreisungen. Alles an ihnen ist durchaus menschlich, der Grundsehnsucht des Daseins entsprechend bis in die kleinsten Einzelheiten. Wir sollten nicht ein Zerrbild des Menschlichen konstruieren, damit wir die überraschende Größe der Botschaft Christi vordergründig hervorheben können. Das menschliche Dasein ist schon groß genug, übersteigt um ein Unendliches den Menschen selbst. Wer in Ehrlichkeit Menschliches denkt, begreift immer schon Christus selbst. Nicht das ist überraschend, dass der Mensch solches denken, erahnen und ersehnen kann, sondern, dass es einem Menschen wirklich gelang, all diese Sehnsüchte und Ahnungen in sich selbst zu vereinen und zu verwirklichen, dass ein Mensch unter uns war, in dessen Dasein all das plötzlich »stimmte«. Dies war die überwältigende Neuheitserfahrung der Väter: Das Neue an Christus ist Christus selbst; er hat nicht neue Verheißungen gebracht, sondern sie restlos erfüllt. Er ist das Amen unseres Seins.[116]

Wir können somit eine weitere Definition unserer christlichen Anthropologie durch eine Zusammenschau der angedeuteten Denkelemente formulieren: *Der Mensch ist jenes Wesen, das seinen Weg zum Glück durch Armut, Trauer, Sanftmut, Sehnsucht, Barmherzigkeit, Lauterkeit, Friedensstiftung und Leid finden kann und darin eine ewige Erfüllung der seinem Wesen innewohnenden Verheißungen erahnt.* Niemand wird von diesem kurzen Entwurf erwarten, dass er die hier nachgezeichnete anthropologische Linie voll erarbeitet. All das ist eine Aufgabe, die nur von einer breitangelegten Anthropologie, die sich radikal als christlich verstehen will, erfüllt werden kann. Es genügt uns, hier einen ersten Vorstoß in ein noch unerforschtes Gebiet gewagt oder Dimensionen eröffnet und Möglichkeiten freigelegt zu haben.

116. Irenäus von Lyon: *Adversus haereses,* 4:12.3 (PG 7, 1005B), 4:34.1 (PG 7, 1083C).

Es sollte doch möglich sein – wenn wir daran glauben, dass Christi Wirklichkeit die Vollendung unseres Menschseins ist und wenn wir diesen Glauben denkerisch sauber in unsere Philosophie heimholen –, ein Menschenbild auf der Grundlage der Bergpredigt, das heißt der *Grundanthropologie Christi,* zu entwerfen. Da hat Christus wirklich gesagt, wie er sich den Menschen vorstellt. Es ist uns unverständlich, warum die christliche Anthropologie hier weitgehend versagte und nicht den Mut hatte, die denkerischen Impulse, welche von der Bergpredigt ausgehen, philosophisch zu integrieren.

In diesem Sinn kann und darf behauptet werden, dass für eine christliche Anthropologie der Mensch immer noch – nach dem ein wenig auf Sensation ausgehenden, aber die Sache selbst ins Auge fassenden Titel des Buches von Alexis Carrel – *»das unbekannte Wesen«* ist und es so lange bleibt, als er sich nicht radikal auf Christus hin besinnt. Es gibt eine pathologische Erscheinung der Amnesie. Im Zusammenhang mit dem Krieg ist sie nicht selten eingetreten. Da lebt ein Mensch, tut dies und das, hat aber vergessen, wer er ist. Damit fehlt seinem Dasein die Mitte und die Einheit. Etwas Ähnliches, aber in ungeheuerlichem Ausmaß, ist dem christlichen Menschenbild geschehen. Der Christ scheint einer zu sein, der seinen Namen vergessen hat, denn sein Name ist eingebettet in den Namen Christi selbst. Man kann den Namen Christi nicht vergessen und seines eigenen Namens, seines eigenen Lebensweges und Lebenssinnes als Mensch und als Christ innebleiben. Es ist für die christliche Anthropologie die Zeit gekommen, aus dem Gesamt der christlichen Erfahrung ganzheitlich zu denken im Sinne des paulinischen Wortes: »Alles gehört euch, ihr aber gehört Christus« (1 Kor 3.23).[117]

117. Henri de Lubac: *Betrachtung über die Kirche,* Graz: Styria, 1954.

Der suchende Mensch

Eine der wichtigsten Einsichten neuzeitlicher Anthropologie, mit der der dänische Philosoph und Theologe Søren Kierkegaard unser Denken am nachhaltigsten beeinflusst hat, ist die Lehre über die »Stadien« menschlicher Existenz. Seine Ausführungen sollen hier nicht näher erörtert werden. Worauf es uns hier ankommt, ist die Grunderkenntnis: Menschliches Dasein ist in seiner Eigentlichkeit nicht »gegeben«. Es soll *in persönlicher Entscheidung erobert* werden.

Es gibt im menschlichen Leben gewisse Grundentscheidungen, die zum Wesen der Personwerdung gehören. Sie machen deshalb das Innerste menschlichen Seins aus. Der Mensch ist immer auf der Suche seiner eigenen Wirklichkeit. Das vollendete menschliche Sein gliedert sich nach diesen *Grundentscheidungen* und den ihnen entsprechenden Existenzebenen. Der Weg führt aber nicht wie von sich aus von einer Ebene auf die andere. Vielmehr wird zuerst das menschliche Dasein auf einer bestimmten Stufe »ausgelebt«. Der Mensch erfährt die Fülle, aber auch die Bedrohung der einen Existenzebene. Nach und nach wird ihm aber seine »Wohnung« bekannt, zweifelhaft und bedrohlich. Eine Daseinskrise zieht sich zusammen. So erfährt der Mensch immer notwendiger die Dringlichkeit eines Ausbruchs und zugleich auch, dass sein Wesen mehr ist als all das, was von ihm in dieser gegebenen Situation verwirklicht werden kann. Aus zahlreichen Erlebnissen der Sehnsucht ergibt sich eine Situation des Wagenmüssens. Die Werte der vorigen Etappe werden zwar nicht in Zweifel gezogen oder verleugnet; sie erfüllen aber das Leben nicht mehr. Und so geht es mit dem menschlichen Leben »vorwärts« und »aufwärts«, hinein in eine wachsende, aber von dem vorigen Zustand nicht ableitbare Eigentlichkeit. Sich ins Unbekannte entwerfend entsteht menschliches Dasein.[118]

Versuchen wir, diese Einsicht nachzuvollziehen, indem wir sie in unser eigenes Leben hineinprojizieren. Welches sind jene *Grenzen,* die wir bereits überschritten haben, und die *Wagnisse,*

118. Siehe ROMANO GUARDINI: *Die Lebensalter,* Würzburg: Werkbund-Verlag, 1967.

von denen wir ahnen, dass sie uns noch bevorstehen? Welche Entscheidungen müssen wir fällen und welches Schicksal auf uns nehmen?

Dasein in Geborgenheit

Wir haben schon am Anfang dieser Schrift darauf hingewiesen, wie bedroht und ausgesetzt das menschliche Leben ist. Es sucht deshalb nach Schutz und Geborgenheit: nach Heim, Wärme, Freundschaft und Liebe. In alldem aber innerlich nach Bestätigung. Das Gefundene genießt es mit der Unmittelbarkeit des Lebendigen. Es fühlt sich erfüllt, bereichert – oder auch leer und arm; aber es *fühlt* es. Nicht so sehr das Gefundene gibt ihm Geborgenheit als das Erlebnis seiner Suche. Es ist so herrlich, Suchender zu sein, seine Erfüllung auswählen zu können, zu verbleiben oder weiterzugehen, je nach dem inneren Drang. Eine seltsame Ortlosigkeit bestimmt die Existenz auf dieser Ebene. Der Mensch schwebt über Empfindungen und saugt aus ihnen jeweils nur ihr Süßestes heraus. Dies erfüllt ihn für einen Augenblick mit Ergriffenheit. Sobald er aber die halbausgekostete Stelle verlässt, ergreift ihn Langeweile, und er muss nach neuen Erlebnissen suchen.

Nach und nach bemächtigt sich seines Daseins eine tiefgreifende *Ungeduld,* ein Nicht-mehr-Verweilenkönnen. Die Jagd nach neuen Erlebnissen beginnt. Es ist aber nicht mehr ein positives Suchen, sondern nur eine Flucht vor der inneren Leere. Allem Flüchtigen verfallen, sucht es nun alles Flüchtige und klammert sich an die flatternde Mähne des Windes. Die Entscheidungen werden aufgeschoben, die festen Bindungen gemieden. Die Welt selbst entwirklicht sich, wird zum Spielzeug flatternder Gefühle. Es ist vielleicht ein schönes Leben, wohinter sich aber die Verzweiflung auftut.

Man beginnt zu *zweifeln* an der Schönheit der Dinge. Man kostet sie noch schnell aus und wirft sie sogleich weg. Nichts ist im letzten Grunde bindend, nichts ist endgültig, nichts wird vom Menschen getragen, beschützt, erduldet und gehegt. Vielleicht wirft sich der Mensch in eine übertriebene Arbeitsamkeit hinein. Er schleudert die Werte weg, mit denen er seine Seele zu erfüllen glaubte. Eine seltsame Faszination geht von einem solchen Menschen aus; ein Feuerwerk der Erlebnisse wird da entzündet vor den staunenden Augen der Welt. Die anderen vermuten geheimnisvolle Reichtümer der Seele in ihm, werden in seinen Bann gezogen, versuchen, ihn zu erobern oder Geborgenheit bei ihm zu finden. Bis sie auf einmal merken: Hinter dieser schönen Maske ist kein Mensch mehr da.

Sinnbildhaft schildert Rilke in den *Aufzeichnungen des Malte Laurids Brigge* die Verzweiflung einer maskentragenden Existenz. Es ist eine der eindrücklichsten Beschreibungen des Endpunktes von jenem Dasein, welches wir hier zu zeichnen versuchten. Es ist das Erlebnis eines Kindes, das im großen Eckzimmer einer unbewohnten Etage des herrschaftlichen Sitzes Trachten, Mäntel, Tücher und Masken entdeckt und sich verkleidet. Eine mit unnachahmlicher Einfühlung und Feinheit geschilderte Geschichte als Symbol des Daseins:

> Ich lachte noch, während ich mich verkleidete, und vergaß darüber völlig, was ich eigentlich vorstellen wollte. Nun, es war neu und spannend, das erst nachträglich vor dem Spiegel zu entscheiden. Das Gesicht, das ich vorband, roch eigentümlich hohl, es legte sich fest über meines, aber ich konnte bequem durchsehen, und ich wählte erst, als die Maske schon saß, allerhand Tücher, die ich in der Art eines Turbans um den Kopf wand, sodass der Rand der Maske, der unten in einen riesigen gelben Mantel hineinreichte, auch oben und seitlich fast ganz verdeckt war. Schließlich, als ich nicht mehr konnte, hielt ich mich für hinreichend vermummt. Ich ergriff noch einen großen Stab, den ich, soweit der Arm reichte, neben mir hergehen ließ, und schleppte mich so, nicht ohne Mühe, aber, wie mir vorkam, voller Würde, in das Fremdenzimmer hinein auf den Spiegel zu.
>
> Das war nun großartig, über alle Erwartung. Der Spiegel gab es auch augenblicklich wieder, es war so überzeugend. Es wäre gar nicht nötig gewesen, sich viel zu bewegen; diese Erscheinung war vollkommen, auch wenn sie nichts tat. Aber es galt zu erfahren, was ich eigentlich sei, und so drehte ich mich ein wenig und erhob schließlich die beiden Arme: große, gleichsam beschwörende Bewegungen, das war, wie ich schon merkte, das einzig Richtige. Doch gerade in diesem feierlichen Moment vernahm ich, gedämpft durch meine Vermummung, ganz in meiner Nähe einen vielfach zusammengesetzten Lärm; sehr erschreckt, verlor ich das Wesen da

drüben aus den Augen und war arg verstimmt zu gewahren, dass ich einen kleinen, runden Tisch umgeworfen hatte mit weiß der Himmel was für, wahrscheinlich sehr zerbrechlichen Gegenständen. Ich bückte mich, so gut ich konnte, und fand meine schlimmste Erwartung bestätigt: Es sah aus, als sei alles entzwei. Die beiden überflüssigen, grün-violetten Porzellanpapageien waren natürlich, jeder auf eine andere boshafte Art, zerschlagen. Eine Dose, aus der Bonbons rollten, die aussahen wie seidig eingepuppte Insekten, hatte ihren Deckel weit von sich geworfen, man sah nur seine eine Hälfte, die andere war überhaupt fort. Das Ärgerlichste war aber ein in tausend winzige Scherben zerschellter Flacon, aus dem der Rest irgendeiner alten Essenz herausgespritzt war, der nun einen Fleck von sehr widerlicher Physiognomie auf dem klaren Parkett bildete. Ich trocknete ihn schnell mit irgendetwas auf, das an mir herunterhing, aber er wurde nur schwärzer und unangenehmer.

Ich erhob mich und suchte nach irgendeinem Gegenstand, mit dem ich das alles gutmachen konnte. Aber es fand sich keiner. Auch war ich so behindert im Sehen und in jeder Bewegung, dass die Wut in mir aufstieg gegen meinen unsinnigen Zustand, den ich nicht mehr begriff. Ich zerrte an allem, aber es schloss sich nur noch enger an. Die Schnüre des Mantels würgten mich, und das Zeug auf meinem Kopfe drückte, als käme noch immer mehr hinzu. Dabei war die Luft trübe geworden und wie beschlagen mit dem ältlichen Dunst der verschütteten Flüssigkeit. Heiß und zornig stürzte ich vor den Spiegel und sah mühsam durch die Maske durch, wie meine Hände arbeiteten. Aber darauf hatte er nur gewartet. Der Augenblick der Vergeltung war für ihn gekommen. Während ich in maßlos zunehmender Beklemmung mich anstrengte, mich irgendwie aus meiner Vermummung hinauszuzwängen, nötigte er mich, ich weiß nicht womit, zuzusehen und diktierte mir ein Bild, nein, eine Wirklichkeit, mit der ich durchtränkt wurde gegen meinen Willen: denn jetzt war er der Stärkere, und ich war der Spiegel. Ich starrte diesen großen, schrecklichen Unbekannten vor mir an, und es schien mir ungeheuerlich, mit ihm allein zu sein. Aber in demselben Moment, da ich dies dachte, geschah das Äußerste: Ich verlor allen Sinn, ich fiel einfach aus. Eine Sekunde

> lang hatte ich eine unbeschreibliche, wehe und vergebliche Sehnsucht nach mir, dann war nur noch er: Es war nichts außer ihm.
>
> Ich rannte davon, aber nun war er es, der rannte. Er stieß überall an, er kannte das Haus nicht, er wusste nicht wohin; er geriet eine Treppe hinunter, er fiel auf dem Gange über eine Person her, die sich schreiend freimachte. Eine Tür ging auf, es traten mehrere Menschen heraus: Ach, ach, was war das gut, sie zu kennen. Da war Sieversen, die gute Sieversen, und das Hausmädchen und der Silberdiener: Nun musste es sich entscheiden. Aber sie sprangen nicht herzu und retteten; ihre Grausamkeit war ohne Grenzen. Sie standen da und lachten; mein Gott, sie konnten dastehn und lachen. Ich weinte, aber die Maske ließ die Tränen nicht hinaus, sie rannen innen über mein Gesicht und trockneten gleich und rannen wieder und trockneten. Und endlich kniete ich hin vor ihnen, wie nie ein Mensch gekniet hat; ich kniete und hob meine Hände zu ihnen auf und flehte: »Herausnehmen, wenn es noch geht, und behalten«, aber sie hörten es nicht; ich hatte keine Stimme mehr. Sieversen erzählte bis an ihr Ende, wie ich umgesunken wäre und wie sie immer noch weitergelacht hätten in der Meinung, das gehöre dazu. Sie waren es so gewöhnt bei mir. Aber dann wäre ich doch immerzu liegengeblieben und hätte nicht geantwortet. Und der Schrecken, als sie endlich entdeckten, dass ich ohne Besinnung sei und dalag wie ein Stück in allen den Tüchern, rein wie ein Stück.[119]

Die hohe Erzählungskunst Rilkes vermag, den Zustand des existenziellen Maskentragens besser herauszustellen als jede rein rationale Analyse. Wenn wir das hier an einem einmaligen Erlebnis Dargestellte in einen Seinszustand projizieren, erahnen wir jene zerstörte Welt, die sich aus der Verfallenheit des Erlebnisses »als Erlebnis« ergibt. Die Suche nach Geborgenheit schlägt in eine Ungeborgenheit um. Der Drang nach Selbstbestätigung erweist sich als Verlust des eigenen Selbsts. Es gibt nur einen einzigen Ausweg aus diesem Zustand:

119. Rainer Maria Rilke: *Die Aufzeichnungen des Malte Laurids Brigge*, Leipzig: Insel-Verlag, 1931, Seiten 127ff.

Dasein in der Verantwortung

Durch einen persönlichen Entschluss kann diese (in der Selbstsuche sich selbstverlierende) Haltung überwunden werden. Dadurch, dass der Mensch anfängt, dem menschlichen Du in seiner Konkretheit zu antworten. Man erlebt die Beglückung, antworten zu können und zu dürfen. Man fühlt sich aufgerufen zur Hingabe: Indem und insofern der Mensch sich selbst »er-ledigt«, nicht das Eigene sucht, wird er des Reichtums eines personalen Gegenübers inne. Auch die Not fremden Schicksals berührt das Dasein innerlich. Nach und nach setzt sich ein neuer Bereich der Existenz zusammen. Immer entschiedener erfährt der Mensch, wie gebrechlich das Leben ist und wie wenig er aus eigenen Kräften ausrichten kann. Da versucht er einfach, da zu sein für den schlichten Dienst am Bruder im Alltag. Er sucht nach Auswegen für die anderen, nach Rat in menschlicher Ausweglosigkeit.

Dabei entsteht in ihm eine neue Welt von Werten und von Aufgaben. Um helfen zu können, muss man Übersicht haben, muss die Probleme an ihren Wurzeln anpacken. So entsteht ein System der Verantwortung, ein Bereich von Normen und Gesetzen. Um nicht wahl- und ziellos die Energien der Weltbewältigung zu vergeuden, errichtet der Mensch Normen des Verhaltens, Gesetze des Antwortens, ausprobierte Weisen des Sich-Verhaltens. Darin, in dieser abgegrenzten und verantworteten Welt kann er schöpferisch wirken, fremdes Schicksal mittragen, für die anderen wirkungsvoll da sein. Das Leben selbst erhält für ihn einen neuen Sinn, wenn es in diesem festgefügten Rahmen erblickt wird.

Freilich kann er nicht alle Einsichten, Normen und Begriffe, die er für die Bewältigung dieser Verantwortungswelt anwendet, selber überprüfen. Von selbst löst sich aber die Frage, da der Mensch sich von vornherein in eine überlieferte Kultur-, Sprach- und Begriffswelt hineingestellt findet. Deren Funktion ist es, ihm die Werkzeuge der Schicksalsbewältigung zu liefern. Das geschieht in Form von vorgeprägten Denk-, Gefühls- und Verhaltensschemata, in einer von der Gemeinschaft bereits ausgekundschafteten Welt der Werte. Abstufungen von Werten, Dringlichkeiten des Tuns, eine ganze Sphäre weltdeutender Bilder, ein System des Sollens und des Nicht-Dürfens stehen griffbereit. Sie kanalisieren, führen und vermitteln die Energien der individuellen Einforderung. In dieser Sphäre kann der Mensch leben.

Indem er aber sein Leben als Aufgabe übernimmt und die Bindungen des Daseins für sich selbst auch als verbindlich anerkennt, wird sein Leben fest und verankert. Er ist nicht mehr den Launen der Bindungslosigkeit und dem Augenblick preisgegeben. Vielleicht bezweifelt er gar nicht, dass es gut ist, sich der eingesehenen Ordnung zu unterwerfen und darin die ursprüngliche Liebe seines Herzens zu bewähren. Die Enttäuschung schleicht aber heran: Es ist eine Enttäuschung vom Leben selbst. Da beginnt der große Auszug des Menschen aus dem Bereich der Vorhandenheit.

Dasein im Auftrag

Dies ist die letzte Suche des Menschen, die Suche nach Sinngebung, also im Grunde die Suche nach Gott. Wohl nicht nach einem Gott der Begriffe, sondern nach dem Gott des eigenen Schicksals. Damit der Mensch hinausgehoben wird aus der Enge der Daseinsbewältigung, muss er erfahren haben, wie gebrochen jede Existenz vor Gott ist. Sprachlos, auf Antwort harrend schaut der Mensch in die *terra incognita* des Seins. Sein Fragen radikalisiert sich immer wieder in Sätzen, welche die zwei schicksalsträchtigsten Worte menschlicher Sprache enthalten: das »Warum« und das »Ich«.

Der Mensch steht wehrlos da, allein mit seinem Gott. Niemand, kein Mensch und keine Kirche, kein Freund und keine Weltanschauung wird ihm da helfen können. Nichts steht mehr zwischen ihm und seinem ewigen Du. Welche Antworten der Mensch von seinem Gott bekommt, vielleicht in der Form des Schweigens, sind uns verborgen. Jeder Mensch wird, aus seiner Seinskonstitution heraus, seine ewig-individuelle Antwort von Gott erhalten, und sei es erst im Tode. Schon vorher kann sich aber ein sehr tiefes Wissen um den Sinn des Daseins vollziehen. Vielleicht ist dieses Wissen noch gar nicht formulierbar. Doch der Mensch kann aus einer letzten Sicherheit heraus sagen: Es ist gut! Alles hat einen Sinn! Niemand ist für Gott verloren!

Wer solche Sätze ausspricht, den sollte man nicht weiter nach Grund und Begründung fragen und ihn auch nicht nach unseren Prinzipien beurteilen. Es ist vielleicht nicht eine »Wahrheit für uns«, die er ausspricht. Es ist eine Wahrheit für ihn allein. Als ob Gott die gesamte Schöpfung nur ins Sein gerufen hätte, damit dieser einzelne Mensch seine Antwort hören könne. Und in einem tiefen Sinn verhält es sich so: Dieser Mensch ist nun Gottes einzige Kreatur. Gottes Reichtum ist derart reich, dass Er Sich jedem Menschen ganz hingeben, nur für ihn da sein kann. Für einen zweiten Menschen auch und auch für einen dritten, für Millionen und Milliarden. Dies ist das Geheimnis Seiner Unendlichkeit und Unausschöpflichkeit.

Ein solcher Mensch, der sich in dieser Art als das einmalige Du Gottes erfahren hat, wird schlicht und demütig zu den Menschen zurückkehren. Er wird in Höflichkeit und Zurückhaltung dem Bruder und der Schwester begegnen. Er wird ihnen in einer letzten Gelassenheit helfen, damit sie auch den Weg zu ihrem Gott finden. Seine Sprache wird nicht auffallen. Vielleicht wird er keine neuen Thesen verkünden und keine neuen Themen der Weltbewältigung entwerfen. Seine eigentliche Wirksamkeit wird anderswo liegen: in der Durchsichtigkeit seines Lebens auf Gott hin. Auch in der stillen Freude seines Wesens und vielleicht auch in seiner Resignation, die um die Sonderbarkeit alles Menschlichen weiß und sie annimmt. In zurückhaltender Bereitschaft wird er gegenwärtig sein, um die vordergründigen Gegensätze zu versöhnen. Und wenn er es nicht tun kann, wird er bereit sein anzuhören, zu verstehen, Leid und Not mitzutragen, Schicksal mitzuerleben.

Was bleibt uns am Ende noch übrig? Vielleicht nur ein letztes Wagnis des Suchens nach Gott. Oder: unsere Redlichkeit und Maskenlosigkeit vor dem Absoluten. Das Evangelium beschreibt diesen »Rest unseres Lebens« folgendermaßen:

Dasein als Wagnis

Es wird uns berichtet, wie *Jesus über die Wellen wandelt.* In ihm erscheint die Freude unserer gottsuchenden Existenz. Nach der Speisung der Fünftausend stieg Jesus den Berg hinan, um für sich allein zu beten. Er schickte die Jünger mit dem Boot an das andere Ufer. Das Boot wurde dann, schon weit vom Lande entfernt, von Wogen bedrängt. Es herrschte Gegenwind. Da kam Jesus, auf dem See wandelnd, auf sie zu. Als die Jünger ihn sahen, meinten sie: Ein Gespenst. Sie schrien vor Furcht. Sogleich redete Jesus sie an:

»Mut! Ich bin es! Fürchtet euch nicht!« Da beginnt aber die eigentliche Geschichte. Petrus fasst Mut und ruft Jesus entgegen: »Herr, bist du es, so heiße mich, zu dir über das Wasser zu kommen!« Jesus sprach: »So komm!« *Petrus nimmt seinen ganzen Mut zusammen,* um das Boot, darin seine Freunde, ja die ganze angehende Kirche sich befinden, zu verlassen. »Da entstieg Petrus dem Boot und schritt über das Wasser, um zu Jesus zu gelangen. Als er aber den starken Wind sah, geriet er in Angst. Da fing er an zu sinken. Er schrie: ›Herr, rette mich!‹ Sogleich streckte Jesus seine Hand aus, fasste ihn und sprach zu ihm: ›Kleingläubiger, warum hast du gezweifelt?‹ Als sie in das Boot gestiegen waren, legte sich der Wind« (Mt 14.22–32).

In diesem Bild sind vier Elemente des menschlichen Suchens nach Gott angedeutet: das Erscheinen Gottes, das Wagnis des Menschen, die Rettung durch Gott, das Zurückschicken in die Gemeinschaft. Versuchen wir, diese vier Elemente ein wenig zu erläutern.

(a) *Das Erscheinen Gottes.* Petrus war ein Sünder. Er hat Christus dreimal verleugnet. Die Sünde ist wohl Fernsein und Nicht-durchdringen-Können zu einer wesenhaften Nähe. Sie ist etwas Freudloses, Gleichgültiges und Selbstsüchtiges. Sie ist das müde und hoffnungslose Dasein. Christus ist gekommen, um uns von alldem zu befreien. Mit allerletzter Kraft muss sich der Mensch in die Arme Gottes werfen: hinaus aus unserer kleinen Welt, aus unserer Verzweiflung und Verstörtheit. Die Sünde seines Lebens beging Petrus, als er von Jesus sagte: »Ich kenne diesen Menschen nicht, von dem ihr redet.« Doch raffte er sich sogleich auf: »Da brach er in Tränen aus« (Mk 14.66–72). Um sein Wagnis zu verstehen, ist es gut, zu wissen, dass Petrus im Grunde seiner Seele ein Schwächling war. Aber gerade ihm ist Gott erschienen. Christus hat die Jünger im Boot allein gelassen. Sie gerieten so in eine verzweifelte Lage. Gegenwind trieb ihnen entgegen. Die Wogen prallten gegen das Boot. Da erblickten sie eine Gestalt über den See wandelnd. Dadurch wurde ihre Bedrängnis nicht gemildert: Sie erkannten Jesus nicht, sondern schrien vor Furcht: »Ein Gespenst!« Es ist also möglich, dass Gott uns erscheint und wir Ihn für ein Gespenst halten, unwirklich und ohne bleibenden Bestand. Vielleicht haben die Christen nur die eine Aufgabe in der Welt, den Menschen durch ihr Leben zu beweisen, dass es keine endgültige Verzweiflung gibt, dass der Mensch noch hoffen kann, vielleicht »gegen alle Hoffnung«. Es ist wirklich schwer, daran zu glauben, dass Gott für die Sünder Mensch geworden ist, für die Bedrückten und für die Getretenen. Für die Menschen, die in Augenblicken der Ehrlichkeit eingestehen, dass sie verloren sind. Einen solchen Gott anzuerkennen, bedeutet wirklich Wagnis.

(b) *Das Wagnis des Menschen.* Auf das Wort Jesu stieg Petrus in die Fluten. Die Tiefe des Wassers und seine Unbeständigkeit ist eine menschliche Grunderfahrung. Im Wasser leben gefährliche Wesen. Der Mensch hat Angst vor ihnen. Im Grunde bedeutet aber diese Angst, dass der Mensch nicht daran glauben kann, dass es eine restlose Liebe und eine endgültige Geborgenheit gibt. Nun steht aber Jesus vor Petrus: ein Mensch, der sein Leben darin verwirklicht hat, dass er nur Verständnis und Güte darlebte; der vor allem darin groß war, dass er in alle Beengungen des Lebens einging. Er half den Kranken, brach das geknickte Rohr nicht, hat den glimmenden Docht nicht gelöscht. In ihm erschien die Güte und die Barmherzigkeit Gottes in unserer Mitte. Von ihm ging die Verheißung aus: »Ich habe dir eine offene Tür gegeben, die niemand mehr schließen kann« (Offb 3.8). Kraft dieser Verheißung überwindet nun Petrus seine Angst vor den Fluten.

(c) *Die Rettung durch Gott.* Petrus rief nach Jesus. Wahrscheinlich wusste er nicht so recht, wer er in Wirklichkeit sei. Erst nach der Auferstehung gingen ihm die Augen auf. Er wusste aber, dass er ohne Christus nicht leben könnte. Zu diesem Menschen sagte er: »Heiße mich, zu dir über das Wasser zu kommen!« Ich weiß nicht mehr, wer ich bin und wer du bist. Nur das eine weiß ich mit Sicherheit, dass du mich nie verlassest. Du hast zu uns gesagt: »Wohl sollen wir mit unserem Herzen Zwiesprache halten. Aber vor Gott. Wenn uns dann unser Herz verurteilt, dann ist Gott eben größer als unser Herz« (1 Joh 3.20). Am Ende meines Nachdenkens weiß ich doch eines: Du bist barmherzig, und ich bin ein Sünder. Gerade meine Ohnmacht macht mich aber zu deinem Freund. Deine Treue steht über allem in meinem Leben. In Deiner Güte bin ich ewig geborgen. Alles hängt nun davon ab, ob ich das Wort ausspreche: Du, mein Jesus, wer du auch immer bist, sei mir gnädig. Die Wellen und die Wogen lenken aber Petrus bald von dieser Hingabe ab. Die Angst bemächtigt sich wieder seines Wesens. Und da beginnt er zu sinken. Glücklicherweise ist aber Jesus schon ganz nahe. Petrus kann noch die Arme ausstrecken, die rettende Hand fassen, sich wieder aufrichten lassen. Er hat gezweifelt für einen Augenblick, aber sein Gott stand ihm bei.

(d) *Zurückschicken in die Gemeinschaft.* Petrus hat die Macht Gottes erlebt. Er hat seine persönliche Gotteserfahrung gemacht, außerhalb von Begriffen, Formulierungen und Systemen. Diese Erfahrung war das Innerste, aber auch das Verborgenste seines einmaligen Schicksals. Dieser Gott wollte aber auch der Gott seines Bruders werden. Es ist gleichsam eine langsame und stille Geburt des Bildes Gottes aus der Seele der Menschheit. Was wollte Jesus in uns erreichen? Wo immer der »Gott meines Lebens« erfahren, gleichsam aus den Tiefen der Seele ausgegraben wird, da erschaut der Mensch in seinem eigenen Dasein eine Richtung. Da weiß der Mensch, dass er nicht verlassen ist. Er weiß auch, dass selbst bei all seinen Umwegen und Irrungen er auf einem festen Grund steht. Wo immer der innerlich erfahrene Gott den Menschen mit Seiner Gegenwart überwältigt, da kommt es zur Verinnerlichung und zur Vermenschlichung des Menschen. Da wird dem Menschen immer neu ein Weg eröffnet, damit er wenigstens genug Kraft für die nächsten Schritte hat. Nun versteht der Mensch: Christus hat uns nicht vom Leid erlöst, sondern von der Verzweiflung. Denn er sagte: » Ich bin bei euch alle Tage.« Gerade dies war der Sinn und der Zweck der einsamen Christuserfahrung von Petrus. Sein Gott sollte eine Offenbarung Gottes für seine Brüder werden.

Ungezählte Menschen leben heute in Gottes Gegenwart. Wir sollten zu diesen Bescheidenen und Demütigen gehören, in denen die Gegenwart Gottes zur erlebten Gottesnähe wird. Dass wir in ruhiger Besinnung den Gott unseres Lebens und unsere erste Liebe zu Ihm dankbar und bescheiden neu erleben dürfen. Nach diesen Meditationen sollte Gottes Barmherzigkeit das letzte Wort haben. Sie ist ein Erbarmen, das uns erschienen ist in Jesus Christus, im Freund aller Bedrückten. Dem Bruder und der Schwester – falls er oder sie von uns eine Belehrung brauchen – sollten wir nur sagen: »Sprich nicht viel davon, was du erfahren hast. Wenn aber jemand in deiner Nähe in Not ist, dann sage es ihm.« Unser Gott versprach uns kein leichtes Leben. Das ist nicht der Sinn Seiner Botschaft. Aber eines hat Er uns allen versprochen, dass wir Ihn, selbst in den größten Schwierigkeiten unseres Lebens, finden können, oder wenigstens einem Menschen begegnen, der uns versteht. Unser Glaube ist ein Auftrag für die Welt. Es wird sicherlich der Alltag kommen. Aber Gott hat uns in diesen Alltag hineingestellt. Er ist unser Wagnis.

Gedanken über das Christliche

LADISLAUS BOROS · GESAMTAUSGABE

Die Erstausgabe erschien
1973 im Verlag Josef Knecht, Frankfurt a. M.

124

Inhalt

Vorwort

Diese Sammlung ist eine Zusammenstellung von Beiträgen, die zuerst im *Ruhrwort* unter dem Titel »Auf dem Weg« im Jahre 1972 erschienen sind. Es ist dazu nichts weiter zu sagen, als was die Redaktion zu dieser Reihe erwähnte:

> Ein Mensch verliert sich, wenn er seine Mitte verliert. Ein Mensch hat keine Zeit, wenn er sich nicht Zeit nimmt, Zeit zu haben. Ein Christ weiß nicht mehr, warum er Christ ist, wenn er unter Christsein bloß Aktivsein versteht. Das sehen heute viele ein. Nur – was können sie tun, um wieder zur Mitte zu finden, Zeit zu haben, als Christen aus einer Mitte heraus zu leben?
>
> Ein Mensch, der wirklich Mensch sein will, sucht und braucht eine Antwort. Darum bat das *Ruhrwort* einen Theologen, der bereits vielen Menschen *auf diesem Wege* geholfen hat, in loser Folge über das zu schreiben, worüber ein Christ in Gebet und in Betrachtung nach- und tiefdenken soll. Pater Ladislaus Boros, in Ungarn geborener Jesuit, der in der Schweiz im Kreise jener Jesuiten lebt, die in der *Orientierung* ihr publizistisches Organ haben [...], schreibt in diesen Berichten über die christliche Innerlichkeit.

Obwohl diese Worte für mich persönlich ein wenig schmeichelhaft sind, muss ich ihnen beipflichten. Die Aussagen, wie sie dastehen, stimmen genau. Doch möchte ich meine Leser bitten, all das, was ich sage, nicht als eine letzte und endgültige Aussage zu verstehen, sondern eher als eine Aufforderung zu weiterem Nachdenken und gemeinschaftlichem Suchen nach der einen Wahrheit, die unser Gott ist.

Zürich, Herbst 1972

LB

Was und wie ist das »Reich Gottes«?

Jesus ist gekommen, um den Gott zu offenbaren, Der der Welt gegenüber souverän ist. Um uns zu sagen, was Gott von uns hält, wie wir vor Ihm stehen und was Er von uns fordert. Um uns zu verkünden, was Gott willens ist, an uns zu tun. Er kündigt uns die Gnade, die Erlösung und die neue Schöpfung an. Und Christ werden bedeutet grundsätzlich, *Gottes Tun auf Christi Wort hin zur letzten Grundlage und zum entscheidenden Maßstab der Existenz zu nehmen* – gleichgültig, was man dabei erlebt. Ob man sich dabei vertieft oder nicht; ob man dabei harmonisch oder zerrissen, vollkommen oder fragmentarisch wird.

Um das Gesagte zu verdeutlichen, müssen wir uns jenem Begriff zuwenden, der den Inhalt von Jesu Wirken ausmachte, *das »Reich«*. Christi ganzes Denken, sein Tun und sein Schicksal kreisten um das Reich. Zwei Aussprüche aus der Offenbarung Christi geben uns Weisung: »Die Zeit hat sich erfüllt und das Reich Gottes ist herabgekommen« (Mk 1.15), und: »Das Reich Gottes kommt nicht mit äußerem Gepränge. Man kann nicht sagen: Siehe, es ist hier oder dort. Das Reich Gottes ist inwendig in euch« (Lk 17.20–21).

Es wäre für Christus leicht gewesen, die Welt zu verzaubern. Er wählte aber das *Kleinsein* und die *Hingabe.* Ein inneres Reich entstand in dieser Wahl, das Reich des Herzens, die Seinsdimension der christlichen Innerlichkeit. Für alle wollte Christus Bruder sein, allen eine Hoffnung schenken, als Freund der Bedrückten in der Unscheinbarkeit leben, in die Beengung alles Menschlichen eingehen. Mit der gesammelten Kraft seiner gottmenschlichen Wirklichkeit ging er in das Wagnis hinein, ein innerlicher Mensch zu sein; von innen her zu leben, ohne Doppelrolle, ohne den anderen etwas vorzuspielen; da zu sein für die Entrechteten und Bedrückten; im Kreis der Getretenen zu stehen; das Elend und die Kraftlosigkeit des Menschen auszuhalten. Während seiner öffentlichen Tätigkeit hat er nie Wunder gewirkt aus Laune, zu seinem eigenen Nutzen oder aus Sucht nach Volkstümlichkeit. Er wollte eine innere Dynamik, die im Verborgenen wirkt, in die Welt einstiften. Ein Prinzip des Lebens wollte er in uns erschaffen, aus dem im Geheimen die formenden und umwandelnden Kräfte ausgehen. Ihm schwebte eine Revolution unserer ganzen Existenz, auch unserer natürlichen Innerlichkeit vor. Es ging ihm nicht darum, Lösungen für Fragen zu finden, die der Mensch selbst beantworten kann. Er ist zu uns gekommen, damit alle einen Freund haben; einen Bruder, der Frieden stiftet, der die Gegensätze aussöhnt und für alle ein gutes Wort findet. Versuchen wir nun, diese denkerisch noch unartikulierte Schau der Existenz Christi auseinanderzufalten.

An erster Stelle bemerken wir in seiner Verkündigung: Er verlangte von all denen, die mit ihm sein wollten, dass sie *niemanden hassen,* Böses nicht mit Bösem vergelten. Er forderte sie sogar auf, dass sie ihre Feinde lieben. Allen wollte er eine Hoffnung schenken. Deshalb verteidigte er die Sünder vor den sogenannten Gerechten, nahm die Kinder und die Wehrlosen in Schutz. Er trug eine schlichte Achtung für die Kreatur, eine zarte Aufmerksamkeit für das Leben in sich. Das war die Daseinsweise Christi: ein einfaches, unaufdringliches Leben. Er hat die Kraftlosigkeit nicht aus Schwäche geliebt, sondern sie auf sich genommen, um allen eine Nähe zu schenken. Ein Reich Gottes, das diese Eigenschaft des Nichthassens nicht verwirklicht, gibt es nicht.

An zweiter Stelle: Christus hatte auch Freude an den kleinen Dingen des Alltags, an einem guten Mahl, an einem erfrischenden Trunk, an einer schönen Wanderung und an einer ehrlichen Freundschaft. Den Menschen begegnete er immer in der *Unscheinbarkeit,* um sie nicht zu blenden. Auch in seinem Leid war er nicht »großartig«. Er schrie, schwitzte Blut, fühlte sich ausgehöhlt und verlassen. Einem Zusammenbrechenden hat er noch in der letzten Stunde Hoffnung gegeben: »Heute noch wirst du mit mir im Paradiese sein« (Lk 23.43). Eine Jugend des Geistes, eine Furchtlosigkeit vor den Mächten und Gewalten dieser Welt (auch vor den innerlichen Mächten), eine Frische des Lebens und eine heilige Umwandlungsfähigkeit walteten in ihm. Sein Dasein war eine einzige frohe Botschaft. »Dies habe ich zu euch geredet, damit meine Freude in euch sei und eure Freude vollkommen werde« (Joh 15.11). Die Früchte seines Geistes sind: »Freude, Friede, Geduld und Freundlichkeit« (Gal 5.22). Die Apostel erfassten das Christusnahe menschlicher Existenz in der Forderung: »Frohlocket in unaussprechlicher, verklärter Freude« (1 Petr 1.8). Ein Reich Gottes, das großartig ist, keine Freude hat, nicht mit Friede und Geduld erfüllt ist, das nicht durch Freundlichkeit beherrscht wird, ein solches Reich gibt es nicht.

An dritter Stelle: Christus strebte danach, *namenlos* zu sein. In seinem Leben brach jene Fülle der Einsamkeit auf, die den Abgründen, Gipfeln und Meeren eigen ist. Wer zum Wesen des Geheimnisses vorstoßen will, muss lange allein bleiben, um überhaupt auf das Wesentliche hin sich sammeln zu können. Aus der Einsamkeit Christi erwuchs sein Wort. Er war allein in der Reifung, allein bei der Versuchung, völlig auf sich gestellt bei den größten Taten seines Lebens. In absichtslosem Hinschauen auf das Wesen der Dinge erspürte er, wie diese Dinge sind. Er verstand es, die Welt innerlich zu erleben. Seine Rede war erdhaft, vom Gleichnis durchflossen wie vom Blut. Etwas Ruhiges und Abgeklärtes webte in seinem Wesen. Zeugnis davon ist sein dinghaftes und zugleich auf das Absolute hin aufgebrochenes Sprechen, ein Reden in der Selbstverständlichkeit und Kargheit. Ein Reich Gottes, das ein Reich der großen und berühmten Namen ist, gibt es nicht.

An vierter Stelle: Christi Existenz war von einer großen Stille beherrscht. Seine Seele war horchend. Sein Inneres schwieg, drängte sich nicht vor. Dadurch überwand Christus in seinem Leben die Macht der Gewohnheiten und der Abstumpfung. Er schuf in seiner Seele einen Raum für die Begegnung. Er war *vorbehaltlos empfänglich.* Es ist vielleicht nicht die tiefste und bedeutungsvollste Aussage der Christologie, dass die Freunde Christi ihn einen »guten Menschen« nannten. Wer aber – vielleicht in bitterer Erfahrung – erlebt hat, was existenzielle Güte bedeutet, der weiß, dass nur ein Gottmensch fähig ist, sie restlos zu verwirklichen. Ein Reich Gottes, das nicht gütig ist zu den Menschen, gibt es nicht.

An fünfter Stelle: Die Familie Christi, das Geschlecht, aus dem er kam, war verarmt. Christus gab sich keine Mühe, es wieder aufzurichten. Seine Armut war aber eher eine *Anspruchslosigkeit.* Was er tat und was ihm widerfuhr, hatte den Charakter eines seltsamen Misserfolges. In der Existenz Christi fehlte all das, was Verstandensein heißt. Beim Lesen des Evangeliums entsteht der Eindruck einer bitteren (aber nicht verbitterten) Eingeschlossenheit, einer Stummheit trotz des Sprechens: »Die Finsternis hat das Licht nicht begriffen« (Joh 1.5). Christus hat die Unerbittlichkeit seines Schicksals auf sich genommen. Das existenzielle Nichtangenommensein und Nichtanerkanntsein erreichte im Tod eine absolute Grenze als er in der Gottverlassenheit starb. Ein nichtanspruchloses Reich Gottes gibt es nicht.

Das Reich Gottes ist demnach keine »feste Ordnung«, die steht, sondern etwas Lebendiges, das herankommt. Es war lange fern, hat sich dann genähert und ist nun so nahe, dass es verlangt, aufgenommen zu werden. Reich Gottes bedeutet einfach, dass *Gott in uns herrscht.*

Bedrückend: Gott weiß alles – und schweigt

Gefahren und Verheißungen

Die heutige Menschheit, wie sie geschichtlich geworden ist, lebt nicht mehr in einer allseitigen Gottoffenheit. Sie existiert nicht mehr in jenem Zustand, in dem sie in allen Dingen und Ereignissen Gott nahe sein würde. Sie geht nicht mehr Hand in Hand mit ihrem Schöpfer. Sie hat sich – wo, wann und wie, das können wir hier nicht näher untersuchen – in einen Daseinsraum geworfen, in dem sie Gott nicht mehr unmittelbar erfährt, in dem Gott nicht mehr an allen Ausgängen ihres Lebens steht. Deshalb sollte der Christenmensch seine gewohnte Lebenssphäre aufbrechen, um Gott dem Jenseitigen wieder nahe zu sein.

Die eben angedeutete Schwierigkeit des Betens heute entspricht genau einer erfahrenen Situation: Gott ist schweigsamer geworden. Wir möchten hier nicht darauf hinweisen, dass Er mit keinem Machtwort in die Wirrnisse unserer Zeit hineingreift; das wäre gar nicht nach Seiner Art. Eines ist uns aber allen bekannt und bedrückt uns oft unsäglich: Gott sieht alles, hört alles, weiß alles und – Er schweigt. Wie gern möchten jene stillen Menschen, die in ihrer Hingabe, in ihrem eintönigen Leben unzählige gute Werke vollbringen, nur ein einziges Mal Seine Stimme hören, um das Gute anzuerkennen, um die Seinen zu ermutigen! Aber Gott schweigt. Gebrochene Existenzen schreien nach Hilfe in ihrer Einsamkeit, die sie erdrückt. Oft gibt ihnen Gott kein Zeichen Seiner Nähe, sondern bleibt stumm. Die Beispiele ließen sich vermehren. Dann stand eines Tages der Gottessohn vor seinen Feinden. Sie klagten ihn an, verurteilten und verhöhnten ihn. Und Gott schwieg auch dazu. Am Kreuz betete Christus mit lauter Stimme. Sein herzzerreißender Schrei war ein Zeichen der Angst:

»Mein Gott, mein Gott, warum hast Du mich verlassen?« (Mk 15.34). Selbst da schwieg Gott. Die Tatsache des Schweigens Gottes ist nicht neu. Sie scheint uns heute aber mehr zu bedrücken, weil sie in unserer Zeit aufs Äußerste zugespitzt ist. Mehr denn je müssen sich die Menschen mit diesem Geheimnis auseinandersetzen. Deshalb wohl die bange Frage unserer Unfähigkeit: Hat es überhaupt noch einen Sinn, zu einem schweigenden Gott zu sprechen, zu Ihm zu beten?

Der Schrecken vor einer vermeinten Abwesenheit Gottes, die Unbegreiflichkeit Seines Schweigens, die wir heute qualvoll erleben, lassen uns nur fühlen, was wir immer schon gewusst, aber vielleicht nicht ernst genug genommen haben, dass nämlich Gott unsäglich erhaben ist über alles, was außer Ihm besteht und außer Ihm gedacht werden kann. Auf diese Frage können wir am Anfang noch keine Antwort wagen. Sie wird im Laufe unserer Untersuchungen – so hoffe ich – eine allmähliche Klärung finden. Anderseits gehört aber auch zu unserer Gebetssituation: Trotz des bedrückenden Schweigens Gottes *ist der Christ auf das Gebet angewiesen.* Mag das christliche Leben noch so offen sein für Kirche und Welt, mag es noch so viel Gutes verrichten, zahllose Not lindern, mag seine irdische Hingabe noch so selbstlos sein, ist es aber nicht offen auf Gott hin, so fehlt ihm etwas Entscheidendes.

Irgendwie gebunden sind wir alle. Keiner von uns ist ganz beweglich und ganz biegsam in den Händen Gottes. Darum sollen wir alle zu Ihm flehen: Herr, gehe nicht vorüber, bis ich aufgemerkt habe auf Dein Kommen! Herr, höre nicht auf zu pochen an meiner Türe, zu schlagen und zu stoßen wider mich, bis ich Dir aufgemacht habe. Das ist die Stille der bereitwilligen Menschen. Ihr ganzes Wesen ist ein einziges Ja zu Gott. Die fruchtbarsten und hinreißendsten Menschen sind immer auch die Stillsten, jene, die gelernt haben, auf Gott zu horchen.

In das Innerste der christlichen Existenz gelangt man nicht, wenn man redet, sondern nur, wenn man schweigt. Wenn man sich sammelt, der innere Raum sich öffnet und darin die heilige Gegenwart Gottes sich kundtut. Dieses Stillsein muss man lernen. Wir müssen uns gegen das endlose Gerede und Gedröhn wehren, das durch die Welt geht. Der äußere Lärm bildet aber nur die erste Hälfte, und vielleicht nicht einmal jene, die am schwersten zu durchstoßen ist. Die andere ist die innere: das Getriebe der Gedanken, das Herumfahren des Begehrens, die Unruhe und Ängste des Gemütes, die Wand der Stumpfheit. So sieht es in unserem Inneren aus, wie der vom Geröll zugeschüttete Brunnen. Zu einem recht gefügten Leben gehört auch die Übung, schweigen zu lernen. Sie fängt damit an, dass man wirklich den Mund hält, wo immer das Vertrauen eines anderen, die Pflicht des Berufes, die Achtung vor fremdem Leben es erfordert. Das sollte für einen Christen selbstverständlich sein. Das ist aber nur der Anfang. Wir müssten uns auch daran gewöhnen, dass wir schweigen, auch wenn wir reden dürften, dass man sich überhaupt bemüht, die Redesucht, das Existieren im Gerede zu überwinden. Wieviel Überflüssiges sagen wir im Lauf eines Tages; und wieviel Törichtes. Wir müssen lernen, dass das Schweigen schön, dass es keine Leere, sondern echtes und volles Leben ist. Auch dies ist noch nicht alles: Das äußere Schweigen genügt noch nicht. Wir müssen die innere Stille erlernen, das ruhige Verweilen bei einer ernsten Frage, einer wichtigen Aufgabe, dem Gedenken an einen Menschen, an dem uns liegt. Dabei werden wir eine große Erfahrung machen, dass es nämlich die innere Welt der Menschen gibt und dass es darin immer tiefer hineingeht. Schließlich die Stille vor Gott. Vor Ihm, Dem Übergroßen, Dem jede Fähigkeit des Denkens und Fühlens Übersteigenden, versagen alle Bilder, die etwas Erregtes und Lautes an sich haben.

Das öffentliche Leben Christi hat, wenn es hochkommt, drei Jahre gedauert. Manche sagen, nicht einmal zwei. Wie klein war diese Spanne Zeit! Aber wie bedeutungsvoll waren dann die dreißig Jahre vorher, und die Zeiten während seines Wirkens, in denen er nicht lehrte, nicht kämpfte, nicht Wunder wirkte. Es gibt im Leben Christi kaum etwas, das den gläubigen Sinn stärker an sich zöge als das Schweigen und die Stille Christi. Wir müssten unser Ohr für die Stimme dieses Schweigens öffnen und uns mit dem ungeheuren Geschehen im Inneren Jesu in ehrfürchtige Fühlung bringen. Für ihn hatte immer das Schweigen vor der Rede, die Reinheit vor dem Erfolg, die Großmut der Liebe vor der Leistung des Werkes Vorrang. Ist das nach innen gewendete Leben nicht frommer Müßiggang? Keineswegs! Von jener kurzen Zeit, in der er wirkte, gehörte ein guter Teil dem inneren Leben. Die Evangelien, die ja nur Bruchstücke geben, berichten von wichtigen Ereignissen, da er betete und die Entscheidungen fällte »abseits in der Stille« oder auf »einem Berg« (Mk 1.35, 6.46). Denken wir nur an die Wahl der Apostel, oder an die Stunde auf Gethsemane. Christi äußeres Tun war vom Schweigen und von der Stille ganz unterfangen. Das begründet ein Gesetz im Leben des Glaubens überhaupt. Und je heftiger der Kampf geht, je lauter das Wort gesprochen, je bewusster Werk und Organisation betrieben werden, desto notwendiger ist es, sich daran zu erinnern. Einmal werden die lauten Dinge verstummen. Alles Sichtbare und Hörbare wird ins Gericht kommen. Einst werden die Dinge richtiggestellt. Was jetzt schweigt, wird als das Starke deutlich werden. Was verborgen ist, als das Ausschlaggebende. Was nicht von einem stillen Innen aufgebaut wurde, wird zerfallen. Nur das wird in die neue, ewige Schöpfung eingehen, was von innen her getragen ist. Und der Prozess Jesu? Er kämpft nicht; er widerlegt nicht; er greift nicht an! Er wirbt vor allem um niemanden! Er sagt sogar im gegebenen Augenblick genau das, was den Gegnern wichtig ist, damit er vernichtet werde. Er sucht nichts abzuwenden! Aber sein Schweigen ist weder Schwäche noch Verzweiflung. Es ist heilig gesammelte Gegenwärtigkeit und vollkommene Bereitschaft.

Neu beginnen – können wir immer

Einer der wichtigsten Begriffe christlicher Lebensbewältigung heißt »Vorsehung«. Leider gehört er nicht zu jenen Urworten, in denen die religiöse Erfahrung unserer Epoche sich verdichtet, die man heute nur auszusprechen braucht, um unmittelbar verstanden zu werden. Schon in der Bibel, dann aber im Laufe der Frömmigkeits- und Glaubensgeschichte zeigt sich eine Vielfalt von wechselnden, einander ablösenden Urworten, die jeweils einen gnadenhaften Zugang zur Offenbarung bilden. Solche Schlüsselworte sind heute: »Bruder«, »Nächstenliebe«, »Zukunft«, »Hoffnung« und andere mehr. Das Wort »Vorsehung« suchen wir vergebens auf dieser Liste. Dennoch gehört es zu jenen Wirklichkeiten, die einen wesentlichen Aufschluss darüber vermitteln, was der betende Mensch in seinem endlichen Sein und Gott in Seiner Güte ist. Keine Epoche der Heilsgeschichte war auf das, was im Vorsehungsbegriff gemeint ist, mehr angewiesen.

Der heutige Mensch lehnt sich instinktiv gegen die *Ungerechtigkeit* auf. Ungerecht wäre aber eine Vorsehung, die sich im Rahmen eines magischen Weltbildes ausdrückt. Magie will Gottes Kraft in ihre Dienste zwingen, während sich die christliche Haltung ihr unterwerfen will. Die Einwände eines erbitterten Menschen gegen eine solche Vorsehungsauffassung tönen gelegentlich scharf. Einige haben den Trick herausgefunden. Alles geschieht nach ihrem Wunsch. Wäre die Vorsehung nichts anderes als eine Indienststellung Gottes zum handfesten Gebrauch des Alltags (das heißt Magie), dann wäre sie eine Regung des selbstsüchtigen Herzens. Auch Gott hat eine solch magische Vorstellung der Vorsehung verurteilt. Das Buch Hiob handelt von nichts anderem. Im christlichen Seinsverständnis hat der Satz: »Wem es gut geht, der ist ein besserer Mensch«, keinen Platz. Oft ist nämlich das Gegenteil wahr. Es gibt gottergebene Menschen, die ein erfolgloses Leben verbringen, die jedem Unglück begegnen, die immer dort stehen, wo der Blitz einschlägt. Die Botschaft der Vorsehung ist eine Wahrheit Gottes. Demnach ist sie eine Kunde von Freude und Befreiung. Sie ist an die Freunde Gottes, das heißt an die Bedrückten und Geängstigten ergangen. Sie besagt im Grunde: Wenn du niemanden mehr hast, um dir zu helfen, wenn du keinen Ausweg mehr siehst, denke an Gott. Er ist immer bei dir und steht zu dir.

Demnach könnte (und müsste) man sich ernsthaft fragen, ob die Botschaft der Vorsehung nicht dasselbe bedeutet (inhaltlich) wie jene Wirklichkeit, die Paulus *»Hoffen wider Hoffen«* nennt. Von Abraham heißt es: »Wider alle Hoffnung hat er gehofft im Glauben« (Röm 4.18). Die Unglücklichen sind Lieblinge Gottes. Gerade sie, weil sie ohne Gott keine Hoffnung mehr hätten. Somit würde – meiner Ansicht nach – die Vorsehung in einem Wandel der Gesinnung, in einem innerlichen Umdenken bestehen. Nicht so sehr darin, dass Gott auf wunderbare Weise in unser Leben eingreift, Bedrohungen wegschafft, Angriffe zunichtemacht. Sie bedeutet wesentlich: Es gibt einen letzten Ausweg. Vielleicht bleibt alles beim Alten. Vielleicht weicht die Bedrohung nicht. Vielleicht muss der Mensch seine Ängste weitertragen. Trotzdem hat sich alles geändert: In alldem und durch all das erscheint die Güte Gottes. Der Mensch kann nun sagen: Es tut zwar weh, aber im Grunde zählt es nicht.

Leider kann nicht bestritten werden, dass es in der Bibel eine Oberflächenströmung gibt, die dieser Vorsehungsauffassung zuwidorläuft. Da wird oft den Frommen Erfolg verheißen, Sieg über die Feinde, Eroberung und Sicherheit. Aber: In der Tiefströmung der Offenbarung erwartet Israel etwas anderes. Es harrt auf eine *»Tröstung im Unheil«*, hofft auf einen Ausweg aus der Bedrängnis. Dies findet in den prophetischen Büchern und in der Weisheitsliteratur seinen Ausdruck: »Fürchte dich nicht, denn Ich erlöse dich. Ich rufe dich beim Namen. Mein bist du!« (Jes 43.1). »Du bist teuer vor Meinen Augen, wertvoll und geliebt« (Jes 43.4). »Müsste ich wandern durch finsteres Tal, ich fürchte kein Unheil. Du bist ja bei mir« (Ps 23.4). »Jahwe ist mein Licht und mein Heil! Wen habe ich zu fürchten? Jahwe ist meines Lebens Hort! Vor wem sollte mir bangen?« (Ps 27.1). »Wer auf Mich hört, der wohnt sicher, ohne Bangen vor den Schrecken des Unheils« (Spr 1.33). »Wenn du dich schlafen legst, schreckst du nicht auf. Bist du eingeschlafen, so schlummerst du süß. Du brauchst dich nicht zu fürchten vor plötzlichem Grauen« (Spr 3.24–25). Aus diesen Verheißungen Gottes erwächst in Israel eine neue Dimension des Glaubensverständnisses: die Gelassenheit des Vertrauens in Not. Für die Deutung des Vorsehungsbegriffes ist es von entscheidender Wichtigkeit, dass Gott diese Menschen hart prüfen ließ und von ihnen die Schläge des Schicksals nicht abwendete. Er verlangte vielmehr von ihnen, dass sie selbst in Zeiten der äußersten Not Ruhe bewahren, als ob Er ihnen sagte: Das Letzte und das Wichtigste deines Seins kann dir niemand nehmen, es ist in Meiner Barmherzigkeit für ewig aufgehoben; es gibt keine »Proletarier« des Heils; selbst wenn alles zusammenbricht, Meine Verheißung, der Himmel, steht für dich immer noch offen.

Der Jubel des inneren Befreitseins, das *Trotzdem und Dennoch* des Gottvertrauens, bricht im Neuen Testament mächtig hervor: »Wer kann uns trennen von der Liebe Christi? Not, Drangsal, Verfolgung, Hunger, Blöße, Gefahr oder Henkersschwert? Ich bin dessen gewiss: Weder Tod noch Leben, weder Engel noch Gewalten, noch Mächte, weder Gegenwärtiges noch Zukünftiges, weder Hohes noch Tiefes, noch überhaupt etwas in der Welt wird uns zu trennen vermögen von der Liebe Gottes, die ist in Christus Jesus, unserem Herrn« (Röm 8.35–39). In diesem Text findet die Lehre über die Vorsehung ihren gedrängten Ausdruck: Keine Macht der Welt, keine äußere Bedrohung, keine Sünde, kein Verschulden, keine psychologische Verstrickung können über die Macht der Gnade endgültig siegen.

Gegen alle vorläufigen Evidenzen unserer Welt, selbst gegen das eigene Herz, das uns anklagt, beunruhigt und kleinmütig macht, soll der Christ dem Gefühl der Zuversicht, des endgültigen Gerettetseins zum Durchbruch verhelfen: »Wohl sollen wir mit unserem Herzen Zwiesprache halten. Aber vor Gott. Wenn dann unser Herz uns verurteilt, wohlan: dann *ist Gott eben größer als das eigene Herz*« (1 Joh 3.19–20). Tiefer noch dringt die Verheißung des Römerbriefes in das Geheimnis der Vorsehung ein: »Denen, die Gott lieben, gereicht alles zum Guten« (Röm 8.28). Ohne Einschränkung, ohne Vorbehalt steht dieser Satz in der Offenbarung. Aurelius Augustinus fügt mit logischer Folgerichtigkeit in seinem Kommentar hinzu: »Auch die Sünden (*etiam peccata*)«. Es ist also im Grunde bedeutungslos, was in unserem Leben geschah, was wir gegenwärtig sind und was in der Zukunft uns noch zustoßen kann. Gottes Treue und Milde stehen über allem, auch über jeglichem Verhängnis und jeglicher Schuld. Alles in unserem Leben kann einen neuen Sinn, eine neue Bedeutung erhalten, kann zu einer weiteren Stufe zu Gott werden. In Jesus Christus erschien die Barmherzigkeit Gottes in unserer Mitte. Von ihm ging die endgültige Verheißung aus: »Ich habe dir eine offene Tür gegeben, die niemand mehr schließen kann« (Offb 3.8).

Gott hat uns – in Christus – einen neuen Anfang geschenkt. In allen Situationen unseres Lebens haben wir noch eine *Möglichkeit des Neubeginns.* Für Gott ist niemand endgültig verloren. Das wäre der wesentliche Inhalt, die inwendige Verheißung des Glaubens an die Vorsehung.

Das Bild der neuen Generation

Wo es wirklich um Gott geht, dort beginnt zugleich die persönliche Auseinandersetzung und dort muss man anfangen zu beten. Der echte Theologe *be*wältigt nicht das »Problem Gott«, sondern wird vom Geheimnis Gottes *über*wältigt. In der Atmosphäre des Gebetes haben alle großen Theologen gelebt und über Gott nachgedacht. Das *«adoro Te devote latens Deitas»* war für sie nicht bloße Lyrik, sondern das innerste Prinzip allen Denkens und Erkennens im Bereich der Theologie. Im auf Jahre sich erstreckenden inneren Umgang mit Menschen hat sich das folgende Bild der neuen Generation in meinem Geiste gebildet:

Nüchternheit

Der heutige Mensch ist kritischer, misstrauischer, ja skeptischer als die Generation zuvor. Seine seelische Haltung ist zielgebunden, von einer eindeutigen Sachbezogenheit beherrscht. Die Abfolge seiner Verhaltensweisen wird ihm vom Werk her auferlegt. Seine Grundeinstellung ist das Hinhorchen auf die Wahrheit der Dinge, eine Art irdischer Andächtigkeit. Auf vielen Gebieten menschlicher Gesellschaftsordnung glaubt er, nur Streit, Meinungsverschiedenheit, Ungenauigkeit, Manipulierung und Gerede zu bemerken: in der Politik, in den Geisteswissenschaften, in der Philosophie, in der Religion, in der Gesellschafts- und Kirchenführung. Für ihn sind die echten gesellschaftsbildenden Kräfte: nüchterne Klarheit, Blick auf das Wesentliche, illusionslose Sachlichkeit und Selbstdisziplin. Damit ist bei ihm eine zweite Grundeigenschaft verbunden:

Selbsthingabe

Beim Aufbau einer neuen, freiheitsbejahenden, unmanipulierten und sich von der heutigen, etablierten Gesellschaft hart absetzenden Ordnung darf es keine Nachgiebigkeit und kein Ausweichen geben, vor allem aber keine subjektive Konzession. Die Wahrheit soll der Willkür und der Eigenwilligkeit entzogen werden. Die Grundgesetze des Lebens, der Gemeinschaft und des Geistes müssen wirklich von der Sache her kommen. Sie sollen aus der Natur der Dinge in hingebender und selbstverzichtender Haltung herausgelesen werden. Das Gefundene, das Vom-Subjekt-Unabhängige ist der letzte Maßstab. Eine solche Haltung fordert Enormes an Hingabe und Einordnung. Diese sind jedoch keine Unterwerfung und eigentlich auch kein Befehlsempfang. Somit ersetzt die Sachlichkeit die Gehorsamsdisziplin des alten Gesellschaftsdenkens. In der neuen Ordnung, die er anstrebt, gibt es im Grunde keinen Befehlsempfänger mehr; da wird nicht mehr herumkommandiert. Alle werden von einer dem Wesen der Sache inneliegenden Sachdisziplin angeleitet. Je komplizierter die gemeinsam zu bewältigende Aufgabe ist, umso mehr müssen die einzelnen Fachleute sich in Werkgemeinschaften zusammenschließen. Einigung in der Sachlichkeit, Engagementbereitschaft und Toleranz sind die Haltungen, die in diesem neuen Gefühl der Gemeinschaftlichkeit mit im Entstehen begriffen sind. Sie sind auch die Prinzipien einer bedeutenden soziologischen Auslese.

Schweigsamkeit

Für diesen Menschen stellt die ganze Welt (der Mensch miteingeschlossen) ein riesiges Experimentierfeld dar, gleichsam das Rohmaterial, aus dem er eine neue Welt- und Menschenordnung nach eigenen Plänen erschaffen soll. Er kennt keinen Bereich der Welt, der ihm grundsätzlich verboten wäre. Er ist heute im Begriff, seine Macht der Umgestaltung auf den Menschen selbst anzuwenden. Vor dieser Aufgabe schrumpft sein eigenes Dasein gleichsam ein. Er lauscht auf das verborgene Große, dem er sich geweiht hat. Er spricht deshalb wenig – und wenn schon, dann sehr zurückhaltend – von sich selbst. Seine Schweigsamkeit ist aber eher der Ausdruck einer geballten Kraft. Aus den vorhin aufgezählten seelischen Elementen ergibt sich bei ihm eine Art neuer Gelassenheit in der Welt. Sie ist im Grunde die Festigkeit und Ruhe eines Menschen, der überzeugt ist: Die Welt ist gut, und solange wir uns an die dieser Welt zugrundeliegenden Gesetzlichkeiten halten und die Zukunft danach gestalten, können wir sicher sein. Zu bekämpfen ist jede Einstellung, die unseren Blick trübt, die an die Stelle der Weltbejahung (der Heiligkeit des Seins) die Eigeninteressen setzt. Diese Weltbejahung ist vielleicht die Stelle, an der der junge Intellektuelle in die Bereiche der Metaphysik und des Religiösen am weitesten vorstößt. Sie ist wie ein fernes Echo der Grundoffenbarung der Bibel: »Als Gott alles sah, was Er gemacht hatte, fand Er es sehr gut.«

Freundschaft

Die bis jetzt angeführten Eigenschaften des heutigen Menschen scheinen anzudeuten, dass die intensive Sachbezogenheit das Auftreten intersubjektiver Beziehungen (wie Freundschaft und

Liebe) erschwert oder gar unmöglich macht. In Wirklichkeit ist aber das Gegenteil der Fall. Gerade jene kühle Objektivität, mit der der heutige Mensch die Sachprobleme angeht, schärft seinen Sinn für die Andersartigkeit des Personalen, für das Einmalige des menschlichen Du. Die personale Begegnung wird nicht mehr auf Sachinteressen reduziert, sondern in ihrer Reinheit und Geschenkhaftigkeit angenommen. Bemerkenswert ist, dass man im philosophischen und auch im theologischen Bereich am ehesten den Zugang zu diesem neuen Menschen findet, wenn man die tiefsten Denk- und Glaubenseinsichten von personalen Ansätzen her entwickelt.

Ehrlichkeit

Besonders der junge Christ von heute begreift sich zunehmend als ein Suchender. Nach dem Konzil hat er Mut gefasst, zu diskutieren, in Neuland vorzustoßen, die Begriffsapparatur seines Glaubensverständnisses radikal zu überprüfen. Schwerfälligkeit des Geistes, Mangel an Allgemeinbildung und Unverständnis für den Gesprächspartner sind heute nicht mehr Zeichen dafür, dass man katholisch ist. Dieser »Mut zur Intelligenz« entspringt keineswegs einer Sucht nach Neuheit, sondern ist die Tugend eines wachen und aufgeweckten Geistes. Diese Tugend besteht in einer grundsätzlichen Ehrlichkeit, in der Aufgeschlossenheit jeglicher Wahrheit gegenüber (woher sie auch kommen mag) und in der entschlossenen Suche nach dem Richtigen. Parallel dazu vollzieht sich ein »Wachsen Gottes«: eine Reinigung des Gottesbildes.

Gerade der echte Glaube befreit uns von der Versuchung, menschlichen Werten und Systemen das zuzusprechen, was nur dem Absoluten zukommt. So ist der Glaube nie »triumphierend« und auch nicht propagandistisch. Seine Auswirkung verlagert sich immer entschiedener in den Bereich des personalen Zeugnisses.

Was ist im Entstehen?
Was wandelt sich wohin?

Etwas Neues und Machtvolles scheint den heutigen Menschen zu ergreifen.

Weltzugewandtheit

Ich darf vielleicht hier die Vermutung aussprechen, dass heute unter uns ein neuer Typ des Heiligen im Entstehen begriffen ist. Freilich lassen sich solche Vermutungen nicht beweisen, sondern nur aus der allgemeinen inneren Stimmung herausspüren. Dieser neue Heilige wäre ein Mensch, der die Bewährung in der Schöpfungsordnung ernst nimmt und hellhörig bleibt für den Augenblick der Gnade: geschmeidig, klug und klarsichtig. Jeder Weltbereich ist für ihn ein christlicher Auftrag. Er ist fähig, sich aus der »Herrlichkeit der Prinzipien« in die Mühsal der konkreten Situation (der geschichtsrichtigen Imperative) hineinzubegeben. Er weiß: je unbetonter, indirekter und dienstbereiter er als Christ ist, umso mehr kommt seine Gnade in der Welt an. In solchen Menschen wird – oft auf leidvolle und unscheinbare Weise – die Welt, die Gesellschaft und die Geschichte (vor allem als Zukunft) wieder als Eigentum Gottes heimgeholt. Eine stille und gewaltlose Umwandlung ereignet sich da, eine innere Revolution, die der Herzen. Mit Recht spricht man heute in Bezug auf die Jugend von einer Wandlung zum Entscheidungschristentum. Die junge katholische Generation ist auf der Suche nach dem Personalen und Charismatischen ihrer eigenen Existenz. Für sie genügt es nicht – um ein Zeuge Christi zu sein–, dass ein Christ am »Hauptsächlichen« festhält, die Glaubenswahrheiten bekennt und den moralischen Forderungen des Evangeliums und der Kirche nachlebt. In einer persönlichen, zeugnishaften Entscheidung sollte er die je individuell und je anders gestaltete Christusgegenwart in seiner eigenen Existenz verwirklichen; sie sollte zum Ausdruck der Gesinnung Christi werden. Der junge Katholik versteht sehr gut, was jene Suche nach Gott im tiefsten Grund bedeutet, die von den Alten mit dem abgegriffenen Wort »Nachfolge Christi« bezeichnet wurde. Diese besagt nicht ein ängstliches, gleichschritthaltendes Nachtrotten, sondern ein individuell-gnadenhaftes (charismatisches) Zeugnisgeben von der Gesinnung Christi in allen Situationen des Lebens, in Situationen vielleicht, in denen Christus gar nicht stand. Erst darin offenbart sich die Tiefe der Christusdimension der christlichen Existenz: Der Christ kann in seinem irdischen Leben jenes ergänzen, was in Christus noch fehlt (Kol 1.24). In dieser Perspektive verstehen wir besser, warum die junge Generation so sehr von der Person Christi ergriffen ist. In Christus erspürt der junge Mensch jenes Echte, Ursprüngliche und Ehrliche, das auch sein eigenes Leben beherrscht. Oft klagen diese jungen Menschen darüber, wie ihre Väter es ihnen schwer gemacht haben, bis zur Tiefe des Christusgeheimnisses vorzustoßen, dem erschütternden Christus zu begegnen, wie sie, wenn sie nach Christus fragen, von ihren Priestern oft nur ein Klischee vorgestellt bekommen.

Forderung

Weiterhin ist es bemerkenswert, wie oft man heute jungen Katholiken begegnet – es ist freilich eine kleine Zahl, denn solche Überlegungen sind immer eine Sache der Elite –, die bei einer Berufswahl ihre Motive sauber erforschen, die sich in eine neue Lebenslage nicht von Trieben, nicht einmal von Beweggründen, die an sich zulässig sind (wie günstige Arbeitsbedingungen, hohes Entgelt, Aussicht auf schnelle Karriere), hineinschieben lassen. Im Gegenteil befragen sie sich hart, ob sie im Beruf, den sie als ihre Zukunft wählen, wirklich Gott dienen können, ob sie in diesem Beruf ihre »Seele retten« können, das heißt, ob sie darin so leben können, dass sie nicht hineingetrieben werden in die Unehrlichkeit, ob sie in diesem Beruf die ihnen persönlich aufgetragene Liebe zur Kreatur verwirklichen können.

Diese Besinnung auf die letzten Gründe ist ein Zeichen der außerordentlichen Vitalität der christlichen Seele. Die Zukunft gehört dem, der fordert, der seine Ziele im Noch-nicht, im menschlich Unerreichbaren absteckt. Einen Glauben, der zu solchen Taten befähigt, ererbt man nicht wie ein altes Familienmöbel. Man findet ihn nicht in der Wiege, ja eigentlich nicht einmal im Taufbecken. Er lässt sich nur in der Hingabe der ganzen Person als »Geschenk erobern«. In dieser Hingabe wird der Christ zur Sichtbarkeit Gottes in der Welt, zum inkarnierten Wunder der Christusbegegnung. Das Christentum ist keineswegs eine Religion des Äußerlich-Wunderbaren. Man hat den Eindruck, das Wunderbare verlagere sich immer entschiedener in die existenziellen Bereiche des christlichen Daseins. Der Christ selbst ist Wunder, ein mit geistiger Kraft beladenes Zeichen Gottes für die Menschen. Die Gnade Gottes findet der Mensch insofern und in dem Maße, als er versucht, selber eine Gnade für den Bruder zu sein. Vielleicht ist dies der Kernpunkt der neu aufstrebenden Spiritualität im Christentum: im Menschen Gott begegnen. Der heutige Christ ist geneigt – oft sogar in einer einseitigen Akzentverlagerung –, die eschatologische Gerichtsrede Christi (Mt 25.31–46) in das Zentrum seines gesamten Glaubensverständnisses zu rücken und sie als den einzig gültigen Maßstab aller theologischen Aussagen zu betrachten.

Vielleicht wäre hier ein Vorgang besonders zu bemerken, der sich aber nicht auf die akademische Jugend beschränkt, wohl aber in ihr seinen Stoßtrupp sammelt:

Die Rückbildung des Klerikalismus

Der Rückgang des Klerikalismus, und zwar nicht nur der tatsächliche, sondern auch der gesinnungsmäßige, ist sehr bedeutend für die Zukunft des Katholizismus. Eine Rückbildung des Klerikalismus in seinen beiden Formen kündigt sich heute an. Als »Klerikalismus nach außen«, das heißt: eine Rückbildung des übersteigerten Einflusses der Kirche auf die Gestaltung des politischen Lebens in Staat und Gesellschaft; besser gesagt: ein Rückgang des Missbrauches der Religion zu politischen Zwecken. Und als »Klerikalismus nach innen«, das heißt: eine Rückbildung der ungerechten Bevormundung der Laien durch den Klerus innerhalb der Kirche. In seinen beiden Formen bedeutet Klerikalismus ein Machtstreben, also etwas, das Christus immer entschieden von sich gewiesen hat. Je mehr die katholische Kirche der Forderung der inneren und nicht äußeren Umwandlung nachlebt, umso erfolgreicher stellt sie sich in den Dienst der Sache Gottes und desto entschiedener behauptet sie ihre übernatürliche Stellung.

Welche Fragen stellen sich?

Wenn man die tiefsten Fragen christlicher Existenz nicht akademisch, sondern in einer aus Gebet geschaffenen Atmosphäre diskutiert, dann bekommt das Gespräch eine eigentümliche Schwere und einen besonderen Ernst. Die Aussprache berührt dann vor allem jene Fragen des Daseins, die den heutigen Menschen am tiefsten bewegen. Diese Fragen – manchmal schüchtern, unsicher vorgetragen – waren für mich immer ein außerordentliches denkerisches Erlebnis.

Das beunruhigte Fragen kreiste vor allem um die folgenden Themen (wobei gleich zu bemerken ist, dass die neuesten Fragen gleichzeitig die ältesten, grundlegendsten und radikalsten des Christentums sind):

Abwesenheit Gottes

Die Frage nach Gott schließt für den heutigen Menschen zugleich eine theologische Besinnung auf das Wesen des Atheismus und des Unglaubens ein. Somit ist eine klare und nuancierte Theologie des Atheismus und des Unglaubens überhaupt Voraussetzung für einen echten Dialog mit der heutigen Jugend. Oft wird zwar auch nach Gott gefragt, meistens aber eher nach der Möglichkeit der Einübung einer echten Gotteserfahrung in der heutigen Welt, in der Gott nicht mehr »vorkommt«. Die theologische Antwort auf diese Frage muss die Not des heutigen Menschen mit seiner Erfahrung von der Abwesenheit Gottes ernst nehmen und diese Erfahrung selber mitdurchleiden. Glaubhaft muss dem heutigen Menschen dargelegt werden, woran und wie gerade der Mensch dieser Geschichtsgegenwart eine ehrliche Gotterfahrung wirklich machen kann.

Frage nach Christus

Sie wird erstaunlich universal gestellt, im Horizont der einen Heilsgeschichte, welche die ganze Menschheit von vornherein umfasst. Eine christologische Schau, etwa aufgrund der Gefangenschaftsbriefe (Epheser, Philipper und Kolosser), der Heils- und

Offenbarungsgeschichte, ja der Geschichte der Welt und des Kosmos, die Christus wirklich als Höhepunkt der Welt- und Menschwerdung verstehen lässt, ist noch am ehesten imstande, diese jungen Menschen zu ergreifen. Die Anregungen Teilhard de Chardins erweisen sich dabei als besonders nützlich, falls man jeden im Ohr des heutigen Menschen mythologisch klingenden Unterton vermeidet.

Allgemeinheit der Erlösung

Fast immer wird bei den entsprechenden Gelegenheiten diese Frage, und zwar in einer Tonart größter Beunruhigung, gestellt. Der junge Mensch von heute kann es offenbar nicht ertragen, dass irgendjemand von dem von Christus gebrachten Heil ausgeschlossen bleibt. Es wird der Kirche immer wieder der theologische Satz: *«Extra ecclesiam nulla salus»* (»Außerhalb der Kirche gibt es kein Heil«) vorgeworfen. Es ist allerdings verwunderlich, dass diese Wahrheit so viel Ärgernis erregt. Für mich persönlich war dieser Satz nie bedrückend; ganz im Gegenteil. Denkt man nämlich diesen Satz (dass es außerhalb der Kirche kein Heil gebe) nach den elementarsten Regeln der Logik in umgekehrter Form, dann bekommt er eine andere Lesart, die zutiefst befreiend wirkt: »Überall, wo sich Heil ereignet, ist die Kirche.« Auf die einfachste Formel gebracht: *«Ubi ecclesia, ibi salus»* = *«Ubi salus, ibi ecclesia»*. In diesem Sinne ist dann diese so oft bekämpfte Lehre eine großartige Freiheitsbehauptung. Ist es nicht befreiend, zu denken, dass die Kirche überall dort bereits – in ihren Vorformen, Auswirkungen, verschleiert vielleicht, aber dennoch wirklich – anwesend ist, wo ein Mensch in der Ehrlichkeit des Herzens nach dem Guten, Wahren und Schönen strebt, sich einem Größeren preisgibt, sich im Dienst am Nächsten verausgabt, sich einer Sache restlos verpflichtet? Überall dort ereignet sich Heil. Überall dort ist die Kirche.

Die Frage einer christlichen Anthropologie

Der Mensch von heute – vor allem der junge Intellektuelle – erwartet von uns eine theologisch-dogmatische Antwort, die den Menschen als den deutet, als den er sich tatsächlich erfährt in einer Existenz, die mehr umfasst als das Animal-Rationale einer abstrakten Metaphysik. Eine christliche Anthropologie soll da entworfen werden, welche die ursprüngliche Einheit von Natur und Gnade begreift und das, was wir christlich »Gnade« nennen, nicht in den Bereich jenseits der konkreten Existenz abdrängt – eine Anthropologie, die die Freundschaft, die Liebe, die Tugend, die Erfahrung des Absurden und des Todes nicht einfach der Moraltheologie oder der Frömmigkeitsliteratur überlässt.

Frage der Beichte und des Gebets

Nicht unerwartet, doch meist unvermittelt taucht zwischen diesen schwierigen Fragen des christlichen Denkens immer wieder ein Problem auf: Ich kann nicht mehr beichten und noch weniger beten. Der Mensch von heute – zu Recht oder zu Unrecht, das soll hier nicht entschieden werden – verabscheut jene Haltung, die etwa mit dem Ausdruck »vor dem lieben Gott in reiner Weste dastehen« umschrieben werden könnte. Wenn man ihm aber erklärt, die Beichte sei vor allem dazu da, dass wir unsere Freunde, jene Menschen, die wir lieben, vom Gift unserer Sünden befreien, dann findet der heutige Mensch ein neues Verhältnis zur Beichte. Die menschliche Existenz ist ja wesenhaft Mitsein. Wenn ich Sünden mit mir herumtrage, dann gehen diese Sünden in die ganze Gemeinschaft, mit der ich seinshaft verbunden bin, hinein. Indem ich meine Sünden bereue, dem Vertreter der Gemeinschaft der Kirche diese Sünden bekenne, befreie ich meine Freunde von der Last meiner Erbärmlichkeit. Warum soll der Mensch beichten? Damit er in der Versöhnung mit Gott die Welt, seine Liebsten und überhaupt das Sein selbst reiner macht. Es ist furchtbar, zu erleben, wie die »beichtenden Christen« so oft nur an sich selbst denken. Die Beichte kann oft ein Akt des Egoismus sein. Wenn die Beichte kein Dienst an den anderen ist, dann ist sie im Grunde keine Beichte und bringt auch kein Mehr an Heil in die Welt hinein. Diese Gedanken versteht der heutige Mensch sehr gut.

Und schließlich die Klage: Ich kann nicht mehr beten. Wenn der heutige Mensch das Gebet flieht, will er nicht Gott fliehen, sondern sich selbst in seiner Oberflächlichkeit. Er will nicht Gottes Unendlichkeit und Heiligkeit entlaufen, sondern der Öde und der Leere der eigenen Seele. Man sollte diesem Menschen verständlich machen können, dass das Warten auf Gott, das schweigende Bereitstehen bereits Gebet ist, ja sogar das tiefste, das ein innerlich zerrissener Mensch an Gott richten kann. Schon das Leiden unter der inneren Gebetslosigkeit ist ein Gebet. Eine umfassende Theologie betender Existenz für den heutigen Menschen zu erarbeiten, wäre vielleicht die dringlichste Aufgabe in dieser Stunde des Heils und vielleicht das leuchtendste Zeugnis gelebter Theologie.

Zeugnis des Theologen heute

Was erwartet der Mensch von heute vom Theologen, der das Wagnis auf sich nimmt, ihm über die Geheimnisse des Glaubens zu sprechen? Zunächst wohl erwartet er von ihm, dass er sich exakt und genau vorbereitet und die Anstrengung des Begriffes und des Bildes auf sich nimmt. Hingeworfene Gedankenbruchstücke, schnell niedergeschriebene Stichworte nützen nichts. Jede Formulierung muss »sitzen«, hinter jedem Satz soll jene Achtung stehen, die ein Denker der Not und dem Ringen seiner Zuhörerschaft entgegenbringt. Ich kenne Theologen, die eine einzige, einstündige Meditation über vierzig Stunden lang erarbeiten, ohne dass man es beim Vortragen wirklich merkt, so vollendet und einfach wirkt ihr Denken, so sorgfältig, so gehoben und doch schlicht ihre Sprache. In solchen Meditationen leuchtet dann etwas auf, das noch von den Ursprüngen her lebt: scharfes Denken, Ehrfurcht vor dem Geheimnis, Frömmigkeit und Dichtung.

Dann aber hofft der heutige Mensch, dass jene, die über Gott sprechen, es ehrlich, der Wahrheit verpflichtet und dynamisch tun. Die Gestalt des »meditativen Theologen« – in einem Idealbild – habe ich einmal folgendermaßen geschildert:

Diese Menschen denken wesentlich von der Situation her. Sie bringen eine große Sehnsucht und eine existenzielle Unzufriedenheit in die Theologie hinein. Sie sind fortschrittlich im besten Sinne des Wortes. Gleichzeitig sind sie aber sehr kritisch und wissen darum, dass in unserer verworrenen Welt selbst das, was auf den ersten Blick als sicher, schön und bedeutungsvoll erscheint, eine Maske des Bösen sein kann.

Ihre Eigenschaften sind: geistige Nüchternheit, Unbestechlichkeit des Schauens, Ehrlichkeit dem Geheimnis gegenüber. Mit alldem verbindet sich bei ihnen eine eigentümliche Unsicherheit, die sie aber eher sympathisch macht. Sie verzichten auf leichte Lösungen, auf vordergründige Erklärungen. Sie verbinden gern das theologische Denken mit dem Gebet, mit einem persönlichen Umgang mit Gott. Sie bauen Vorurteile ab, denken nicht in vorgefassten Schemata, halten nichts von vornherein für unmöglich. Sie huldigen keinem Triumphalismus der Lehrmeinungen oder der Lehrbücher. Sie teilen die Welt des Denkens sehr ungern in Gegner und Nicht-Gegner auf. Sie sind leicht geneigt, in der Dummheit eine Sünde zu erblicken. Sie haben eine echte Freude am scharfen und wirklichkeitsnahen Denken. Ihre intellektuelle Bemühung ist charismatisch; sie entspringt einer echten inneren Not. Es ist ein Denken, das hineingesprochen wird in die Dichte der menschlichen Sorgen, Verantwortungen, ja Verzweiflungen. Ein Denken, das auf viele Fragen keine Antwort hat, und dies auch ehrlich zugibt.

Diese Theologen finden, dass eine Theologie, die nicht – in irgendeiner Weise – Gott lobt, die Seele nicht hebt, nicht ein Mehr an Freundschaft und Liebe in die Welt hineinbringt, im letzten Grunde unrichtig ist. Mit ihren Gedanken möchten sie ihren Freunden wohltun. Eine seltsame Schwere und Verantwortung spürt man aus ihrer Sprache. Sie empfinden offenbar, dass ihre Gedanken Gericht über sie selbst sind, dass ihr Heil davon abhängt, was sie denken und was sie den anderen sagen. Sie wollen selbst in ihrem beruflichen Denken die Gnade erspüren – die Gnade für unsere Zeit.

Eine Beweglichkeit des Empfindens zeichnet sie aus, eine grundsätzliche Offenheit für das Neue und Noch-nicht-Erkannte. Sie wollen die Welt wandeln durch ein neues Denken. Für sie ist die Theologie »Entwicklung von Denkansätzen«, die das Leben schöner und heller machen, die ihren Freunden über die Stunden des Versagens und der existenziellen Entmutigung hinweghelfen. Das Denken ist für sie ein demütiger Dienst am Sein, ein Umhegen und Beschützen von all dem, was eines Umhegens und Beschützens wert ist.

Sie haben das Leid und die Not der menschlichen Existenz erfahren und versuchen deshalb, von diesen Erfahrungen her zu denken. Dabei streben sie nicht nach Erfolg und Selbstbestätigung. Sie haben eine angeborene Abneigung gegen jegliche billige Apologetik. Harte Auseinandersetzung, sauberes Einstehen für die Wahrheit, das alles haben sie gern. Aber sie wollen nicht über andere siegen, nur um gesiegt zu haben.

Sie vergessen nicht, dass die Worte der Befreiung nur von Menschen ausgesprochen werden können, die das tiefste Elend unserer Existenz, das Kreuz, erfahren haben. Ihr Denken entsteht in der Prüfung: Es ereignet sich dort, wo der Mensch der Wahrheit dient, Güte und schlichte Freundschaft übt, demütig dabeisteht, um zu erleben, wie die Wahrheit wächst und sich entfaltet.

Noch zwei Grundhaltungen des heutigen Theologen möchte ich ausdrücklich erwähnen. Die erste ist die *Unzufriedenheit.* »Wer glaubt zu stehen, der sehe zu, dass er nicht falle« (1 Kor 10.12) – warnt uns die Offenbarung. Mit dieser Warnung scheint Gott uns zu sagen: »Gebe dich mit deinem Leben nicht zufrieden. Sei mehr als das, was du bereits erreicht hast. Du sollst Zeuge davon sein, dass das Leben einem immer neuen Glück entgegenschreitet. Wenn du meinst, alles müsste so sein, wie du bist, dann bist du in deinem Inneren kein wirklicher Christ mehr.« Mit dieser Warnung hat Gott allen Christen, also auch – und zwar vornehmlich – den Theologen eine heilige Unzufriedenheit ins Herz gelegt. Der Theologe soll von der Zukunft her zum echten christlichen Denken herausgefordert werden, sonst verkümmert sein Dasein. Er darf seine Theologie nicht als bereits abgeschlossen betrachten.

Die zweite Grundhaltung bezeichnet die Offenbarung: *»Frucht bringen in Geduld«.* Unser Gott ist ein Sämann und Er möchte, dass wir eine gute Erde seien. »Was auf gute Erde fiel, das sind jene, die das Wort hören, es in gutem, ja sehr gutem Herzen bewahren und Frucht bringen in Geduld« (Lk 8.15). Ist das nicht unser Leben? Wir heutige Theologen haben von Gott die Gnade empfangen, hineingestellt zu sein in eine Zeit des denkerischen Umbruchs. Eine neue Welt kündigt sich an. Dieses Neue und Verheißende kommt aber nicht von selbst zu uns. Es steigt aus unserem gesamten Dasein empor. Wenn wir es nicht selber erschaffen, dann wird es einfach nicht eintreten und der Karren der Kirche wird weiter so dahinrumpeln, wie bis jetzt. Wenn wir die Kirche wirklich erneuern wollen, müssen wir zuerst unsere Herzen umwandeln, die zukunftsverheißende Gnade in gutem, ja sehr gutem Herzen aufnehmen, sie darin bewahren und sie durch den Einsatz unserer Gesamtexistenz zur Frucht bringen. Und dies mit einer Entschlossenheit und Zähigkeit, die einfach »Geduld« heißt.

Diese beiden theologischen Grundhaltungen hat der Prophet Jesaja treffend zusammengefasst: »Gedenket nicht der vorigen Dinge. Vertieft euch nicht in das Alte. Siehe, Ich mache Neues! Jetzt kommt es ans Licht. Vernehmet ihr es nicht? Einen Weg mache ich durch die Einöde und Ströme in der Wüste« (Jes 43.18–19).

In den folgenden drei Beiträgen möchte ich mich mit jenen drei Arten der Christuserfahrung beschäftigen, wie sie sich uns in den synoptischen Evangelien, dann bei Johannes und schließlich bei Paulus kundtun. Sie entsprechen genau den drei Ebenen meiner eigenen Christuserfahrung.

Freundlich zu jedem Geschöpf

Gott hat in der Menschwerdung die menschliche Wirklichkeit, also auch das Normale, das Gewöhnliche, das Ermüdende, das sich stets Wiederholende und das Unauffällige auf Sich genommen. Diese warme Menschennähe des Erlösers wird in der Heiligen Schrift vor allem von den sogenannten Synoptikern – von den Evangelisten Matthäus, Markus und Lukas – geschildert, welche die Wirklichkeit des Herrn »synoptisch«, das heißt »aus dem gleichen Blick heraus« erfassen. Diese Schriften stellen ein seltsames Dokument dar. Man muss lernen, mit ihnen lebendig umzugehen. Über den allergrößten Teil des Lebens Jesu schweigen sie. Die Begebenheiten, die sie erzählen, sind lose aneinandergereiht, nach sachlichen Gesichtspunkten gruppiert und bei den einzelnen Evangelisten verschieden geordnet. Ihr Interesse haftet an den Einzelereignissen, an dem Anekdotischen. Gerade das macht diese Schriften so lebendig und warm. Die Leibhaftigkeit und Menschlichkeit Christi werden hier deutlich. Man spürt, dass es der Menschenseele bei Christus wohl wird. Man erlebt die große menschliche Anziehungskraft des Erlösers, jene Macht über das Menschenherz, die Petrus und Andreas auf ein einziges Wort Christi alles verlassen ließ, die die zwei Söhne des Zebedäus dermaßen ergriff, dass sie augenblicklich alles stehen ließen, die das Volk in die Wüste lockte ohne Verpflegung und Schutz. Das menschliche Herz findet bei Christus Heimat. Bei den Synoptikern begegnen wir einem Herrn, der aß und schlief; der den Kranken half; der die Kinder segnete; der müde wurde und sich ausruhen musste; der in der seligen Gottesnähe jubelte; dessen Herz vom Willen des Vaters ganz erfüllt war; der Mitleid mit den Menschen hatte und zwar derart, dass es bei ihm Tränen erpresste; dem die Menschen nachfolgten, weil sie merkten, dass er sich ihres Verwahrlostseins erbarmte; der die Mühseligen und Beladenen zu sich rief; der eine Zartheit, ja Zärtlichkeit in sich trug für alles, was lebt; der in leuchtender Lebendigkeit die Wahrheit lehrte, ohne Beschönigung und Sentimentalität; der nicht auf das Ansehen der Menschen schaute; der sein Leben nicht vorausplante, sondern es vom Überraschenden her empfing; der lange warten konnte, dass ein Menschenherz sich ihm öffne; der so entsetzlich unauffällig, normal, durchschnittlich und arm sein konnte; der ganz gewöhnliche Leute zu seinen Freunden wählte; der einfach, geduldig und selbstverständlich die festen Situationen des menschlichen Lebens respektierte und deshalb der politischen Autorität, ja den religiösen Einrichtungen seines Volkes gegenüber gehorsam war, obwohl er durchaus das Bewusstsein hatte, dass er an all das nicht gebunden ist; der in einer beinahe erschreckenden Weise die Dinge hinnahm, wie sie waren und sie nicht äußerlich-revolutionär umkrempeln wollte; der aber zugleich verstand, in diesem gewöhnlichen Leben das schlechthin Ungewöhnliche aufleuchten zu lassen; dessen Antlitz leuchtend wurde von der Heiligkeit. In diesem Menschen waltete das Göttliche und milderte zugleich Seine Macht zur Anmut und Güte. Etwas Unheimliches hat sich hier in einem Menschen verwirklicht: die Freundlichkeit zu jedem Geschöpf.

Endlich war hier ein Mensch unter uns, der das geknickte Rohr nicht brach und den glimmenden Docht nicht löschte; der rufen konnte: Kommt zu mir alle, die ihr voll Mühsal seid, ihr werdet Ruhe finden für eure Seelen. Er nahm unsere Not wahr, die Not der Witwe von Naim, die Not der armen, kranken Frau, die nur den Saum seines Gewandes zu berühren wagte, die Not des Apostels, der ihn verriet und dem er mit einem einzigen Blick Reue und Verzeihung schenken konnte. Er war ein Mensch, der, weil er einfach nichts zu verbergen hatte, allen die Wahrheit zu sagen vermochte, der sich in einer leuchtenden Einfalt des Herzens vor die Menschen hinstellen konnte und durch sein schlichtes Dasein die Herzen in Bewegung brachte. Diese Menschenfreundlichkeit des Herrn zu erfahren, ist und bleibt eines der Hauptziele christlicher

Kontemplation. In geduldiger, erlebender und nachvollziehender Vergegenwärtigung versucht der Christ, den Ereignissen des Lebens Jesu immer näherzukommen, dringt in die Motive des Handelns und des Redens Christi ein, setzt seine eigenen Motive in Beziehung dazu, wird innerlich berührt, empfindet Freude und Zugehörigkeit. Die Wirklichkeit Christi beginnt zu leuchten durch das Dasein des Christen. Der Christ lässt die innere Gesetzlichkeit des Lebens Jesu in seiner eigenen Weltsituation sich auswirken. Er wird zum Bejaher des Lebens, Helfer der Bedrückten und Freund der Verängstigten. Christus ist die Gnade Gottes an uns, eine Gnade, die »leuchtend wurde auf seinem Antlitz«. Die Gnade (*charis*) meint zugleich Anmut, Schönheit, Lieblichkeit. Durch die Existenz des Christen strömt nun diese Lieblichkeit in die Welt hinein. Darin liegt die charismatische Aufgabe der Christen, dass sie der Welt beweisen, dass im Innersten und Tiefsten nur der liebewaltend sein kann, der in der Nähe Christi lebt. Christus, das fleischgewordene Wort, ist der Ort der Schöpfung, wo das Wahre und Gute im Glanze der Herrlichkeit erscheint, schön wird. Und so müsste die Gestalt des Christen das Schönste und Ergreifendste sein, was es in der Schöpfung geben kann. Indem der Christ das Leben Christi in sich selbst verdichtet, schafft er einen leuchtenden, von Gott geladenen Raum in unserer Weltlichkeit. Eine unermessliche Kraft ist im Christen verborgen, die Kraft der Gegenwart Christi in der Welt. Das ist der eigentliche Sinn des verbrauchten und abgegriffenen Wortes »Nachfolge Christi«. Sie ist nicht ein ängstliches und gleichschritthaltendes Nachtrotten, sondern ein Aufleuchtenlassen der Güte und Menschenfreundlichkeit des Herrn in allen Situationen des Lebens, in Situationen, in denen Christus selbst vielleicht gar nicht stand.

Das christliche Dasein ist demnach wesentlich ein Zeugnis. Es genügt also nicht, wenn ein Christ am Hauptsächlichen festhält, die Wahrheiten des Christentums bekennt, den moralischen Forderungen Christi nachlebt. Er muss die Existenz Christi für seine Mitmenschen leuchtend darleben.

Der Christ hat die Aufgabe, die Gegenwart Christi in sich selbst zu verdichten, eine Gegenwart, die ein Ja, ein Erbarmen, eine unermessliche Güte und eine schlichte Freundlichkeit war.

Das »johanneische Gebet« in der Welt

Die Begegnung mit der Menschenfreundlichkeit Christi – von der im vorigen Beitrag die Rede war – ist aber nur der Anfang einer umfassenderen Christuserfahrung. Je mehr man sich mit der Gestalt Jesu im Evangelium beschäftigt, desto tiefer wird man erschüttert: Gerade diese reine Menschlichkeit, diese schlichte und selbstlose Güte, diese restlose Offenheit für die Not und das Leid sind menschlich nicht erklärbar. In der warmen menschlichen Nähe Christi bricht das Göttlich-Ferne, das Menschlich-nicht-mehr-Erklärbare, das Radikal-Andere durch. Es befällt uns jenes heilige Schaudern, von dem die Offenbarung des Johannes berichtet:

> Ich wandte mich um, die Stimme zu erschauen, die zu mir sprach. Und wie ich mich umwandte, sah ich sieben goldene Leuchter, und inmitten der Leuchter eine Gestalt wie des Menschen Sohn. [...] Sein Haupt und seine Haare waren weiß, wie schneeig weiße Wolle, seine Augen waren wie Feuerbrand, seine Füße wie Erz im Ofen geglüht, und seine Stimme wie das Tosen vieler Wasser. Auf seiner Rechten hielt er sieben Sterne, aus seinem Munde ging ein Schwert hervor, zweischneidig scharf, und wie die Sonne in ihrer Macht, so strahlte sein Antlitz. Da ich ihn erblickte, fiel ich wie tot zu seinen Füßen nieder« (Offb 1.12–17).

In dieser Vision wächst die Gestalt Christi ins Ungeheure. Sein Dasein glüht und leuchtet. Hinter ihm öffnen sich die Abgründe des Lichtes und der Sterne. Der »geistdurchflutete« Christus steht da, die wirkende Macht, die schaffende Kraft, der brausende Wind, das Tosen der Gewässer, die letzte Intensität allen Seins. Die Welt, gleichsam eins geworden, glüht im Wesen Christi auf. Auf seinem Antlitz strahlen die Lichter der ganzen Welt. Das ganze Johannesevangelium ist von dieser Christuserfahrung getragen. Clemens von Alexandria hat es das »geistige Evangelium« genannt. Er meinte damit, dass Johannes vor allem die konkrete Existenz Christi durchsichtig machen wollte auf das ewige Geheimnis der zweiten göttlichen Person, des Logos, hin. Bei ihm fallen die Verhüllungen ab und das ewige Wesen Christi wird sichtbar, unergründliche Tiefen tun sich in Christus auf.

Bevor noch etwas erschaffen wurde, war schon Christus von Ewigkeit her bei Gott, weil er selber Gott ist. Alles, was erschaffen wurde, ist durch ihn geworden. Die ganze Welt trägt also seine Züge; indem sie seine Züge trägt, ist sie. Er ist das Lebendige des Lebens, das Lichthafte des Lichtes, der Glanz aller Schöpfung. Dieses ewige Lichtwesen, der Glanz der Herrlichkeit Gottes, hat sich in die Welt der Finsternisse hineinbegeben. Wie ein Lichtblitz zog Er durch unsere Welt hindurch, leuchtete kurz und gewaltig auf und ging wieder in die Unbekanntheit Seiner Herrlichkeit zurück. Dieses gewaltige Aufleuchten Gottes in der Schöpfung warf ein Licht auf alle Dinge, Ereignisse und Herzen. Plötzlich wurde das Verworrene, das Böse, ja die Niederträchtigkeit der Welt sichtbar. Es entstand das Gericht.

Dieses Gericht war aber zugleich Erlösung. Es wurde im Herzen der Menschen Klarheit geschaffen und Entscheidung möglich gemacht. Diejenigen, die sich für Christus entscheiden, müssen gleichsam eine Zerreißprobe ihrer ganzen Existenz bestehen. Sie müssen ihren »Sinn ändern«, sich in allen Bezügen des Daseins wenden. Erst so kann jene Welt entstehen, die fähig sein wird, ganzheitlich vom Licht des Lammes durchflutet zu werden. So vollzieht sich in der Entscheidung für Christus das Werden des Himmels: Diejenigen, die sich selbst richten, werden nicht mehr gerichtet, sondern gehen ein in die endgültig christusdurchsichtige Welt, in den neuen Himmel und die neue Erde, in ein verwandeltes Universum. So ist das Gericht zugleich das Werk der erlösenden Liebe, die schneidet und brennt, bevor sie zum ewigen Lichte wird. Unsere Blindheit, unsere Finsternis und unsere Auflehnung, ja unser ganzes Innere soll im Feuersturm der Liebe Christi ausgebrannt, verwüstet werden. Auf der Trümmerstätte unseres eigenen Wesens wird dadurch der Platz frei und leer, und eine neue Stadt kann aus dem Himmel herabsteigen, das ewige Jerusalem. Wir erahnen jetzt den geheimnisvollen Sinn des Satzes in der Einführungsvision der Offenbarung des Johannes: »Da ich ihn erblickte, fiel ich wie tot zu seinen Füßen nieder.«

Der Bericht über die Vision endet aber nicht damit. Es heißt weiter: »Er legte seine Rechte auf mich und sprach: ›Fürchte dich nicht. Ich bin der Erste und Letzte, der Lebendige. Ich war tot, aber nun lebe ich in alle Ewigkeit. Ich besitze die Schlüssel des Todes und der Unterwelt.‹« Christi Rechte, welche die Sterne hält, legt sich zärtlich auf den zu Tode erschrockenen Jünger. Christus hat den Tod besiegt. Er hat für die Welt einen neuen Zustand eröffnet, den der ewigen Lebendigkeit. Wer den Schrecken der Begegnung mit ihm durchgehalten hat, kann ein ewiges Leben im blendenden Glanze der Gottheit auch bestehen. Christus musste uns durch all diese schrecklichen Erfahrungen der Angst und der Bedrohung führen, damit wir die ewige, unser ganzes Wesen in Gott hinein zerreißende Freude aushalten können. Denn was sich nun einstellt, kann Johannes nur beschreiben, indem er alle Bilder, alle Kostbarkeiten der Erde zusammenmengt, nur um zu sagen, dass unsere Ewigkeit letztlich unbeschreibbar ist. Ein Zustand ewiger Neuheit steht uns bevor, eine selige Wandlung, die uns immerdar umgestaltet zum Göttlicheren hin.

> Da sah ich den neuen Himmel und die neue Erde. [...] Ich sah die heilige Stadt von Gott als neues Jerusalem aus dem Himmel niederschweben, ausgestattet wie eine Braut, für den Gemahl geschmückt. Eine laute Stimme dröhnte mir entgegen: »Siehe, das Zelt Gottes unter den Menschen. Er wird unter ihnen wohnen. Sie werden sein Volk sein und Gott wird mit ihnen sein. Er wird jede Träne von ihrem Auge trocknen, und der Tod wird nicht mehr sein, noch Leid, noch Jammer, noch Mühsal. [...] Und der auf dem Throne Sitzende sprach: »Es ist geschehen. Ich bin das Alpha und Omega, der Anfang und das Ende [...] Der Sieger wird mich selbst erben« (Offb 21.1–7).

Die zärtliche Menschenfreundlichkeit Christi, die sich uns bei den Synoptikern offenbart, bleibt auch bei Johannes bestehen. Doch bricht aus seinem Wesen eine Kraft hervor, die uns zunächst erschreckt. Wir sollen uns dieser Kraft hingeben, von ihr treiben lassen dem Leben und dem Lichte zu, ohne Ende. Wir sollen das Leben mit Christus, mit dem großen Fordernden, aushalten und keine Ruhe finden bis zum Tod. Eines ist aber dabei zu beachten: Christus ist das Leben und das Licht. Überall, wo wir Leben finden, überall, wo ein Licht aufleuchtet, steht vor uns, vielleicht verschleiert, aber dennoch wirklich: Christus selbst. Eine grenzenlose Achtung für jegliche Kreatur, eine zarte Aufmerksamkeit für jegliches Wesen wird da von uns – und zwar als christliche Haltung in der Welt – gefordert, eine vornehme Zurückhaltung vor der ehrlich gemeinten Meinung eines jeden, eine Offenheit für jegliche Wahrheit, woher sie auch kommen mag. Aus alldem wird einmal Himmel entstehen. Was wir aber zurückstoßen müssen, vor allem in uns selbst, ist die Lüge. Der Mensch, der lügt und insofern er in der Lüge lebt, ist kein Freund Christi. Aus ihm entsteht nichts als Zerstörung. Er verfälscht das Sein selbst, gibt ihm keine Möglichkeit zur Entfaltung. Unbedingtes Leben zärtlich gelebt, das ist die Haltung der Nachfolge, die wir dem »johanneischen Christus« als Christen schulden: Intoleranz gegen die Sünde, wo immer sie auftritt und eine grenzenlose Toleranz für den Sünder. Das ist »johanneisches Gebet« in der Welt.

Der kosmische Christus

Die dritte, tiefste Ebene der Christuserfahrung wird in den Paulusbriefen, besonders in den zwei großen Briefen an die Kolosser und an die Epheser, welche zur Gruppe der sogenannten Gefangenschaftsbriefe gehören, entworfen. Paulus befand sich damals aller Wahrscheinlichkeit nach in Untersuchungshaft in Rom. In der Abgeschiedenheit seines Gefängnisses, in seiner allseitigen Beengung und Beängstigung entstand eine Deutung des Alls von Christus her. Einige Grundzüge dieser »kosmischen Christuserfahrung« möchte ich hier entwerfen.

Im Zentrum der paulinischen Christuserfahrung steht das Erlebnis auf dem Wege nach Damaskus. Christus stand plötzlich vor ihm als blendendes Licht. Damit knüpft sich die paulinische Christuserkenntnis an die des Johannes. Es war der auferstandene Herr, vor dem die Schranken des Raumes und der Zeit nicht mehr bestehen, der ganz zur Herrlichkeit und Macht geworden ist. Dieser Christus sprach einen geheimnisvollen Satz zu Paulus: »Ich bin es, Jesus, den du verfolgst.« Der zukünftige Apostel hat aber nicht Jesus, sondern die Christen verfolgt. Bei diesem Ausspruch musste ihm eines klar geworden sein: zwischen Christus und den Christen besteht offenbar kein Unterschied. Der Christ kann also zu Christus werden, mit ihm seinshaft eins sein.

Zwischen dem einzelnen Christen und Christus verwirklicht sich ein »Inexistenzverhältnis«. Christus existiert im Glaubenden und der Glaubende in Christus. Dies aber nicht nur bildhaft, sondern real und alle Bezüge des Seins umfassend. Die gläubige Existenz steht nicht in sich selbst, sondern baut sich aus Christus selbst auf. Das ist das eigentliche Geheimnis der Auferstehung: Christus kann mit seinem leibhaftigen Wesen die Existenz des Christen erfüllen, ohne dessen personale Einheit anzutasten. Der Christ lebt in Christus und Christus lebt in ihm. Wir tragen Christus in uns und Christus trägt uns in sich. Dieses Inexistenzverhältnis bindet dann die einzelnen Christen untereinander in eine Gemeinschaft zusammen. Der auferstandene Christus trägt alle Christen leiblich in sich und vereinigt sie in ein einziges Sein. Durch das Enthobensein aus der irdischen Raum-Zeit-Gebundenheit vermag der auferstandene Christus die Menschen aller Zeiten und Zonen zu erreichen, um sie zu leiblichen Gliedern seines auferstandenen Leibes zu machen, sie in sich aufzunehmen, sich ihnen mitzuteilen, sie zu durchwirken und umzuformen. Dieses Zusammenwachsen der Christen mit Christus schafft einerseits eine reale Einheit, hebt aber anderseits das Personsein der Einzelnen nicht auf. Wir bauen also Christus auf: Durch die ganze Geschichte hindurch ereignet sich »Christusgeburt«. Dies ist eine der tiefsten Einsichten der paulinischen Theologie: Christus ist zwar gekommen, bleibt aber bis zum Ende der Welt stets noch im Werden. Am Ende der Zeit steht das Pleroma, die »Fülle« Christi, der volle Christus. Das sakramentale Zeichen für die Eingliederung in Christus, für die Geburt Christi durch die Geschichte, ist die Taufe. Sie schenkt uns das Leben Christi, aber noch nicht in seiner vollen Entfaltung, sondern gleichsam nur als Tendenz und Dynamik, uns nach Christus hin umzugestalten. Von dieser Dynamik der Gnade getrieben, soll der Christ immer tiefer in die Lebensgemeinschaft mit dem Auferstandenen hineinwachsen, sich in seine Gestalt umbilden. Nach dieser paulinischen Auffassung ist die Taufe im Grunde nichts anderes als das Ganze des christlichen Lebens: ein Wachstum in die Dimensionen des Auferstandenen hinein. Der Christ wird sich dabei seiner Christusverbundenheit immer klarer bewusst, lebt mit immer größer werdender Tiefe seine eigene Auferstehung. Durch seine christliche Existenz baut er, gemeinsam mit allen Getauften, den endzeitlichen Christus auf, taucht sich selbst in Christus hinein, vollzieht eine ständige Neuwerdung, bis er in seinem Tod, im letzten Akt seiner Taufe, ganz in der auferstandenen Wirklichkeit Christi aufgeht.

Schließlich greift das eben geschilderte Inexistenzverhältnis über den Bereich des menschlichen Daseins hinaus und erfasst die ganze Welt. Das Weltall ist ergriffen von der formenden Macht des auferstandenen Christus. In Christus ist alles zusammengefasst, was im Himmel und auf Erden ist. Das Weltgesamt wurde in der Auferstehung und in der Himmelfahrt von Christus bis zum Rande erfüllt. Christus ist der Inbegriff der Schöpfung. In allen Bereichen der Welt steht schon Christus als das geheimste Wesen der Wirklichkeit. Die Welt ist für den Christen die Transparenz Christi. Im Herzen aller Dinge können wir Christus mit seiner gottmenschlichen Wirklichkeit entdecken. Die Kommunion mit der Welt ist eine Kommunion mit der innersten Wirklichkeit aller Sichtbarkeit, mit Jesus Christus. Ambrosius von Mailand drückt diese paulinische Sicht folgendermaßen aus: »In ihm ist die Erde auferstanden, in ihm ist der Himmel auferstanden, in ihm ist die Welt auferstanden.« Origenes spricht in seinem *Peri archon:* »Jesus ist überall. Er durchdringt das Weltall.« Paschasius Radbertus schreibt in seinem Matthäuskommentar: »Wir sollen Christus, der alle Dinge erfüllt, nicht an einem begrenzten Ort suchen.« Vielleicht darf hier noch ein Wort von Karl Rahner angeführt werden, das das Gemeinte mit großer Eindringlichkeit ausdrückt:

> Was wir die »Auferstehung Christi« nennen und unbedacht als sein privates Schicksal betrachten, ist nur [...] das erste Symptom dafür, dass hinter der Erfahrung alles schon anders geworden ist in der wahren und entscheidenden Tiefe aller Dinge. Christi Auferstehung ist wie das erste Ausbrechen eines Vulkans, das zeigt, dass im Inneren der Welt schon das Feuer Gottes brennt, das alles zum seligen Glühen bringen wird. [...] Christus ist schon inmitten all der armen Dinge dieser Erde. Unsere Welt ist kein Abgrund mehr zwischen Gott und dem Menschen. [...] Christus ist da, das Herz dieser irdischen Welt und das geheime Siegel ihrer ewigen Gültigkeit. Darum dürfen wir Christen die Erde lieben, müssen sie lieben. Denn das Leben Gottes wohnt in ihr [...]. In der

Auferstehung des Herrn hat Gott gezeigt, dass Er unsere Welt für immer angenommen hat.

Himmel wird nichts anderes sein als die endgültige Offenbarung dessen, was heute in geheimnisvoller, verborgener Weise sich vollzieht: Es ist das Offenbarwerden des Zusammenwachsens der Menschheit und der Welt mit Christus. Bis dahin, bis zu seinem Tod, gilt es für den Christen: sich immer tiefer in den auferstandenen Christus hineinbergen, immer stiller, verstehender, geduldiger, aufopfernder, demütiger und gütiger werden. In diesen Akten der christlichen Reifung vollziehen wir bereits unsere Auferstehung und Himmelfahrt. Wir lassen den Himmel, Christus aufgebaut aus Menschenwesen und umgeben von einer verherrlichten Welt (*«Christus amictus mundo»* – »Christus von der Welt umkleidet«, wie ein anderer paulinisch geprägter Denker unserer Zeit, Pierre Teilhard de Chardin, sich ausdrückte), aus den Verborgenheiten aufsteigen. Im Nachvollzug unseres Christseins können wir also der Welt den Himmel schenken, den auferstandenen Herrn. Der Christ ist somit der Vermittler einer kosmisch-universalen Auferstehung und Himmelfahrt. Das ist das letzte Geheimnis des christlichen Lebens und der christlichen Tat.

Christliche Verkündigung der Endzeitereignisse

Nachstehend werden einige Voraussetzungen des eschatologischen Denkens namhaft gemacht, die jene Haltung beschreiben, in der ein Christ von heute den Fragen der Endzeit begegnen soll.

Das Ende ist der eigentliche Anfang

Die wesentlichste Botschaft des Neuen Bundes ist die Verkündigung: In Christus hat sich eine völlig neue Seinsdimension aufgetan, der Himmel. Dieser wächst und reift in den Kindern

Gottes, in den Brüdern und Schwestern Jesu Christi. Der Mensch ist seitdem nicht mehr aus seiner irdischen Vorhandenheit zu verstehen. Sein Leben ist auf den Himmel hin entworfen, auf einen Zustand hin, der nahe ist und trotzdem – oder gerade deshalb – immer noch aussteht. Was vorher geschieht – all das Suchen und Tasten, das zum größten Teil die Geschichte der Menschheit und eines jeden von uns ausmacht –, ist nur Geburt. Die Welt selbst entsteht erst, indem der Mensch den Himmel betritt. Wir leben also im eigentlichsten Sinn des Wortes nicht; sehen, hören und ergründen das Eigentlichste noch nicht; das Leben ist noch nicht da, es kommt nur auf uns zu; das Wesen der Menschheit und der Welt liegt noch an der Front. Daraus erhellt:

Die Welt ist auf Vollendung hin angelegt

Die Welt liegt noch in Geburtswehen. Das All entwickelt sich aus einem ursprünglichen Seinsbestand heraus auf das Leben hin. Das Leben vollendet sich, indem es sich im Menschen in Geist umformt. Der Geist bekommt sich selbst »in den Griff«, indem und sofern er Gott erkennt und sich Ihm in der Liebe überantwortet. Die Vereinigung des Menschen reißt das Weltall in die ewige Vollendung hinein. Diese Vollendung ist ein endgültig gottdurchsichtiges All. Das Universum ist eine Einheit der Genese. Die Schöpfung ist immer noch im Gang. Gott schafft die Welt, indem Er ihr die Kräfte verleiht, in einer sich über Jahrmilliarden erstreckenden Entwicklung sich zu Ihm zu erheben. Weltwerden und Geschichte der Menschheit sind immer schon Heilsgeschichte: Geburt des Ewig-Gültigen aus dem Schoße der Erde. Es gibt keine profane Sphäre des Werdens in unserem Kosmos. Als theologische Weiterführung dieser Einsichten steht der Satz:

Die Schöpfung geschieht nach einem christologischen Entwurf

»Für uns Menschen und um unseres Heiles willen ist Er vom Himmel herabgestiegen.« So gibt unser Glaubensbekenntnis Antwort auf die alte Frage: Warum ist Gott Mensch geworden (*cur Deus homo*)? Es wird dabei ein zweifacher Grund angegeben. Zuerst: »für uns Menschen«; damit der Mensch er selbst, wirklich

Mensch sein kann. Dann: »um unseres Heiles willen«; damit Er uns von der Schuld erlöse. Dies sind die zwei heilsgeschichtlichen Grundfunktionen Christi.

Christus hebt unser Wesen und somit auch das Weltall, das sich ja in uns verdichtet, in den Bereich der Vollendung hinein. Christus ist der endgültig erschaffene Mensch und die Spitze jeder Weltbewegung. Er zieht alle Kräfte der Welt zu sich, immer mehr nach vorne, immer weiter hinauf bis in den Bereich der Verherrlichung hinein. Auch in diesem Sinne ist Christus der »erhebende« Gott (*Deus elevans*). Der Kolosserbrief sagt von diesem kosmischen Christus: »In ihm ward alles erschaffen, was im Himmel und auf Erden ist [das All]. Alles ist durch ihn und zu ihm hin erschaffen [...], und das All hat in ihm seinen Bestand« (Kol 1.16–17). Die Entfaltung des Kosmos bewegt sich von vornherein und unter allen Umständen auf Christus hin. Christus ist die »prädestinierte Welt«. Die Bewegung des Seins verengt und konzentriert sich im Laufe der Jahrmilliarden auf den einzigen Beziehungspunkt, auf den Punkt Omega, den menschgewordenen Logos. Die seinem Auftreten vorausgehende Weltentwicklung ist eine Vorbereitung für die Entstehung des Menschen. Diese im geschichtlichen Christus konvergierende Gesamtentwicklung dringt dann über die ganze Breite des Kosmos und der Geschichte vor, um die Gesamtwirklichkeit zu ergreifen. Das auf Christus hin entworfene Weltall erringt sich Leben und erreicht seine Seinsvollendung als Mensch (Menschwerdung der Welt); die Menschheit erwacht immer mehr zum Bewusstsein, zur Entscheidungsfähigkeit und wird dabei immer entschiedener mit Gott konfrontiert (Menschwerdung des Menschen); in der Inkarnation vereinigt der Gottmensch alle vorwärtsstrebenden Energien der Welt und der Menschheit in sich und führt sie in seinem großen Exodus, in seinem Tod, in seiner Auferstehung und Himmelfahrt, in die endgültige Vollendung hinein (Menschwerdung Gottes). Dies ist die Grundstruktur der Erschaffung einer auf Christus hin entworfenen Welt. Wir könnten diesen Denkansatz noch weiterverfolgen, indem wir

Die Vollendung als ein grenzenloses Voranschreiten

auffassen. Die letzte Vollendung (der Himmel) ist die seinshafte Teilhabe des Geschöpfes an Gott selbst. Gottes unendliche Fülle kann aber durch keine Kreatur ganz aufgenommen, ausgeschöpft werden. Unser Wesen kann nie mit Gottes unendlichem Sein ganzheitlich zusammenfallen. Somit wäre – selbst im Himmel – jede Erfüllung zugleich ein neuer Anfang, Beginn eines weiteren Suchens und einer noch größeren Erfüllung. Himmel ist demnach wesenhaft als grenzenlose Dynamik zu verstehen. Die Erfüllung selbst wird unsere Seele so »erweitern«, dass sie im nächsten Moment von Gottes Sein noch mehr erfüllt werden kann. Wir sind also ewige Gottsucher. Gott bleibt immer größer als unser endliches Sein. Der endgültig »gefundene« Gott ist kein Gott. »Wir suchen Gott, um Ihn zu finden, während unseres irdischen Lebens. Wir suchen Gott, nachdem wir Ihn fanden, in der ewigen Seligkeit. Damit man Ihn suche, um Ihn zu finden, ist Er verborgen. Damit man Ihn suche, nachdem man Ihn fand, ist Er unermesslich« (Aurelius Augustinus). Unsere Ewigkeit wäre demnach ein immerwährendes Hineinschreiten in Gott. Alles Statische geht im Himmel in eine grenzenlose, sich in die Unendlichkeiten fortzeugende Dynamik über. Im Himmel kann nichts erstarren. Vollendung ist ewige Wandlung, Zustand endloser, ungebrochener Lebendigkeit. Wenn wir diese Botschaft meditativ in unserem christlichen Gemüt wirken lassen, bemerken wir:

Die christliche Eschatologie ist eine Botschaft der Freude

Nach der Auferstehung Christi ist das Schicksal der Welt bereits entschieden. Wir gehen – indem wir bewusst oder unbewusst als Christen, das heißt in Christus existieren – unbeirrbar dem Himmel entgegen. In allen Vorläufigkeiten der Welt ist bereits das Endgültige am Werk. Kein Suchen stößt in die Leere. »Nichts kann uns trennen von der Liebe Christi«. Nichts, nur die Abweisung eben dieser Liebe. Wir sind endgültig ins Freie, Offene und Freudige gelangt. »Ich habe dir eine offene Tür gegeben, die niemand mehr schließen kann« – spricht der Christus der Offenbarung des Johannes. Wo eine noch so kleine Flamme ehrlicher Liebe brennt, ist das Licht des Himmels bereits sichtbar. Keine Hoffnung wird enttäuscht. Wir verlieren nichts, am wenigsten das, worauf wir in unserem Leben verzichteten. In einer solchen Welt gibt es keinen Grund für Verzweiflung und Kleinmut. Man könnte einmal das ganze Christentum auf die Formel bringen: Christentum ist der Glaube, in dem Gott die Sehnsucht der Menschen bejaht, ja sie derart überbietet, dass die übermütigsten Hoffnungen und Träume der Menschheit als Kleinglaube und Stumpfheit erscheinen.

Solcherart könnte man jene *Grundstimmung* beschreiben, in der ein Christ über die Ereignisse der Endzeit nachzusinnen hat. Er soll die Düsternisse aus seiner Seele schaffen. Sie taugen nichts! Sie gehen am Eigentlichen vorbei. Auch die denkerische Bewältigung der mit einer »Lehre von den Letzten Dingen« verbundenen Fragen sollte von dieser Haltung getragen werden und jenen Geist zum Ausdruck bringen: dass das Leben noch am Werden ist; dass das Weltall in das Heil miteinbezogen ist; dass der Kosmos in Christus seine letzte Vollendung erlangt; dass diese Vollendung in einer immerwährenden Wandlung auf Göttlicheres hin besteht; dass Gott uns unendliche Freude bereitet hat.

Geborgene Existenz
Christliches Leben als Hoffnung

Die Erstausgabe erschien
1975 im Verlag Herder, Freiburg i. Br./Basel/Wien

Inhalt

Vorwort

Diese Schrift nennt sich *Geborgene Existenz.* Der Titel bezeichnet den zentralen Gedanken genau: Wie wird meine konkrete Existenz geborgen? Wie bewältige ich mein Leben? Was haben wir in unserem christlichen Dasein zu bewältigen?

Zuerst das *Kreuz:* Jenes Unverständliche, wogegen das bedrohte Leben in uns sich auflehnt. Den Kreuzweg des Lebens zu begehen, nicht nur schleppend, sondern – wenn und soweit möglich – sogar in der Freude, das wäre vielleicht eines der größten Zeugnisse christlichen Daseins. Dann die *Hoffnung:* Das christlich-menschliche Herausgefordertsein bedarf auch der Bewältigung. Es ist nicht leicht, ständig herausgerissen zu werden aus unseren Denkformen, Beengungen und Gewohnheiten. Manchmal wäre es so angenehm, irgendwo sich häuslich niederzulassen und dem Ende entgegenzuharren. Doch ist das menschliche und erst recht das christliche Leben ganz anders angelegt: Es kommt nie zu Ende, sondern öffnet sich neuen Dimensionen und Aufgaben bis zum Tod, ja, selbst darüber hinaus. Schließlich die *Vollendung:* Das christliche Leben ist eine Entfaltung auf den Himmel hin. Von dieser Vollendung sollte der Christ bereits in seinem irdischen Leben Zeugnis ablegen. Das Licht des Himmels sollte er herbeiholen in das Graue des Alltags. Alle drei kann man nur vom Gebet her bewältigen, ja überhaupt bestehen.

In dieser Schrift habe ich Texte gesammelt und zur Einheit gebracht, die ich in verschiedenen Beiträgen zum Teil bereits veröffentlicht habe. Ich selber war erstaunt, in welch gedanklicher Nähe die einzelnen Texte stehen. Es machte mir deshalb nicht viel Mühe, sie in eine Ganzheit zusammenzuschweißen. Was an den Texten geändert wurde, sind lediglich einige Auslassungen (damit der gleiche Gedanke nicht wiederholt wird) und einige Textkorrekturen (nur dort, wo ich glaubte, in der Vertiefung der Gedanken weitergekommen zu sein).

Von diesem kurzen Durchblick her dürfte dem Leser bereits klargeworden sein, dass ich ihm keine »leichte Lektüre« vorlege. Doch will, so scheint mir, der heutige Christ gar nicht Bücher, die er mühelos lesen kann. Er will Schriften in die Hand nehmen, die ihn zum Nachdenken anregen und von ihm auch Betrachtung fordern. Ob mir ein solches Buch gelungen ist, das soll der Leser selber beurteilen.

Cham, Herbst 1974

LB

Kreuz

Kreuz bedeutet für einen Christen, dass er das Leben mit all seiner Sinnlosigkeit auf sich nimmt, die Unverständlichkeit nicht abtut, sondern sie durchleidet. Ohne dieses Durchlittenwerden würde unsere Existenz verkümmern. Wenn ich vom »Durchleiden« spreche, so meine ich den Ausdruck sehr ernst. Das Leid des Menschen kann man nicht erledigen. Ja, selbst schlüssige Antworten kann man nicht geben. Im Letzten wird man einem leidenden Menschen wohl nicht mehr geben können als unsere eigene Gegenwart. Deshalb hat Christus das Kreuz auf sich genommen. Er ist hineingegangen in die Unverständlichkeit unseres eigenen Lebens. Sogar so weit ist er in sie hineingegangen, dass er am Ende seinem Vater das Wort entgegenschreien musste: »Mein Gott, mein Gott, warum hast Du mich verlassen!« In dieser äußersten Einsamkeit schenkte er uns allen seine Nähe. Man darf über das Kreuz des Menschseins keine großen Worte machen. Es ist jeweils einmalig. Deshalb möchte ich hier einige Versuche vorlegen, die in gebührender Zurückhaltung über dieses Letzte unserer Existenz zu sprechen versuchen. Ich möchte so mich gleichsam neben meine Freunde hinsetzen und ihnen schlicht sagen: Habe Mut, du bist nicht allein! Vielleicht wird dieses schlichte Wort einigen helfen, weil es aus Freundschaft gesprochen wurde.

Elend und Größe christlicher Existenz

Die wesentliche Botschaft des Neuen Bundes ist die Verkündigung: In Christus hat sich eine völlig neue Seinsdimension aufgetan, der Himmel. Dieser wächst und reift in den Kindern Gottes, in den Brüdern und Schwestern Jesu Christi. Der Mensch ist seither nicht mehr aus seiner irdischen Vorhandenheit zu verstehen. Sein Leben ist auf den Himmel hin entworfen, auf einen Zustand hin, der nahe ist und trotzdem immer noch aussteht. Was vorher geschieht – all das Suchen und Tasten, das zum größten Teil die Geschichte der Menschheit und eines jeden von uns ausmacht –, ist nur Geburt. Die Welt entsteht erst, indem der Mensch den Himmel betritt. Wir leben also im eigentlichsten Sinne des Wortes noch nicht. Das Eigentliche sehen, hören und ergründen wir noch nicht. Das Leben ist noch nicht da. Es kommt auf uns zu. Das Wesen des Menschseins liegt noch an der Front. Daraus erwächst die christliche Forderung: Dein einmaliges Leben muss dir gelingen, damit die Welt durch dich Vollendung erlangt.

Das gelungene menschliche Sein: Tugend

Das gelungene menschliche Sein heißt im Sprachgebrauch der alten Theologie »Tugend«. Unter Tugend verstehen wir nicht eine bürgerliche Bravheit oder eine zahme Ordentlichkeit. Im Gegenteil: Sie ist die explosivste Wirklichkeit, die es in unserer Welt geben kann. Sie steht im diametralen Gegensatz zu dem, was das Wort in unserem alltäglichen Sprachgebrauch so stillos, abgeschmackt und bieder klingen lässt. Sie ist die Erfüllung menschlichen Seinkönnens. Eine Erfüllung, die nicht nur hie und da, nicht nur gelegentlich eintrifft, sondern als dauernde Ausrichtung auf das Wesenhafte in die menschliche Existenz entscheidungshaft heimgeholt ist. Tugend ist demnach das Unkonventionellste und Unwahrscheinlichste, das uns in unserer Welt begegnen kann: durch eigene Anstrengung verwirklichte und zeugnishaft gelebte menschliche Wesentlichkeit. Sie äußert sich zwar in einzelnen Handlungen, ihr Wesen besteht aber in der Gesinnung. Sie ist die Tiefenströmung des konkret verwirklichten Schicksals, die Weite und die Eindringlichkeit des Fühlens, Erkennens und Entscheidens. In einem tugendhaften Menschen würde etwas wirken, das Thomas von Aquin mit dem seltsamen Ausdruck *«opinio vehemens»* bezeichnet hat: die Gehobenheit, Eindringlichkeit und die geballte Kraft des Lebensvollzugs. Seine Existenz wäre glühend und durchsichtig auf den Grund der Seienden hin.

Der Maßstab des Gelingens: Selbstlosigkeit

Diese zeugnishafte Transparenz seiner Existenz hätte ihren Ursprung in der Selbstlosigkeit. Diese ist das Maß und der Maßstab jeglichen tugendhaften Daseinsvollzugs: die gültig gewordene Selbstüberwindung des Herzens, die Vornehmheit und Feinheit der Begegnung, die Empfindlichkeit für das fremde Sein. Diese Haltung verwirklicht sich wiederum nur in jenen Menschen, deren Daseinsregungen vom eigenen Selbst »fortgehen«, in deren Lebens- und Erlebenszentrum primär der andere steht und nicht das eigene Ich. Der Mensch nimmt sich zusammen und verschenkt sich; er geht in die Absichtslosigkeit hinein und wird darin offen; er schaut nicht mehr auf sich zurück, sondern bringt sich zum Einsatz im Dienst am Bruder. Tiefstes und eigentlichstes Selbstsein heißt somit Selbstlosigkeit. In ihr verwirklicht sich jene Empfängnisbereitschaft, die Christus in seiner unvergesslichen Forderung »Armut im Geiste« genannt hat und die einzig fähig ist, am Ende des Lebens restlos leere Hände Gott entgegenzustrecken und darin die Fülle der Vollendung, den Himmel, als unverdientes Geschenk zu empfangen.

Die »Sünde des Lebens«

Diese unauffällige, aber das Mensch- und Weltsein in die Vollendung des Himmels hineinreißende Haltung – deren Wesen wir in der zum Existenzakt gewordenen Selbstlosigkeit erkannt haben – ist in unserem Leben bedroht. Vielleicht nicht so sehr von den einzelnen Akten und Handlungen der Auflehnung, sondern vielmehr von einem seltsamen, fast unmerklichen Abgleiten in die Uneigentlichkeit, dem ich hier versuchsweise den Namen »Sünde des Lebens« geben möchte.

Das Dasein wird nach und nach undurchlässig und hart, ohne Gelöstheit und Empfänglichkeit. Bei jedem kleinen Schritt kann der Mensch sich sagen, dass es berechtigt, gut, ja vom Christlichen her gefordert ist, so zu handeln. Doch entsteht im Zuge des inneren Zerfalls ein Mensch, der mit sich selbst, mit seinen Erfolgen und Gewohnheiten zufrieden ist, der sich in der Pflege des Eigenen verausgabt, der nicht mehr träumen kann von einer größeren Erfüllung, der ständig darauf bedacht ist, ob er etwas verliert oder dazugewinnt, der sich selbst nicht mehr schenken kann. Dieser Zustand existenzieller Verdunkelung kann so entstehen, dass der Mensch keine »registrierbare«, schwere Sünde begeht. Die »Sünde des Lebens« ist nichts Dramatisches oder Titanisches. Sie ist nur: kleinlicher Egoismus im Alltag, verletzende Boshaftigkeiten, Voreiligkeit im Urteilen, Ungeduld, Grobheit in der Begegnung, Unfähigkeit, andere wirklich anzuhören, sie seinshaft zu Worte kommen zu lassen, Nachtragen, Mangel an Ehrfurcht vor dem Seelenleben des anderen Menschen, Launenhaftigkeit, Zeitvertun, innere Trägheit. Das alles und vieles andere mehr wäre zu bedenken, wenn wir von der »Sünde des Lebens« sprechen.

Die endgültige Rückführung auf das Wesen der Gesinnung: Fegfeuer

Wenn wir diese Andeutungen theologisch auszuwerten suchen, erfassen wir die existenzielle Bedeutung der Begriffe »Fegfeuer« und »Gericht«. Im Tode ereignet sich ein Zusammenbruch von all dem, was der Mensch als Uneigentlichkeit in sich angesammelt hat. Der Mensch wird dem gegenübergestellt, was er wirklich ist und was in seinem Sein ewigen Bestand hat. Sein Erfolg ist zerstört; seine Macht zerfließt; sein Reichtum verschwindet. Er hat keine äußeren Stützen im Sein. Mit seinem ganzen Dasein ist er jetzt dem überantwortet, was in diesem Augenblick aus seinem Sein noch übrigbleibt: seiner Sehnsucht, seinem Schrei nach Hilfe, seinem Ausgeliefertsein einer absoluten Barmherzigkeit. Da erkennt der Mensch, dass immer schon – im Wesentlichen – aus seinem Leben nur das übrigblieb, was er aufgegeben hat, seine Selbstlosigkeit: die Stunden des Ausharrens bei einem leidtragenden Freund, die Erlebnisse der Hingabe in der Liebe und Freundschaft, die Erfahrungen des Glücks des Nicht-mehr-sich-Gehörens, die Entschlossenheit, mit den Weinenden zu weinen, sich mit den Frohen zu freuen. Diese endgültige Rückführung des Menschen auf das Wesen seiner Gesinnung heißt schlicht »Fegfeuer«.

Die Offenbarung der verborgenen Christusdimension: Gericht

Da aber der Mensch nicht derart restlos »er selbst« sein kann, ohne zugleich in seiner eigenen Menschwerdung die Wirklichkeit des Menschgewordenen zu erfahren, steigert sich die Selbstbegegnung des Menschen im Tode (Fegfeuer) zu einer Begegnung mit Gott in Christus (Gericht). Indem der Mensch sich selbst in restloser Aufrichtigkeit erkennt, begegnet er Christus. In diesem Sinne wird das Gericht das Selbstverständlichste und zugleich das Überraschendste unserer Existenz sein: die Offenbarung der verborgenen Christusdimension unseres Daseins. Im Matthäusevangelium fragen die Gerechten (und auch die Ungerechten) Christus: »Herr, wann haben wir dir das getan?« Wann haben wir dich hungrig gesehen, durstig, nackt, krank, fremd, im Gefängnis? Sie haben offenbar die größten Taten ihres Lebens vollbracht, ohne sich darüber wirklich Rechenschaft gegeben zu haben. Das Gericht wird jene Dimension unserer Taten vorweisen, die über die Vorläufigkeit ihres konkret-erlebbaren Nachvollzugs unmittelbar in Christus mündet: die letzte Tiefe unserer Erlebnisse, unserer Sehnsucht, unseres Verlangens nach Freundschaft und Güte. Alles andere zählt nicht, fällt ab, hemmt nicht mehr, hindert den Menschen nicht, in die restlose Freude einzugehen. Fegfeuer und Gericht bedeuten im Grunde: Den Himmel kann nur der aushalten, der den Mut aufbringt, ganzheitlich zu lieben, das heißt, radikal selbstlos zu sein.

Die Versuchung des Menschseins und die Versuchungsgeschichte Christi

An welchen Stellen, in welchen Lebenssituationen verdichtet sich jene Entscheidung des christlichen Daseins, die Versuchung und Verheißung in einem bedeutet? Wo entsteht (einerseits) jene Seinsverdunkelung, die das Sein Christi nicht mehr aufnehmen kann, die Gott keine Heimat mehr bietet? Durch welche Überwindung gelangt (andererseits) der Christ zur Fülle des Zeugnisses und der Verheißung? Der existenzialtheologisch bedeutendste Text des Neuen Testamentes für unsere Doppelfrage ist die Versuchungsgeschichte Christi. Der Gottmensch hat in der Wüste unsere menschliche Wirklichkeit aus einer äußeren Not gerettet. Äußerste Not: Sie wird im Bild der Ödnis verdeutlicht. In-die-Wüste-Gehen bedeutet: sich dem Unheimlichen aussetzen, das Gefährlichste erleben, das Böse in seinem eigenen Reich angreifen, im »Zuhause der Dämonen«. Wie ist dieses wesenhafte Zuhause des Bösen gebaut? Wir finden im Bericht über die drei Versuchungen Christi in der Wüste drei Anhaltspunkte für einen Entwurf der Versuchung des Menschseins.

Erste Versuchung: Erfolg. Vom Drang des Geistes getrieben, verlässt Christus die menschliche Geborgenheit. Er flieht das Gedränge der Menschen. Er ist beim Äußersten angelangt. Vierzig Tage und vierzig Nächte fastet er: Christus geht bis zum Rande des Menschlich-Aushaltbaren. Da erwacht in ihm ein elementarer Hunger. Vielleicht nicht so sehr nach Speise, sondern noch mehr nach menschlicher Nähe. Es befällt ihn eine sublime Versuchung. Wie wäre es, wenn er Steine in Brot verwandeln würde? Die Anfechtung will: Christus soll jene Kraft, die ihn zu einem innerlichen, im Wesentlichen des Menschseins begründeten Wesen machte, veräußerlichen. Die Gefahr ist groß. Nicht nur die christliche Existenz, sondern auch das Restlos-Ehrliche des Menschseins stehen hier auf dem Spiel. Mit der gesammelten Kraft seiner gottmenschlichen Existenz ging Christus in das Wagnis hinein: ein innerlicher Mensch zu sein; von innen her zu leben, ohne Doppelrolle, ohne den anderen etwas vorzuspielen; im Kreise der Bedrückten und Getretenen zu stehen; das Elend und die Kraftlosigkeit des Menschseins auszuhalten. Hier ereignete sich eine Entscheidung von unvorstellbarer Tragweite: Die Scheinwelt des Erfolges wurde von Christus für nichtig erklärt und die stille Bescheidung der Liebe und der Freundschaft als der letzte Maßstab christlicher Existenz aufgestellt. Hier hat ein Mensch endlich gewagt, sich nicht mit dem gleichzusetzen, was er den anderen vorzuspielen hat. Ganz Gesinnung sein, in der inneren Wahrheit des Lebens und des Erlebens existieren, mit all dem, was eine solche Haltung in unserer Welt bedeutet an Mitfühlen, Einsamkeit, Zweifel, Beängstigung für den Freund bis hinein in die letzte Verzweiflung, das war die Entscheidung Christi: Umwandlung der Herzen in schlichte Güte und nicht Steine in Brot. Damit sagte er uns: Du bist mehr als all das, was du in deinem Leben erreicht, verwirklicht, erstrebt, erkannt und erliebt hast; du bist mehr als dein Erfolg. Wer das nicht mehr für sich aussprechen kann in der Ehrlichkeit seines Herzens, ist der Versuchung erlegen, obwohl er vielleicht im Kampf gegen »registrierbare Sünden« sehr erfolgreich gewesen ist.

Zweite Versuchung: Machtgier. Der Bericht über die zweite Versuchung Christi führt uns noch tiefer in die Bedrohung und die Verheißung der christlichen Existenz ein. Eine schwindelerregende Lockung ergreift die Seele Christi. Im Geiste steht er auf der Zinne des Tempels, sieht die stürzende Tiefe, den Abgrund, das Gewimmel der Menschen. »Wirf dich hinab, es kann dir nichts geschehen«! Der Messias soll also ungewöhnlich sein. Er soll von oben herabsteigen in unerwarteter, überraschender Eindrücklichkeit. Der Versucher wollte erreichen, dass das größte Ereignis des Menschseins, die Menschwerdung Gottes, dem Volke – das da unten wimmelt und von einem Herrscher träumt – durch einen Gewaltstreich geoffenbart und so innerlich verdorben und äußerlich missverstanden wird: Erlösung als Selbstverherrlichung. Wiederum steht das Wesen des Menschlichen überhaupt auf dem Spiel. Christus wollte aber nicht das Ungewöhnliche. Er wollte nicht auf Händen von Engeln getragen werden; wollte nicht, dass sein Fuß nicht an einen Stein stoße. Er hat jene Vergeblichkeit, die jede tiefmenschliche Beziehung – Liebe, Freundschaft und Mitsein – einmal erleben muss, auf sich genommen, hat den Weg zum Kreuz betreten bis in die Gottverlassenheit hinein. Er wollte machtlos sein. Die Machtlosigkeit der Demut war aber bei ihm eine positive Kraft. Sie war keine Verkrampfung der Existenz oder Leugnung des Seins, sondern Bejahung des Lebens. Er wollte sich allen ungeteilt schenken. Selbst jenen, die – wie der Zöllner – ferne von Gott stehen und nicht einmal ihre Augen zum Himmel zu erheben wagen. Demut ist reifgewordene Liebe. Sie ist das Mehr, das *«plus et ego»* der Lebensbejahung. Jeder Liebende wird in seinem Leben eine Grenze erreichen, an der ihn die Forderung des Sich-Demütigenlassens trifft. Dann geht es um das Ganze seiner liebenden Existenz. Wie machtlos und hilflos kann ein Mensch sein, der derart liebt! Er verzichtet auf die eigene Macht, setzt sich einem fremden Schicksal aus, will es beschützen und verteidigen, will für den anderen einstehen, die Schwäche des anderen ertragen und mittragen, das Glück und Unglück mit ihm teilen. Sich-Verfügbarhalten für das fremde Sein, Offenheit des Empfangens für die fremde Not, Vorbehaltlosigkeit der Bejahung des fremden Lebens: In diesen Eigenschaften erkennen wir die innere Kraft, aber auch die Machtlosigkeit der Liebe. Unsere innere Auflehnung gegen die Schwere, menschliche Unerfüllbarkeit und Demut der Liebe war das Wesen der zweiten Versuchung Christi.

Dritte Versuchung: Reichtum. Die dritte Versuchung Christi stellt den endgültigen, unwiderruflichen Sieg des Erlösers über die Macht des Bösen dar. Zugleich führt sie in das Abgründigste der Bedrohung des Menschseins hinein. Christus wird auf einen hohen Berg entrückt, sieht alle Reiche der Welt und ihre Herrlichkeit. Er fühlt sich in einem weiten Raum, in einer anderen Art von Raum. Ein Empfinden existenzieller Gelöstheit steigt empor. Sein Geist empfindet die Macht des Umfassens und Herrschens. Dennoch begibt er sich von dieser Höhe des Empfindens in die Kümmerlichkeit unseres Daseins, in den Kreis der kleinen Leute, in das Staubige unseres Lebens. In der Welt der Armen wollte er leben und in der menschlichen Kleinheit leuchtend bekunden, was die Liebe vermag, wenn sie es wagt, ganz Liebe zu sein. Er wollte Zeuge bedingungslosen Wagens, Duldens und Vollbringens sein. Dies war die Existenzweise Christi: für die anderen restlos da zu sein; ausgeliefert zu sein der Unmittelbarkeit des Augenblicks und den darin sich offenbarenden Nöten der Menschen. Das Geltenlassen der fremden Existenz und die schöpferische Gegenwart beherrschten sein Leben. Die Haltung der Armut im Geiste ist die Lebensweise der innerlich Freigewordenen, die zwar die Güter der Welt besitzen, von ihnen aber nicht besessen werden. Christus war ein glücklicher Mensch in seine inneren Armut. Etwas Absichtsloses, etwas Scheu-Verhülltes und Keusches, etwas, das sich niemandem, keinem Menschen und keinem Ding aufdrängte, trug er in sich. Seine Armut war das Aug-in-Aug mit Gott.

Versuchung und Vollendung. So entstand in der bei der Versuchung Christi in der Wüste errungenen Haltung – in der Wendung zur Innerlichkeit, in der Machtlosigkeit und in der geistigen Armut – leuchtendes Sein. Christus trat dem Chaos entgegen. Ausgerüstet war er nur mit der Bereitschaft, sich restlos zu opfern. Wie eine Fackel brannte seine Existenz in der Wüste. Die Welt wurde hell, öffnete sich dem Licht. Das Gerüst des Unbedeutenden war zusammengestürzt, und die Wahrheit des Wesens der Dinge, der Himmel, tat sich auf. Ein Christ, der diese Gesinnung ohne Hast und ohne selbstsüchtige Unerbittlichkeit, in stiller Einfachheit und in gottvertrauender Ruhe in seinem Alltag zu verwirklichen sucht, wird glücklich sein im Dienst Gottes, selbst wenn seine Existenz gebrochen ist. Das Schicksal der Welt, die Aufgebrochenheit des Lebens zu Gott hin, hat sich in ihm verwirklicht. Der Himmel kam durch seine Existenz der Erde näher. Selbstlosigkeit ist jener Stoff unserer Welt, aus dem einmal die Endgültigkeit des Seins, das vollendete All entstehen wird.

Scheitern im Schicksal Jesu

Scheitern im Schicksal Jesu: Der Formulierung und dem Inhalt nach eine recht schwierige Aufgabe, diese Frage erschöpfend zu behandeln. Zunächst scheinen die zwei Begriffe in der Formulierung als recht ungewöhnlich: »Scheitern« und »Schicksal«. Ist Jesus wirklich gescheitert? Hat er überhaupt ein Schicksal gehabt? Diese Fragen möchte ich in aller Ehrlichkeit erörtern.

Durch die Menschwerdung ist Gott in einen Raum eingetreten, der für den darin Lebenden eine einzige Kette von Schicksalsmomenten bildet: in die Geschichte. Dieses Sein Schicksal verlief als eine Aufeinanderfolge von Misserfolgen, die am Ende in ein auswegloses Scheitern mündeten. Als Gott Mensch wurde, ist Er es wirklich und nicht nur scheinbar geworden. Er war ohne Schutz und Ausnahme, verwundbar durch Wort und Tat, gleich uns hineingewoben in das erstickende Geflecht der Wirkungen, die von den verwirrten Menschenherzen ausgingen. Bedenken wir demnach die Menschwerdung ehrlich, so müssen wir auch behaupten: Jesus hat ein Schicksal gehabt, und dieses sein Schicksal war ein Scheitern.

Freilich dürfen und müssen wir all das auf dem Hintergrund unseres Auferstehungsglaubens denken: Jesus hat sein Scheitern in der Auferstehung in Herrlichkeit und in Freude umgewandelt. Täten wir es nicht, so würden die hier vorgelegten Gedanken in vielen nur Resignation hervorrufen, also genau das Gegenteil von dem sein, was unser Glaube darstellt: frohe Botschaft. So tröstlich und erhebend der Gedanke an den letzten Sieg Jesu sein mag, wir dürfen dennoch aus den Ereignissen des Lebens Jesu nicht von vornherein einen Verschnitt machen, in dem die Traurigkeit bereits von einer allüberwindenden Freude gemildert wäre. In der letzten Analyse ist es zwar so. Doch haben wir nicht nur das Recht, sondern auch die Pflicht, Jesu Schicksal so zu betrachten, wie er selbst es erlebt hatte, also das Schreckliche und Unerbittliche in Jesu Leben uns ganz nahe kommen zu lassen. Dies möchte ich hier versuchen.

Ein erster Blick auf Jesu Leben

Im Leben Jesu finden wir nirgends den Anspruch des Ungewöhnlichen. Er war ein Freund der Hungrigen, die satt werden wollten, der Kranken, die nach Gesundheit verlangten, der Getretenen, die nach Gerechtigkeit schrien. Kurzum aller, die an der Verkehrtheit unserer Welt litten und die zugleich den Mut hatten, die eigene Verkehrtheit zu sehen. Er hat die Armut, das Geschlagensein, die Kerker und das Leid nicht geliebt. Er hasste all das mehr, als je ein Mensch es gehasst hat. Es jagte ihm Tränen in die Augen, wenn er andere davon befallen sah. Es schauderte ihn, wenn er daran dachte, dass er sich alldem unterwerfen musste. Trotzdem hat er sich da hineinbegeben. Mit Grauen und Entsetzen zwar, als er es herankommen sah. Es war so widerwärtig, als freier Mann gebunden zu sein, sich anspucken zu lassen, weil man die Wahrheit sagte, sich schlagen zu lassen, weil ein Feigling um seinen Beamtenstuhl bangte, endlich zu sterben wie ein Verbrecher, im Grunde nur darum, weil ein paar erbärmliche Priester sich entlarvt fühlten. Es war kein großes Drama. Es war eine kleine, recht erbärmliche Geschichte, in die er da hineingezogen wurde und in der er untergehen sollte. In seinem Leid war Jesus nicht großartig. Er hat sich restlos verloren gegeben. Vor dieser Tat Jesu verstummt jegliches Fragen.

Jesus wird bereits in der frühapostolischen Verkündigung als Mitte und Ziel der Gesamtoffenbarung betrachtet (vergleiche Joh 5.39, 1.45, 2.22, 5.46, 12.16, 20.9 und andere). Besondere Bedeutung erhielt dabei die Prophezeiung bei Jesaja über den »Gottesknecht« (den *Ebed Jahwe*), besonders das vierte Lied (Jes 52.13–53.12). Deshalb möchte ich meine Ausführungen mit diesem Lied beginnen, um das Bild Jesu behutsam auseinanderzufalten.

Jesus der »Gottesknecht«

> Siehe, mein Knecht wird Erfolg haben, wird erhöht und erhaben sein gar sehr. Wie sich viele über ihn entsetzten, weil unmenschlich entstellt war sein Aussehen, unähnlich den Menschen seine Gestalt, so wird er viele Völker ins Staunen setzen. Könige werden vor ihm ihren Mund schließen. Denn, was ihnen nie erzählt ward, sehen sie, und was sie noch nie gehört, vernehmen sie.
>
> Wer hat unserer Kunde geglaubt? Wem ward der Arm Jahwes enthüllt? Er wuchs vor ihm auf wie ein Schössling und wie eine Wurzel aus dürrem Erdreich. Keine Gestalt

hatte er noch Schönheit, dass wir ihn hätten ansehen mögen. Kein Ansehen, dass wir an ihm Gefallen gefunden hätten. Verachtet war er und von den Menschen gemieden, ein Mann der Schmerzen und vertraut mit Krankheit. Wie einer, vor dem man das Antlitz verhüllt, war er verachtet, sodass wir ihn nicht schätzten. Er aber hat unsere Krankheiten getragen und unsere Schmerzen auf sich geladen. Doch wir hielten ihn für einen Gezeichneten, den Gott geschlagen und geplagt. Er aber ward durchbohrt ob unserer Missetaten, zerschlagen wegen unserer Verschuldungen. Zu unserem Heile lag die Züchtigung auf ihm, und durch seine Striemen ward uns Heilung. Wir alle gingen wie Schafe in die Irre, ein jeder wandte sich seines Weges. Aber Jahwe ließ ihn treffen die Schuld von uns allen. Gepeinigt wurde er, doch fügte er sich willig und tat seinen Mund nicht auf wie ein Lamm, das man zur Schlachtbank führt, und wie ein Schaf, das vor seinen Scherern verstummt. Aus Haft und Gericht ward er hinweggerafft. Wer kümmert sich um sein Geschick? Denn er war abgeschieden aus dem Lande der Lebendigen, ob der Missetat meines Volkes zu Tode getroffen. Man gab ihm bei Frevlern sein Grab und bei den Übeltätern seinen Hügel, obgleich er kein Unrecht getan und kein Trug in seinem Munde war. Aber Jahwe fand Gefallen an Seinem Zerschlagenen, heilte den, der sein Leben zum Schuldopfer dahingab. Er wird Nachkommen sehen, lange leben, und das Vorhaben Jahwes wird durch ihn gelingen. Nach seiner Seele wird er Licht schauen, sich sättigen. Durch seine Erkenntnis wird der Gerechte, Mein Knecht, die vielen rechtfertigen und ihre Schulden auf sich laden. Darum will Ich die vielen ihm als Anteil geben, und die Zahlreichen wird er als Beute erhalten, dass er sein Leben in den Tod dahingab und unter die Frevler gerechnet ward, während er doch die Sünden der vielen trug und an der Missetäter Stelle trat.

Ich möchte hier auf die zahlreichen Schwierigkeiten dieses Textes und seiner Anwendung auf Jesus nicht näher eingehen. Sie sind leicht nachzulesen, vor allem im ausgezeichneten Beitrag von Professor Franz Mussner »Ebed Jahwe« im *Lexikon für Theologie und Kirche.* Behalten wir hier nur, dass sowohl Jesus selbst als auch die apostolische Verkündigung den messianischen Dienst

Jesu in der jesajanischen Gottesknechtverkündigung sahen, wie eine ganze Reihe von Stellen mit direkten und indirekten Bezugnahmen beweist. Statt bei der Erörterung dieser Frage zu verweilen, müssten wir die darin innewohnende Wahrheit unserem Denken und Gemüt nahekommen lassen.

Wir lieben in Jesus seine Einsamkeit, seine stille Traurigkeit, seine Erfolglosigkeit, mit einem Wort ausgedrückt: seine Kleinheit. Man muss geradezu Erbarmen mit ihm haben. Von allen Knechten Gottes war er doch der beladenste, mit Mühsal über und über bedeckt. Wir möchten ihn beinahe in Schutz nehmen vor Gott. Wie nur konnte Gott ihn so behandeln? Von allen Seinen Knechten war er doch einzig und allein so, wie die Knechte Gottes eigentlich sein müssten. Und er ist Gottes Knecht geblieben, so wie Gott ihn berufen und gebraucht hat. In keinem Belang hat er sich als etwas aufgespielt, was er nicht war. Gottes Sohn ist wie ein Nichts geworden, obwohl er doch alles in Gottes Herrlichkeit war. Er ist uns sichtbar geworden, dennoch immer noch so unbegreiflich wie Gott selbst. Er war Gottes Sohn und doch Sein Knecht, geschlagen und verlassen von Gott selbst. Er war unendlich reich und zugleich unendlich arm, sodass der Mensch von ihm zugleich enttäuscht und hingerissen wird. Er hat die Menschen selig gemacht, weil er sich und Gott ihnen schenkte. Und gerade das ist unsere letzte Unseligkeit auf Erden.

Jesus hat dem jesajanischen Gottesknechtgedanken noch eine letzte Dimension hinzugefügt, indem er sich »Menschensohn« nannte. Der Gottesknecht als anonymer Menschensohn musste durch ein gewöhnliches irdisches Leben gehen. Damit hängt wohl auch das sogenannte »Messiasgeheimnis« der Synoptiker zusammen: Weil eben Jesus der unbekannte und unerkannte Gottesknecht war, musste sein messianisches Geheimnis in der Öffentlichkeit zunächst unausgesprochen und verborgen bleiben.

Jesus der »Menschensohn«

Der Ausdruck »Menschensohn« ist wohl eine der schwierigsten Fragen der Jesusforschung. Es gibt zahlreiche, teils einander widersprechende Erklärungsversuche. Als gesichert darf indes gelten, dass Jesus unmissverständlich wissen ließ, dass er und kein anderer als er selbst »der Mensch« ist und dass er machtvoll zum Gericht erscheinen wird. Selbst diese Deutung genügt uns aber, um ein Bild des *verborgenen Jesus* zu entwerfen.

Vielleicht das Erschütterndste an Jesus ist für uns: Er war ein Verborgener. Er strebte danach, namenlos zu sein. In seinem Leben brach die Einsamkeit der Fülle auf. Wer wie Jesus in der Einheit des Lebens existieren will, muss lange allein bleiben, um sich auf das Wesen des Daseins hin sammeln zu können. Einsam in der Reifung, einsam bei der Versuchung in der Wüste, einsam bei den größten Taten seines Lebens. Jesu Dasein kam aus einer Unbekanntheit, wie ein Stern, der plötzlich unser Firmament durchquert und den nur jene bemerken, die gerade zufällig hingeschaut haben.

Um ihn herum sehen wir Menschen, die ihn nicht verstehen. Man führt gegen ihn Verbotslisten, Gesetze, Bräuche und Überlieferungen auf. Selbst seine Mutter fragte ihn: »Kind, warum hast du uns das angetan?« (Lk 2.48). Alle warfen ihm – vielleicht nur stillschweigend – auf irgendeine Weise vor: »Warum bist du so anders?« »Zöllner und Sünder« fanden bei ihm willige Aufnahme. Er sagte innerlich zu allen: »Ich verurteile dich nicht.« Er verteidigte die Sünder vor den sogenannten Gerechten, nahm die Kinder vor den Erwachsenen in Schutz. Er nahm die Not der Menschen immer wahr: die Not einer armen Witwe, der er ihren einzigen Sohn zurückschenkte; die Not einer armen, kranken Frau, die nur den Saum seines Kleides zu berühren wagte; die Not des Freundes, der ihn verleugnete und dem er mit einem einzigen Blick Reue und Verzeihung schenkte.

Jesus verwirklichte die Gesamtexistenz des Menschen, also auch das Normale und Gewöhnliche, das Ermüdende, das sich stets Wiederholende und Unauffällige. Er nahm die Kraftlosigkeit, die Unwissenheit, ja die Versuchung auf sich. Er ging in die Beengung alles Menschlichen hinein – außer der Sünde. Er war ein Freund der Bedrückten. Er lieferte sich der Not des Menschseins aus. Jesus richtete seine innere Wahrheit in einer Welt der Unwahrhaftigkeit auf, in einer Welt der resignierten Gleichgültigkeit, der Macht und der Intrige. Es ist unmöglich, dass Jesus in einer solchen Welt irgendeine Chance gehabt hätte außer der Kreuzigung. Jeder Wahrheitssucher wird einmal gefragt, und zwar nicht in der Tonart der suchenden Unruhe, sondern in der der Resignation: »Was ist Wahrheit?«

Jesus ging mit der Entschlossenheit seines Daseins auch in jenes hinein, was in seiner alltäglichen Wirklichkeit das schwerste Leid unseres Lebens ausmacht: Unsere Einmaligkeit ist einer Öffentlichkeit preisgegeben. Diese Preisgegebenheit ist unseres Lebens schwerste Not und die letzte Einsamkeit unseres Daseins. Jesus wurde der politischen Macht überantwortet. Pilatus begegnete ihm zunächst mit Toleranz. Aber Jesu Schicksal gab ihm Gelegenheit, seine politischen Spiele weiterzuführen. So schickte er Jesus zu Herodes. Vor diesem Menschen erscheint Jesus noch ohnmächtiger. Allem Anschein nach war Herodes ein pathetischer Mensch, einer, der Interesse am Aufregenden und Ungewöhnlichen fand. Er dachte sich vielleicht, nun würde dieser Prophet ihm Gauklerstücke vorführen und ihm über seine Langeweile hinweghelfen. Aber vor Herodes stand Jesus schweigend da. Er hat nichts getan und nichts gesprochen.

Diese wenigen Andeutungen dürften ausreichen, um das Scheitern im Schicksal Jesu als Menschensohn wenigstens andeutungsweise nahezubringen. Um das bisher Gesagte zu verdeutlichen, muss ich mich nun jenem Begriff zuwenden, der den Inhalt des Wirkens Jesu ausmachte: dem »Reich Gottes«.

Jesus und das »Reich Gottes«

Jesu ganzes Denken, sein Tun und sein Schicksal kreisten um das Reich Gottes. Zwei Aussprüche aus der Offenbarung geben uns Weisung: »Die Zeit hat sich erfüllt, und das Reich Gottes ist herabgekommen« (Mk 1.14), und: »Das Reich Gottes kommt nicht mit äußerem Gepränge. Man kann nicht sagen: Siehe, es ist hier oder dort. Das Reich Gottes ist inwendig in euch« (Lk 17.20–21). Demnach wäre das Reich Gottes nicht eine bereits fertige Ordnung, sondern etwas Lebendiges und Inwendiges, das herankommt. Es war lange fern, hat sich dann genähert und ist nun so nahe, dass es verlangt, angenommen zu werden.

Reich Gottes bedeutet einfach, dass Gott in uns herrscht. Hier müssen wir uns aber ganz ehrlich die Frage stellen: Ist dieses Reich gekommen? Herrscht Gott wirklich in uns? Hat Jesus seine Lebenstat wirklich vollendet, sein Ziel erreicht, oder muss man sagen, dass er an alldem gescheitert ist?

Nun möchte ich diese Frage auch ganz ehrlich beantworten, indem ich eine Gegenfrage stelle: Was herrscht wirklich in uns? Es sind zunächst die Dinge, die Menschen und die Ereignisse, und wahrlich nicht Gott. Es sind unsere Gefühle, Vorurteile, unser ganzes und angeborenes Schicksal. Gott nur insofern, als diese erfüllende Wirklichkeit der Welt Ihm noch Raum lässt. Jesus verkündete aber, dass das Reich Gottes gekommen sei! Die Menschen sollten ihren Sinn umkehren von den Dingen zu Gott. Darin wäre neues Dasein geworden, neue Welt und neue Geschichte. Aber: Das Volk hat seinen Sinn nicht geändert. So ist das Reich in der ersten Weise, wie es angeboten war, nicht gekommen. Es schwebt gleichsam und steht auch heute noch immerfort im Kommen. Es langt an, in einzelnen Menschen oder in kleinen Gemeinschaften oder wiederum darüber hinaus, aber nur für kurze Zeit, und dann weicht es wieder zurück.

Fragen wir in diesem Zusammenhang nochmals: Ist die Kirche das Reich Gottes? Ich muss hier ganz eindeutig antworten: Keineswegs! Sie ist eine Notlösung, höchstens eine Brücke, die zum Reiche führt. Jesus hat das Kommen seines Reiches aufgeschoben bis zum Ende der Zeit. Er ging hinein in sein Leiden, hat für sich den Tod gewählt und wurde so für uns zum Punkt Omega, auf den hin wir uns sammeln sollen. Und von da an liegt auch jene Gemeinschaft, die wir »Kirche« nennen und die uns als eine Brücke dienen soll zum kommenden Gottesreich, stets in Gefahr, die heilige Ordnung als »Gesetz« misszuverstehen und zur Unfreiheit zu missbrauchen. Die Kirche wurde in der gegenwärtigen uns bekannten Form nicht von vornherein in Gottes Heilsplan einkalkuliert. Wir sollten demnach dafür sorgen, dass die Kirche tatsächlich immer mehr zur Brücke wird zum kommenden Gottesreich.

Wenn wir das Geheimnis der Ohnmacht Jesu ergründen wollen, müssen wir ein Dreifaches bedenken, müssen drei zunächst abstrakt anmutende Gedankengänge der Theologie, die aber das Furchtbare des Leidens Jesu erst in seiner ganzen Tiefe erschließen, unserem Denken und unserer Empfindung nahekommen lassen.

Theologie des Leidens Jesu

Als Erstes wäre jene Wirklichkeit zu bedenken, welche die Theologie versteht, wenn sie uns sagt, dass in der Existenz Jesu jener ursprüngliche Zustand hergestellt wurde, in dem der Mensch ohne Begehrlichkeit (Konkupiszenz) lebte. Die sogenannte *Freiheit von der Konkupiszenz* bedeutet im Grunde, dass der Mensch sich als eine ganzheitliche Seinseinheit verwirklicht, dass er also nicht gespalten ist zwischen dem, was er ist, und dem, was er tut, dass er alles, was er erlebt, unmittelbar zu seinem eigenen Sein macht. Im Urzustand der Menschheit, im Zustand der sogenannten Leidlosigkeit, war das ein Segen. Bei Jesus war es aber etwas unausdenklich Furchtbares. Wir, die wir unser Dasein immer nur bruchstückhaft leben können, sind zu einem absoluten Leid gar nicht fähig. Wir sind nie ganz Glück oder Leid. Wir tragen diese gleichsam nur mit uns herum. Jesus konnte aber das Leid aus seinem Bewusstsein gar nicht hinausdrängen. Was er tat und was er empfand, das war restlos er selbst. Auf dem Ölberg *hatte* Jesus nicht nur Leid, er *war* das Leiden selbst. Das nicht mehr zu bewältigende Leid war vollends in sein Dasein integriert. Er war gleichsam eingebannt und von überallher eingenommen durch die tödliche Trauer. Nur der menschgewordene Sohn Gottes, der innerlich derart mit sich selbst eins war, konnte das Andrängen des Todes ganz bei sich erkennen. Jesus wurde nicht vom Leid zermalmt, er war der Zermalmte selbst. Er hat nicht nur Pein empfunden, sondern war in seinem ganzen Wesen Pein, Träne und Grauen. Vielleicht verstehen wir jetzt besser die innere Bedeutung des geheimnishaften Vorganges, dass sein Angstschweiß zu fallendem Blutgerinnsel wurde (Lk 22.44).

Als Zweites sollten wir auch bedenken: Jesus hatte als Mensch von der Personeinheit mit dem Logos die *unmittelbare Anschauung* (*visio immediata*) des Vaters. Dies heißt aber keineswegs ein besonderes Wissen neben seinen anderen Wissensarten. Alles, was Jesus erfuhr, erlebte er unmittelbar von Gott her. Mit allen Fasern seiner irdischen Wirklichkeit lebte er in der Gegenwart Gottes. Die Dinge, die Menschen und die Ereignisse waren für ihn unmittelbar durchsichtig auf den Vater hin. Alle seine Erfahrungen waren eingetaucht in das innig erlebte, aber vielleicht für ihn (als Mensch) kaum aussprechbare Geheimnis der Gottheit. Gott war für ihn der »Raum des Lebens«. Was geschieht nun, wenn ein solches Dasein Leid erfährt? Aus den zwei völlig entgegengesetzten Erfahrungen ergab sich in Jesu Leben eine ungeheure Spannung, eine Verwirrung der Sinne und der Gefühle. Es entstand eine nicht mehr auslotbare Sinnlosigkeit. Unmittelbar Gott, der restlosen Seligkeit, preisgegeben zu sein und dabei ebenso unmittelbar die restlose Gottferne zu erfahren, dafür gibt es nur ein einziges, übrigens sehr schwaches Gleichnis: die Hölle. So ist Jesus in einem für uns unausdenklichen Sinn hinabgestiegen in die Hölle, in die restlose Zerstörung. Es war die Gottesnähe des Grauens.

Als Drittes sollten wir noch bedenken: Wenn wir sagen, Jesus sei unser *Erlöser,* so bedenken wir oft nicht genügend ernsthaft, was das für ihn bedeutete. Er hat sich restlos auf die Seite der Sünder gestellt, sich mit ihnen solidarisch erklärt. Ohne je eine Sünde begangen zu haben, hat er sich dem ausgesetzt, was die Erlösung der Sünde ausmacht. Daraus erwuchs für ihn eine »Unmittelbarkeit zu jeglicher Sünde«. Jede Gemeinheit, jede Widernatur, jeder Widersinn, alles, was in der Menschheit an dem vorhanden ist, das uns zur Empörung reizt, war Jesus unmittelbar gegenwärtig. Sein ganzes Dasein war in den Schmutz der gesamten Menschheit hineingezerrt. Noch nie hat ein Mensch so gelitten wie Jesus von Nazareth.

Als Abschluss möchte ich nun jenes Wort behandeln, das Jesus vom Kreuz herab zu uns gesprochen hat. Es ist das im Schweigen, im Todeskampf, im Gebet und in der schwersten Stunde des Lebens errungene Wort der Nähe zu uns Menschen.

Jesu Wort vom Kreuz

Es ist vielleicht bedeutend für uns zu bemerken, wie das Evangelium von Markus aufhört. Es endet mit den Worten: »Sie [die Frauen] sagten niemandem etwas, denn sie fürchteten sich« (Mk 16.8). Der hinzugefügte Schluss stammt nicht von Markus, ist aber wohl aus dem Urbestand der apostolischen Verkündigung. Es ist seltsam, dass der Bericht über Jesu Leben, Lehre und Schicksal mit Flucht, Staunen und Furcht endet. Und das einzige Wort, worüber Markus berichtet, heißt: »Mein Gott, mein Gott, warum hast Du mich verlassen?« (Mk 15.34). Diese Worte sind der Anfang des Psalms 22. Jesus betete da mit dem Psalmisten die messianische Opferliturgie. Die anderen Worte, die bei den anderen Evangelisten noch aufgezählt werden, möchte ich hier nicht näher erörtern, da für mich in diesem einzigen Wort alle anderen bereits mitenthalten sind.

In diesem Schrei der Verlassenheit schenkt Jesus allen Menschen seine Nähe. Er fühlt sich von Dem verlassen, mit Dem er sich als wesenhaft eins erklärte, damit er mit uns eins sein kann. Er ging hinein in die letzte Traurigkeit des Menschseins. Jesus nahm

Partei: die Partei der Einsamen, derer, die scheinbar gar keine Hoffnung mehr haben. Nach diesem Wort Jesu sind die sogenannten »Gottlosen« nicht unsere Feinde, sondern eher unsere Freunde. Jene, die das erleben, was Jesus am Kreuz durchlitten hat. Jesus kann nun allen Menschen sagen: Ich habe all das mitgemacht und gerade darin erfahren, dass Gott uns noch näher ist. Er ist gelegentlich dermaßen nahe, dass wir Ihn nicht mehr sehen können. Hier hat Jesus die Kümmerlichkeit menschlicher Existenz besiegt. Er hat alles, was wir Menschen sind, in den Stunden der Verlassenheit zusammengefasst. Aus dieser Existenz ist er dann hinausgebrochen. Nun wartet er »drüben« auf uns. Das heißt, er wartet darauf, dass wir seinen Geist in unserer Welt verwirklichen. Es ist scheinbar wenig geschehen an diesem Kreuz und um dieses Kreuz herum. Ein Verbrecher ist zwischen zwei anderen Verbrechern gestorben. Einige Frauen haben geweint. Ein zu Tode gequälter Mensch hat einige stammelnde Worte gesprochen. Jesus hat in seiner Todesnot noch einmal und diesmal endgültig ja gesagt zu allem, was wir Menschen sind, also auch zu unserem äußersten Nein. Somit wurde er für uns das Ja unseres Lebens.

—

Jesus ist nichts erspart geblieben. Aber er hat sich nichts vorgemacht. Er hat auch auf jegliche Pose verzichtet. Es war nun finster, außen und innen. Er war allein mit der Bosheit der ganzen Welt. Das Licht des Vaters verwandelte sich in ein finsteres Feuer. Nur noch Verlassenheit und Ohnmacht waren da, brennend und unsagbar tot zumal. Der Tod schlechthin war in Jesu Herz gestiegen und stach in die innerste Mitte seines menschlichen Daseins.

Nun heißt es im Philipperbrief vom Sohne Gottes:

> [Tut] nichts aus Selbstsucht oder eitler Ruhmsucht, sondern in Demut halte jeder den anderen für höher als sich selbst! Nicht achte jeder [nur] auf das Seine, sondern jeder auch auf das, was des anderen ist. So seid untereinander gesinnt, wie es auch Christus Jesus war, der in Gottesgestalt stand, sein Gottgleichsein aber nicht als einen Raub ansah, sondern sich selbst entäußerte, indem er die Gestalt des Knechtes annahm und Menschen gleich wurde. Und indem er in seinem Äußeren wie ein Mensch empfunden wurde, erniedrigte er sich selbst, gehorsam geworden bis zum Tode, ja bis zum Tod am Kreuz (Phil 2.3–8).

Und jetzt bricht der Jubel des inneren Befreitseins aus der Seele des Apostels Paulus hervor, den auch wir selbst nun nachvollziehen sollten: »Deshalb hat ihn auch Gott über alles erhoben und ihm den Namen verliehen, der über allen Namen ist, auf dass im Namen Jesu sich jedes Knie beuge, der Himmlischen, der Irdischen und der Unterirdischen, und jede Zunge bezeuge: ›Jesus Christus ist der Herr, zur Ehre Gottes des Vaters‹« (Phil 2.9–11).

Ungeheures wird da gesagt! Dass Gottes Sohn sein ewiges Selbstsein nicht wie etwas zu Unrecht Angeeignetes angstvoll-gewaltsam festgehalten, sondern sich »entäußert« – sagen wir schärfer: vernichtigt, das Selbstsein hergegeben – hat, dadurch, dass er, der Herr einfachhin, sich zum Knecht, zum vielgebundenen Menschen machte, und zwar in bitterem Ernst, bis in den Tod, den der Rechtsbrecher erleiden musste, den Tod am Kreuz. Daraus ist ihm aber ein Name, der Name »Christus«, des Siegreich-Gesalbten, und des »Kyrios«, des Gott-Herrn, erwachsen, Der über allem Geschaffenen thront. Und schließlich: Dieses Geschehen ist Gott dem Vater ewig Ehre. Dies ist die letzte Perspektive über das Scheitern im Schicksal Jesu.

Gebet des Gekreuzigten

Das menschliche Leid ist, außer der Liebe und der Freundschaft, das Persönlichste und Unwiederholbarste unseres Lebens. Das Leid ist der Weg des Todes. Der Tod aber ist das Einmaligste des Einmaligen. Somit gibt es keine christliche Antwort auf das Leid, die man in gleicher Weise zwei verschiedenen Menschen geben könnte. Nur ein einziger Mensch hat *das* Leid und *den* Tod erfahren, das heißt alle Möglichkeiten des Leides und des Todes ausgeschöpft, und dieser Mensch war zugleich Gott: Jesus Christus. Somit gibt es im christlichen Sinn im Grunde keine andere Möglichkeit über das eigene Leid und über den eigenen Tod zu sprechen, als Christi Leidensweg nachzuzeichnen. Im leidenden Christus wird der Mensch sich selbst erkennen. Auch hier möchte ich mir große Zurückhaltung auferlegen. Mit knappen Andeutungen, in wenigen sinnerhellenden Worten möchte ich den Leidensweg Christi beschreiben und es dem einzelnen Leser überlassen, sein eigenes Leid darin zu finden. Das Leiden des Gottmenschen trägt das ganze Leid der Menschheit, die leibseelische Not eines jeden Einzelnen in sich.

Der Verrat

Der eigentliche Leidensweg Christi, das »Triduum des Todes«, beginnt damit, dass ein Freund ihn verrät. Welches die Motive des Apostels Judas von Karioth waren, geht uns nichts an. Diese Frage hat die Menschen seit zweitausend Jahren beschäftigt. Im Grunde ist sie aber unwichtig. Man kann Gott aus so verschiedenen Beweggründen verraten, wie es einzelne Menschen gibt. Das erfahren wir ja täglich in unserem eigenen Leben. Bedeutend ist aber, dass Judas sicherlich aus lauteren Absichten zu Jesus kam und dass Jesus ihn in Freundschaft aufnahm. Er hatte auch seine schweren Charakterfehler: Er war – wie das Johannesevangelium ausdrücklich betont – ein »Heuchler«, ein »Dieb«, ein Mensch, der dazu fähig war, einen Verrat in Form eines Friedenskusses zu begehen. Aber Christus hat ihn bis zum Ende »Freund« genannt, weil er auch andere Apostel, die nicht geringere Fehler mit sich gebracht haben, als Freunde betrachtete.

Wenn man ihn dem wankelmütigen Petrus, dem unduldsamen Johannes oder dem misstrauischen Thomas gegenüberstellt, kommt er uns gar nicht so verdorben vor. Christus hat eben keine großen und heiligen Menschen zu Freunden erwählt. Jeder Apostel hätte Jesus genauso gut verraten können. Wenn uns etwas bei der Lesung des Johannesevangeliums traurig stimmt, so dies: Johannes hätte über Judas nicht so hart sprechen dürfen. In seinem gehässigen Urteil hat er sicherlich nicht von Jesus, sondern von sich selbst Zeugnis abgelegt. Die Evangelien bieten uns nicht genügend Anhaltspunkte, um eine Psychologie des Verrats von Judas an Jesus zu entwerfen. So tun wir besser daran, diesen Verrat seine eigene Sache sein zu lassen und die des menschenliebenden und erbarmungsvollen Erlösers. Jeder von uns hat bereits in irgendeiner Beziehung einen Freund verraten, einen Menschen, der ihm sein Herz geschenkt hat.

Und umgekehrt: Nachdem ein Mensch den Gottessohn verraten hat, können wir gewiss sein, dass uns irgendjemand, den wir sehr geliebt haben und immer noch lieben, verraten wird. Das ist ein Schicksal, wogegen wir uns, wenn wir Christen sind, nicht auflehnen dürfen. Indem wir Christus nachfolgen wollen, müssen wir lieben, müssen Freunde haben. Das alles sollen wir in einer Welt tun, in der Liebe und Verrat im gleichen Menschenherzen dicht nebeneinander beheimatet sind. Indem wir lieben, setzen wir uns der Möglichkeit einer Tragödie aus. Dieser kann man nur entgehen, indem man sich verschließt, indem man sein Herz niemandem schenkt. In der Liebe überantwortet sich der Mensch in die Hände eines anderen, dessen Liebe und Treue bedroht sind. Dennoch gibt es keinen anderen Weg zum Glück.

> Lieben heißt immer schon verletzlich sein. Liebe irgendetwas, und dein Herz wird gequält und möglicherweise gebrochen. Willst du dein Herz ganz zuverlässig unversehrt bewahren, darfst du es nie verschenken, nicht einmal einem Tier. Umgib es sorgfältig mit kleinen Gewohnheiten, meide alle Verwicklungen, verschließe es sicher in den Sarg deiner Selbstsucht. Aber in diesem Sarg – gesichert, reglos, ohne Luft – verändert es sich. Du hast nur die Wahl zwischen Tragik – oder wenigstens dem Wagnis einer Tragödie – und Verdammung. Der einzige Ort außerhalb des Himmels, wo du vor allen Gefahren der Liebe vollkommen sicher sein kannst, ist die Hölle (C. S. Lewis).

Ein Mensch, den wir lieben, kann unser Wesen vergiften, unser Schicksal zerstören, unsere schönsten Hoffnungen enttäuschen. Ehrlich und reif zu lieben, das bedeutet, in der Liebe bis zum Tod ausharren. Es ist eine Nachfolge Christi bis zum Kreuz. Dies sollten wir aus der tragischen Geschichte der Freundschaft zwischen Jesus und Judas von Karioth lernen. Diese zwei Menschen, von denen einer Gott selbst war und der andere ein armseliges Wesen, haben mit ihrem Herzblut das Kreuz über jegliche menschliche Liebe gezeichnet. Was mit Judas nachher geschehen ist, das sollten wir seinem Freund, Christus, überlassen. Was zwei Freunde einander zu sagen haben, geht uns nichts an.

Die Verlassenheit

Im Augenblick der Gefangennahme Jesu ergreifen alle Jünger die Flucht. Die Knechte führen Jesus zu Annas, dem Schwiegervater des amtierenden Hohenpriesters Kaiphas. Der Kampf beginnt. Jesus wird ihn allein bestehen müssen. Sicherlich haben die Jünger Jesus aus Furcht verlassen. Hinter dieser Furcht steht aber noch mehr: die Verstörtheit. Dass die Knechte den Mann, in dem die Jünger den Messias erkannt haben, gefangen nehmen können, war für die Jünger der Zusammenbruch all ihrer Hoffnungen und Träume. Jesus hat sie grenzenlos enttäuscht. So machtlos kann und darf ein Gottessohn nicht sein!

Denken wir aber tiefer! Jesus wollte gar nicht, dass sie bei ihm blieben. Er selber hat ja die Initiative ergriffen, indem er den Befehlshaber der Kohorte gebeten hat: »Wenn ihr mich sucht, so lasst diese da ziehen!« Je entschiedener Jesus dem Tod entgegengeht, umso mehr verengt sich der Kreis der Freunde um ihn, bis er am Ende jeglicher Erdenbindung enthoben ist. Den endgültigen Durchbruch der Menschheit in die Sphäre der Gottunmittelbarkeit konnte nur er allein vollziehen. Was er nun zu tun gedachte, schloss jede Nähe eines anderen aus.

Darin wird eine Grundgesetzlichkeit der geistigen Schöpfung deutlich. Wer »höher« gelangen will, muss aus allen Sphären des Verwirklichten und Erreichten *aus*brechen, muss sich ganzheitlich als Person sammeln, sich mit dem letzten Einsatz seiner Wirklichkeit ins Noch-nicht, ins Darüber-hinaus versetzen. Er muss in die Einsamkeit hineingehen, wenn er ganzheitlich dem Absoluten nahekommen will. Er muss wirklich »er selbst« werden. Während seines Lebens wird er von Menschen, Dingen und Ereignissen, von Sehnsüchten und Träumen beherrscht. Das alles stellt den Raum seines Wesens voll. Diese Vielheit lässt das Eigentlich-Wesentliche in seinem Bewusstsein nicht zur Geltung kommen. Der Mensch, der Einmaliges vollziehen will, muss zuerst auf seine eigene Wirklichkeit, auf das Wesentliche seines Seins zurückgeführt werden. Dazu muss er sich aber all dessen entreißen, woran er mit allen Fasern seiner Wirklichkeit hängt, und sich dem Einen, dem Unbekannten und Erfüllenden preisgeben. Alle Masken müssen fallen, und alle Rollen müssen ein Ende nehmen. Es gibt im menschlichen Wesen einen heiligen Bereich, auf den sich der Mensch zurückziehen kann, wenn er *die* Tat seines Lebens vollziehen will.

Die Apostel, indem sie Jesus allein ließen, ihn der endgültigen Einsamkeit überantworteten, mussten ja so handeln. Vielleicht hätten sie es mit weniger Feigheit und Bestürzung, also mit viel mehr Würde machen sollen. Jedenfalls dürfen wir Ihnen dankbar sein, dass sie Jesus das tun ließen, wozu er in die Welt gekommen ist. Einer hat ihn noch einmal bei seiner Sammlung auf das Wesentliche gestört: Petrus. Er wollte mit seinem lächerlichen Schwertstreich noch einmal vor Jesus etwas beweisen. Die Frauen aber, vor allem Maria, die Mutter Jesu, und dann später auch der zuerst feige Johannes, haben viel mehr begriffen. Sie ließen ihn allein und waren trotzdem, zwar von fern, dabei. Man erahnt bereits hier, wie Jesus, der als Erster den Durchbruch der Menschheit in die Herrlichkeit wagte, einen Weg ging, der nichts Zufälliges an sich hatte. Der Weg des Kreuzes wurde ihm von uns, von unserer menschlichen Verfassung vorgeschrieben. Dies wird noch deutlicher hervortreten, wenn wir Strecken des Leidensweges Jesu betrachten.

Die Verurteilung

Jesus ging mit der Entschiedenheit seiner gottmenschlichen Wirklichkeit in die Vollendung hinein. Er wollte alles abreißen und durchbrechen, was uns in uns selbst einsperrt und was uns daran hindert, ins Grenzenlose hineinzuwachsen. Dabei musste er Verrat und Verlassenheit erfahren, und zwar nicht als zufällige Begebenheiten, sondern als das, was mit diesem Schritt ins Grenzenlose wesenhaft verbunden ist. Dies gilt ebenso von seiner Verurteilung. Wir wollen auch hier nicht die Frage der Schuld berühren. Wer von uns hätte einen Menschen, der sich gefangen nehmen lässt, dem man ins Gesicht schlagen kann und der sich dabei noch als Gottes Sohn ausgibt, nicht für einen Gotteslästerer gehalten?

Die Mentalität des Hohen Rates ist auch heute nicht ausgestorben. Auch in der Kirche nicht. Es gibt unter uns viele, die den Menschensohn im Namen der Ehre Gottes abschreiben und verurteilen würden. Wenn man sich vorbehaltlos auf den Standpunkt der Welt stellt und diesen unbedingt gegen das Unberechenbare und geradezu Unheimliche der göttlichen Liebe behauptet – die sich in einen armseligen Menschen einbirgt, der nichts zu sagen weiß, den man stoßen und anspucken kann –, dann allerdings muss man sagen: Dieser hat Gott gelästert. Wenn man versucht, Jesu Existenz einmal nicht in vorgefassten Begriffen, sondern von seinen eigenen menschlichen Erlebnissen her zu begreifen, so erscheint sein Gang auf Golgotha als selbstverständlich, eindeutig und der menschlichen Natur gemäß. Um aus unserer Welt zu Gott zu gehen, gibt es keinen anderen Weg.

Das Geschlagensein

Mehrmals wird in den Evangelien erwähnt, dass man Jesus geschlagen hat. Wir müssen dabei tief in die gottmenschliche Wirklichkeit Jesu hineinschauen, um zu verstehen, was das bedeutete. Christus war Gottmensch.

Dies bedeutet, dass er ganz Mensch war, eine Einheit von Leib und Seele. Der Mensch als Leib-Seele-Einheit steht im Sein, indem die Seele den Leib bis in die letzten Fasern und Regungen durchdringt. Anderseits, indem das Leibliche derart in die Seele hineingenommen wird, dass sie zur Wesenseinheit werden. Somit ist der Leib im vornherein in der Seele mit einbeschlossen. Alles, was in der Leiblichkeit erscheint, ist Ausfaltung der Seele. Wir können den Menschenleib nicht berühren, ohne die Seele anzutasten. Wer Jesus leiblich schlug, hat seine Seele geschändet, sie gegeißelt und mit Dornen gekrönt.

Dies bedeutet, dass Jesu menschliche Wirklichkeit unmittelbar mit der zweiten göttlichen Person vereint war. Wer Jesu Leib verletzte, hat also unmittelbar Gott geschlagen. Die Philosophie wird uns sagen, das sei Unsinn, man kann Gott gar nicht schlagen. Dennoch geschah es, nicht weil wir Gott von uns aus hätten schlagen können (da hat die Philosophie vollkommen recht), sondern weil Gott selbst Sich uns ausgeliefert hat (und in dem Punkt ist die Philosophie ein schlechter Scherz).

All das müssen wir bedenken, wenn wir das Geschlagensein Jesu in seiner Furchtbarkeit verstehen wollen. Indem man einem Menschen ins Gesicht schlägt, trifft man das Herz Gottes. Daran gibt es nichts herumzudeuteln. Indem sich aber Gott in die menschliche Wirklichkeit hineinbegab, hat Er Sich Schlägen ausgeliefert, die den Menschen zugefügt werden. Es gibt keinen Menschen, der – in irgendeiner Weise – nie geschlagen worden wäre. Und je mehr der Mensch wirklich Mensch wird, desto mehr wird er geschlagen. Weshalb aber? Vielleicht heißt die Antwort: weil der Mensch sich selbst nicht aushalten kann. Es ekelt ihm vor sich selbst. Er möchte sich selbst ins Gesicht schlagen. So schlägt er jenes, was ihm an Menschlichem unter die Fäuste kommt. Die »Fäuste« können freilich auch symbolisch verstanden werden. Man kann einen Menschen schlagen, indem man ihn gar nicht berührt. Und wer von uns hätte einen Menschen in diesem Sinne noch nie geschlagen? Dieser Mensch hätte Jesus selbst sein können und somit hätten wir unmittelbar ins Antlitz Gottes geschlagen.

Schon bei der ersten Etappe der Leidensgeschichte Jesu wurde uns eines klar: Die Kreuzigung Jesu war nichts Außergewöhnliches. Sie war nur die Art und Weise, wie der Mensch seine Eigentlichkeit in der Welt bestehen muss: im Verrat, in der Verlassenheit, in der Verurteilung und im Geschlagensein. Erlösung heißt nichts anderes, als dass Gott Sich in die menschliche Situation hineinbegeben hat. Das Kreuz des Menschseins wurde somit das Symbol der Erlösung. Wir möchten nun den gleichen Gedankengang verfolgen und aufzeigen, dass Jesus auf seinem Weg zum Kreuz nur das Eine tat: unsere menschliche Wirklichkeit restlos auf sich zu nehmen und sie hineinzutragen in Gott.

Die Unwahrhaftigkeit

Jesus wird der politischen Macht überantwortet. Man schleppt ihn zu Pilatus, man klagt ihn an, indem man seine Absichten als politisches Verbrechen darstellt. Der Römer schickt Jesus dann zu Herodes, der ihn mitsamt seinem Hofgesinde verspottet. Daraufhin wird Jesus wieder dem Gouverneur zugespielt. Pilatus muss jetzt eine Entscheidung treffen. Der todmüde Jesus scheint ihm keines persönlichen Einsatzes wert zu sein. So überlässt er ihn den Folterknechten, verkündet das Todesurteil und geht zur Tagesordnung über. Die ganze Sache ist für ihn erledigt. Das Schicksal Jesu zerbricht hier an zwei Machtmenschen, an Pilatus und Herodes, an Menschen, die offenbar keine Beziehung zu den letzten Werten des Lebens hatten, zur Wahrheit und zur Achtung. An solchen Menschen wird jegliches Menschenschicksal zerbrechen. Jesus lebt uns hier in der äußersten Verwirklichung das vor, was wir alle in unserem Leben erfahren und woran wir einmal scheitern werden.

Zunächst an der Unwahrhaftigkeit. Pilatus war aller Wahrscheinlichkeit nach ein kultivierter, vielleicht sogar sympathischer Mensch. Gerade das ist so erschütternd an ihm und überhaupt an unserer Welt, dass dieser Mensch innerlich so gebrochen sein konnte. Indem er aussprach: »Was ist die Wahrheit?«, und zwar nicht im Tonfall der suchenden Unruhe, sondern in dem der resignierten Gleichgültigkeit, hat er gezeigt, in welcher Verworrenheit der Mensch leben kann. Es gab für ihn offenbar nichts, woran er das Maß seiner Handlungen und seiner Worte hätte ablesen können. Das Ja und das Nein waren irgendwie in seinem Wesen verschmolzen. Somit hat er sich mit dem gleichgesetzt, was ihm noch blieb: mit seinem Erfolg, mit der Macht, mit dem Spiel. Die Anstrengung des Alls nach Höhe ist in ihm zusammengebrochen. Er trug Verantwortung, ohne zu wissen, wozu und warum.

Dass dies in unserer Welt möglich ist, dass man mit Menschen und Dingen machen kann, was man will, und dass man dabei noch Erfolg hat, legt den schrecklichen Zustand bloß, in dem sich unsere Existenz befindet. Nur in einer selbstverlierenden Haltung kann die Wahrheit gefunden werden. In einem wahrheitssuchenden Menschen entsteht die Welt in ihrer richtigen Gestalt, ja wird erst eigentlich zur Welt, zum lichten Raum des der Wirklichkeit demütig begegnenden Menschen. Die Unwahrhaftigkeit dagegen zerstört die Kraft der Welt. Diese wird zur Gauklerbude des eigenen Ichs, zum Schauplatz der Triebe und der Herrschsucht. Das Krumme kann in jedem Moment gerade werden und das Gerade krumm. In einer solchen Welt lohnt es sich dann wirklich nicht, sich für irgendetwas einzusetzen. Nichts ist mehr mit der Fülle der Person zu bejahen, man kann nichts mehr mit der letzten Entschiedenheit verneinen. Somit werden Freiheit, Demut, Liebe und Freundschaft, ja sogar Zorn unmöglich. Das Wesen wird unwesentlich, die Wahrheit unwichtig, der Mensch ein kultiviertes Nichts. Es war unmöglich, dass Jesus, der von sich sagte, er sei dazu in die Welt gekommen, damit er für die Wahrheit Zeugnis ablege, ja dass er *die* Wahrheit sei, in einer solchen seinskrummen Welt irgendeine Chance gehabt hätte außer der Kreuzigung. Er musste gekreuzigt werden, weil und indem er Mensch war.

Die Verachtung

Noch ohnmächtiger erscheint Jesus vor einem anderen Menschen, in dessen Hände ihn das menschliche Schicksal auslieferte, vor Herodes. Dieser Mensch wusste nicht, was Person und Würde sind. Offenbar ist er ein pathetischer Mensch gewesen, einer, der Interesse am Aufregenden und Ungewöhnlichen fand. Deshalb war er zunächst froh, dass Pilatus Jesus zu ihm schickte. Jetzt wird er vielleicht Gauklerstücke erleben können. Hier wurde etwas von Jesus verlangt, was wir alle immer wieder von ihm oder von unseren Mitmenschen verlangen: dass er uns amüsiert, dass er uns über die Langeweile des Lebens hinweghilft, dass er uns das Leben leichter macht. Was Jesus von uns will, was er ist und wohin er uns führen möchte, das interessiert uns nur wenig. Er soll sich bemühen, uns das Leben zu verzaubern. Vor Herodes stand Jesus schweigsam da. Er hat nichts getan und sagte kein einziges Wort.

Denken wir nun ehrlich nach. Darf man von einem Menschen verlangen, dass er uns amüsiert, dass er sich interessant macht unseretwegen? Und gerade das verlangen wir täglich: von unserem Freund, von unserer Frau, von unserem Mann. Wir wollen oft gar nicht das Du des anderen, sondern möchten, dass dieses Du uns befriedigt, selbst wenn es ihm elend dabei ist. Viel wird in unserer Welt gespielt: mit Gefühlen, mit dem Leib, der Ehre, der Würde, mit der Zeit und mit dem Sein des anderen.

Es gibt zwar noch Regeln bei diesem Spiel, Regeln des Anstandes, der Gewohnheit. Aber das Spiel bleibt eben Spiel. Gelegentlich fallen dann alle Regeln weg. Der Mensch muss dann erleben, dass ein anderer, der Macht über ihn hat, sagt: Du bist für mich da, du interessierst mich nur in dem Maße, als du dich für mich interessant machst. Versuche es. Dann werden wir auskommen. Es ist bei Herodes nichts anderes geschehen als das, was einem jeden Menschen oft widerfährt und was ein Mensch, wenn er weiß, was er in Wirklichkeit ist, als Demütigung und Beleidigung empfinden muss.

So setzt sich, Zug um Zug, das Kreuz Jesu zusammen: aus Verrat, aus Verlassenheit, aus Verurteilung, aus Geschlagensein, aus Unwahrhaftigkeit und aus Verachtung. Nichts, aber gar nichts ist daran zufällig. Es gibt eine unerbittliche Logik des Kreuzes. Kreuz ist restlos gelebte menschliche Eigentlichkeit. Aber: das Menschsein derart zu Ende zu leben, das war nur Gott möglich.

Der Verworfene

Jesus wurde zur Hinrichtung geführt. Er trug sein Kreuz auf den Schultern. Die Henker schlugen ihn mit Nägeln darauf. Er hing zwischen zwei Verbrechern und sprach sieben Worte. Er betete für die, die ihn gekreuzigt hatten. Er vergab den Schächern und anempfahl seine Mutter dem Jünger Johannes. Die Sonne verfinsterte sich. Die Felsen spalteten sich. Die Gräber taten sich auf. Der Vorhang des Tempels zerriss von oben bis unten in zwei Teile. Die Kleider Jesu wurden verteilt. Seine Seite wurde mit einer Lanze durchstoßen, und es floss Blut und Wasser heraus. Jesus wurde vom Kreuz abgenommen in Gegenwart seiner Mutter. Sein Leib wurde zu Grabe gebracht, gesalbt und begraben. Es wurden Wächter aufgestellt. Der heilige Leib wurde liegengelassen. Maria ging heim.

Aus dieser Dichte der Ereignisse möchte ich zwei Punkte hervorheben: die Begegnung mit dem Schächer und die Trauer Mariens. Den Tod Jesu selbst möchte ich gar nicht erwähnen, und zwar aus drei Gründen: weil mir vielleicht dabei die Worte versagen würden; weil dabei im Grunde gar nichts zu sagen, sondern nur in Demut hinzuschauen ist; und weil der Tod Jesu nicht mehr zu seinem Leid, sondern zu seinem Sieg, zur Auferstehung gehört. Lieber möchte ich darüber reden, was ein Sünder und was das heiligste Wesen, das diese Erde je betrat, bei diesem Tod erlebt haben.

Von wem wurde Jesus, dieser geschlagene und gekreuzigte Gottmensch wirklich und vorbehaltlos aufgenommen? Von einem Verworfenen und von einer Heiligen. Also von Menschen, die – zwar auf völlig verschiedene Art – am Rande menschlicher Existenz angelangt sind.

Jesus ist nicht die Antwort auf die Fragen der Politik, der Sozialstruktur, der Freizeitgestaltung, der Literatur und der Philosophie. All diese Fragen sollen die Menschen selber beantworten. Sie sollen nach Lösungen suchen, Möglichkeiten auskundschaften. Gott hat uns ja genug Vernunft und Scharfsinn gegeben, um die Welt zu beherrschen. Dazu braucht man keinen Erlöser. Dort aber, wo das Menschsein in uns zusammenbricht, kann keine Politik, keine Literatur und keine Philosophie uns helfen. Da kann uns nur Gott eine Antwort geben. Wenn Er sie nicht gibt, dann sind wir verloren. Aber Er gibt sie. Er sagt uns: Heute noch wirst du mit Mir im Paradiese sein. Bei Gott zählt nicht unser Ansehen und auch nicht eine bewundernswerte Karriere. Er will nur unser Herz. In der letzten Minute kann man zu Ihm noch Ja sagen. Dann ist alles in Ordnung. Das Herz eines Verbrechers ist Ihm unendlich wichtig. Und dies ist die Antwort der göttlichen Weisheit Jesu:

> Ein Hausherr ging in der ersten Morgenfrühe aus, um Arbeiter in seinen Weinberg zu dingen. Nachdem er mit den Arbeitern mit einem Denar für den Tag übereingekommen war, schickte er sie in seinen Weinberg. Als er um die dritte Stunde ausging, sah er andere müßig auf dem Platze stehen und sprach zu ihnen: »Gehet auch ihr in meinen Weinberg, ich werde euch geben, was recht ist.« Und sie gingen hin. Und um die sechste und neunte Stunde ging er wieder aus und wiederholte das Gleiche. Auch als er um die elfte Stunde ausging, fand er noch Leute dastehen und sagte zu ihnen: »Was steht ihr den ganzen Tag müßig da?« Sie sagten: »Es hat uns niemand gedungen.« Das sprach er zu ihnen: »Gehet auch ihr in den Weinberg.« Als es Abend geworden, sprach der Herr des Weinbergs zu seinem Verwalter: »Rufe die Arbeiter und zahle ihnen den Lohn aus; fange bei den letzten an, bis zu den ersten.« Als die zur elften Stunde eingestellten Arbeiter drankamen, empfingen sie je einen Denar. Und als die ersten drankamen, dachten sie, sie würden mehr empfangen. Aber auch sie empfingen je einen Denar. Als sie ihn erhielten, murrten sie wider den Hausherrn und sagten: »Diese letzten haben nur eine Stunde gearbeitet, und du hast sie uns gleichgestellt, obschon wir die Last und die Hitze des Tages ertragen haben!« Er gab aber einem von ihnen zur Antwort: »Freund, ich tue dir kein Unrecht. Bist du nicht um einen Denar mit mir übereingekommen? Nimm das Deine und gehe! Denn es gefällt mir, dem letzten Gleiches zu geben wie dir. Oder darf ich mit meinem Eigentum nicht tun, was mich gut dünkt?« (Mt 20.1–15).

Wenn jemand dieses Gleichnis Jesu verstanden hat und auch das, was er am Kreuz zum Verbrecher sagte, und sich dabei von irgendeiner menschlichen Einrichtung beeindrucken lässt, dem ist wahrscheinlich nicht zu helfen. Wer diese Haltung Jesu nicht hinnehmen will, der möge die Christen selbst aus der Welt schaffen und an den eigenen Menschenordnungen festhalten. Die Menschen haben den armen Verbrecher festgebunden. Es war für ihn kein Entkommen mehr möglich. Aber Gott ging hinein in den Kerker seiner Existenz und sprach zu ihm, wie der Engel damals zu Petrus sprach: »Steh auf und gehe!« Der arme Mensch konnte aber nicht mehr aufstehen und gehen. Er gehorchte aber Jesus und ging dorthin, wohin er mit seinen festgebundenen Füßen noch gehen konnte: in den Himmel. Er ging hinaus aus unserer Welt der Berechnung und der Vergeltung. Wer je von einer radikalen Revolution geträumt hat, der kann hier sehen, wie man eine solche vollbringt: durch Vergebung und dadurch, dass man selbst denen Hoffnung schenkt, die gar keine Hoffnung mehr haben. Dieses Wort der letzten Vergebung hat aber ein Mensch ausgesprochen, der selber ans Kreuz genagelt war.

Die Heilige

Noch jemand wurde in der geballten Katastrophe Jesu eines Wortes gewürdigt: seine Mutter, die Jungfrau Maria. In ihren Lebenstagen versuchte sie, all das zu verwirklichen, wofür Jesus seinen schweren Gang zum Kreuz unternahm: die Reinheit und die Aufrichtigkeit des Menschseins. Wenn wir hier das Wort »Reinheit« aussprechen, so meinen wir keine Verkrampfung oder Leugnung des Lebens. Reinheit ist die Positivität des Seins; die Geradlinigkeit und der Schwung der Liebe. Sie verwirklicht sich in jenem Menschen, der sich im Egoismus nicht einrollt, dessen Daseinsregungen von ihm fortgehen, der ganz ist im Dienen und in der Hingabe. In einem solchen Menschen gibt es keinen Verrat, keine Feigheit, keine Verleugnung, keine Unwahrhaftigkeit, keine Unehrlichkeit und keine Verstellung des Seins. In ihm kann Gott Heimat finden. Gott kann Sich in einem solchen Wesen restlos verdichten, sodass Er schließlich in unserer Welt wie ein kleines Kind erscheint. Die heilige Jungfrau war die Dichte des Lebens. In ihr konzentrierte sich die Lebendigkeit des Alls. Und dieses Lebendigste allen Erdenlebens erhielt von Jesus am Kreuze eine Antwort.

Dies bedeutet im Grunde, dass Jesus für jene Menschen starb, die so sein möchten, wie Maria war. Freilich starb er für alle anderen auch. Der Lohn ist für alle der gleiche: für Maria und für den Schächer. Darüber brauchen wir kein Wort zu verlieren. Hier geht es aber nicht um Lohn. Vielmehr geht es darum, Menschen zu schaffen, die sich rein halten von der Machtgier, vom Missbrauch der menschlichen Person, von der Lüge und der Verstellung. Es geht also darum, die »Menschen« aus der Menschheit zu sammeln. Jesus will niemandem sein Glück nehmen.

Was aber in der Seele Mariens bei Jesu Kreuzestod geschah, das ist unsere Zukunft. Als sie ruhig heimging, obwohl ihre Gefühle ziemlich durcheinandergeraten waren, geschah etwas Kostbares: Das erlöste All entstand. Es war eine Frau, die unsere Erlösung zuerst begriff. Deshalb verehren die Christen die Frauen, geben ihnen Ehre und Verehrung. Maria kehrte heim, Christus ging in den Himmel ein. Sie wusste schon, was sie bald überwältigen sollte. Das Menschsein wurde endlich voll erschaffen. Einer hat sich durchgekämpft. Durch die ganze Niedrigkeit menschlichen Seins ist er in einem einsamen, blutigen Gang hindurchgeschritten. Jetzt steht der Mensch da: *«Ecce homo.»*

Wenn ein Mensch in seinem Leben darauf verzichtet, an irgendeinem Freund Verrat zu begehen, Menschen in ihrer Einsamkeit ersticken zu lassen, Menschen zu verurteilen, Verlassene zu schlagen; wer von einer demütigen Suche nach Wahrheit beseelt ist; wer nie mit Personen spielt, wer immer auf die Gesinnung des Herzens schaut und nicht auf das äußere Ansehen; wer sich dem Reinen und Sauberen verpflichtet: In einem solchen Menschen erreicht das Sein seinen Höhepunkt. Aber: Zugleich wird in ihm das Kreuz Christi aufgerichtet. Dies ist wohl der eigentliche Sinn des Kreuzes: Gott hat das menschliche Leben auf den Himmel hin entworfen. Die Welt entsteht in ihrer eigentlichen Gestalt, indem der Mensch den Himmel betritt. Die Welt ist ein Werden auf das Glück hin. Das Ende ist der eigentliche Anfang. Der Himmel ist die endgültig erschaffene Welt. Dieser Drang des Universums wurde aber durch den Sündenfall unterbrochen. In einem jahrmilliardenlangen Streben nach Höhe hat sich die Welt im Menschen gesammelt und hätte durch den Menschen, durch seine bewusste Entscheidung für Gott, sich zum ewigen Bestand der Herrlichkeit emporringen sollen. Die Welt hätte – nach dem ursprünglichen Schöpfungsplan – durch den menschlichen Geist, mit dem sie ja (im Menschenleib) wesenhaft vereint ist, in das ewige Mitsein mit Gott eingehen können. Der Sündenfall hat aber diesem kosmischen Strom einen Damm errichtet. So hat sich die Energie des Weltalls im menschlichen Sein aufgestaut. Diese Stauung der Energien erzeugte im Menschendasein einen Wirbel von Spannungen und Brandungen, die sich in unserem Bewusstsein oft als Grausamkeit, Gewalt und Verlogenheit auswirkte. Gott wollte aber die Weltentwicklung wieder in Bewegung bringen. Deshalb hat Er in die Weltwirklichkeit radikal eingegriffen und wurde in Jesus Mensch, ging hinein in den Tod und durchbrach somit die Mauer der Welt. Durch diesen Riss kann jetzt die Weltentwicklung weiterströmen und hineinbranden in die ewige Vollendung. Nur wer an Jesu Kreuz glaubt, kann unserer Welt noch eine Hoffnung geben. Ans Kreuz zu glauben, heißt hier, das geheimste Gesetz der menschlichen Wirklichkeit, den Drang nach Ehrlichkeit, Güte und Gewaltlosigkeit auf uns zu nehmen, selbst wenn wir daran zerbrechen.

Das Kreuz der Welt

Was bedeutet das Kreuz für uns heutige Christen? Diese Frage möchte ich jetzt bedenken. Es gibt aber zwei Arten des Denkens: das *rechnende Denken* und das *besinnliche Nachdenken.* Beide sind berechtigt, gut und nötig. Heute wird einerseits leidenschaftlich geforscht, geplant und untersucht. Dieser Aufwand an Scharfsinn ist unentbehrlich und hat seinen großen Nutzen für die Bewältigung des Lebens. Das Eigenartige ist aber, dass wenn wir forschen, planen und unser Leben einrichten, wir stets mit gegebenen Umständen rechnen. Dieses »Rechnen« kennzeichnet alles planende und forschende Denken: Es berechnet die aussichtsreichen Möglichkeiten. Dem Vorläufigen verhaftet, kommt es dabei aber nicht zur Besinnung. Es ist eben kein besinnliches Denken; nicht ein Denken, das dem Sinn nachdenkt, der in allem waltet, was ist.

Was geschieht aber, wenn ein Mensch *nachdenklich* wird? Er blickt in die Ferne, in das Unerreichbare und trotzdem einzig Notwendige; auf das, was er nicht bewältigen kann und wovon trotzdem sein Schicksal als Mensch abhängt. Dieses Nach-Sinnen möchte ich diesmal pflegen. Das Nachdenken ereignet sich in der Ruhe, im Abwarten, in der Gelassenheit. Es ist eine Tugend, die mühsam eingeübt werden muss: die Fähigkeit, sich in die Nähe des Geschöpflichen begeben zu können. Der Leser wird sofort bemerkt haben, wie groß das damit Gemeinte ist. Allen eine Nähe schenken! Ich armseliges Geschöpf! Wie kann ich es tun? Was berechtigt mich, das zu tun? Dies ist *die* Frage des Kreuzes. Und hier muss mein Denken den philosophischen Bereich verlassen.

Nur ein Mensch lebte in der absoluten Nähe zu den Geschöpfen. Dieser Mensch war Gott: Jesus Christus. Deshalb ist er der einzige Mensch, der uns restlose Nähe, echtes In-die-Nähe-Gehen lehren kann. Er hat uns Worte gesagt, die das Innerste der Dinge und das Innerste des Geheimnisses aufschließen; wesenhafte Worte, die nicht nur hingesprochen wurden, sondern das Eigentliche und das Wesentliche unseres Seins trafen. Es ist erschütternd zu erleben, wie Christus sprach. Es war eine im schweren menschlichen Schicksal geformte und gerade deshalb völlig abgeklärte Sprache. Nach langem Schweigen kam für Christus der Zeitpunkt, da er anfing, den Schleier des Irdischen wegzureißen. Durch das Irdische hindurch leuchtete auf einmal das Göttliche, das Nichtgreifbare. Seine Worte wurden reif und von ewigem Sinn getragen. Kranke, Besessene, Unruhige und Sünder konnte er mit der Macht seines Sprechens erlösen.

Das ist es, was wir in so manchen Stunden unseres schweren Lebens, da wir anderen helfen möchten, uns selbst ersehnen: dass wir die Sprache wesenhafter Nähe hätten; dass unsere Sprache Ketten lösen, Dunkelheiten wegtreiben möge. Christus hat das gekonnt. Dann kam das Schwere seines gottmenschlichen Schicksals über ihn. Dabei wurde seine Sprache noch ruhiger, immer mehr vom Schweigen umfangen bis zum Kreuz. Vom Kreuz herab hören wir nurmehr wenige Brocken aus seinem ausgetrockneten und gequälten Mund. Es sind im Schweigen, im Todeskampf und im Gebet errungene Worte der Nähe. In den sieben Worten Christi vom Kreuz entsteht Einheit der Welt, Nähe zu den Dingen und Vereinigung mit Gott. Da geschieht unser Heil.

»Vater, vergib ihnen, denn sie wissen nicht, was sie tun«

Dies war sein erstes Wort. Christus kann nichts mehr tun. Seine Hände und seine Füße sind ans Kreuz genagelt. Sprechen kann er noch; zwar mühsam, gebrochen, aber aus einer Seele heraus, die Nähe sucht. Christus bittet um Vergebung für jene, die ihn verurteilt und gekreuzigt habe. Er findet für sie noch eine *Entschuldigung*. Er sagt: Diese Menschen wissen nicht, was sie tun.

Wir müssen dieses Wort ernst nehmen. Wir alle leben in einer existenziellen Unwissenheit. Wir wissen oft nicht, was wesentlich, was bedeutungslos ist; woher wir kommen und wohin wir gehen. Wir erahnen Großes, und wenn es vor uns steht, erkennen wir es nicht. In der Tragödie seines Lebens findet Christus die Einsicht: Man kann keinen Menschen verurteilen. Der Mensch weiß, und zwar wesenhaft, nicht, was er tut. Um das Eigentliche weiß kein Mensch. Wir alle tappen im Dunkeln; nicht aus Bosheit, sondern aus dem Seltsam-Dumpfen unserer Empfindung und unseres Erlebens heraus. Die Entschuldigung ist die erste Vorbedingung der Nähe zu den Menschen. Kein Mensch kann die Last der eigenen Schuld allein aushalten. Die Entschuldigung schenkt Nähe zu Menschen bis in ihre Schuld hinein. Sie ist die Haltung radikaler Annahme menschlichen Gebrochenseins. Liebe zur unwissenden, dumpfen Kreatur, die wir alle sind. Wie bedarf die Welt einer solchen Einstellung! Wie bedarf unsere Welt solcher Priester im Beichtstuhl! Wie bedarf unsere Welt solcher Menschen wie Christus, die das geknickte Rohr nicht brechen und den glimmenden Docht nicht löschen; die am Ende immer noch sagen können, obwohl ihnen vielleicht die Beweise ausgegangen sind: »Sie wissen nicht, was sie tun!« Diese wesenhafte Entschuldigung ist aber menschlich fast nicht möglich. Darin liegt die unendliche Größe Gottes, dass Christus dieses Wort ausgesprochen hat.

»Ich sage dir, heute noch wirst du mit mir im Paradiese sein«

Hier bricht etwas noch Tieferes aus der Seele Christi hervor. Nicht nur Entschuldigung, sondern Verheißung. In seiner eigenen Gebrochenheit gibt er einem völlig zerbrochenen Menschen noch eine letzte Hoffnung. Er bringt die Barmherzigkeit Gottes: »Dein Leben hat noch einen Ausweg, und dieser Ausweg heißt Himmel. Habe Hoffnung, lass keinen Hass aus deiner Seele emporsteigen. Die da unten, die uns gekreuzigt haben, erkennen das Wesen dieser Hoffnung noch nicht. Sie haben vielleicht eine dunkle Ahnung von ihr in den besten Augenblicken ihres Lebens. Wir beide sind unglücklich, verloren; aber unser Leben ist nicht zu Ende. Wir zwei wissen, dass unser Schicksal nicht das Ende sein kann. Kein Geschöpf hat ein Ende. Deshalb habe Hoffnung!«

So mögen diese kurzen Worte Christi im Ohr des Schächers geklungen haben. Es waren Worte der Verheißung. Hier hat Christus das Wesentliche eines Seins bejaht. Nicht die täuschende, schillernde Oberfläche, sondern die Sehnsucht nach Güte, Vollendung und Selbstlosigkeit. Diese Sehnsucht ist das Innerste unseres Seins. Sie wird sich einmal zur Vollendung entfalten.

Diese Vollendung versprach Christus einem Verbrecher. Er versprach ihm den Himmel. Er sagte ihm, gleichsam im Angesicht des

Todes: »Du wirst ewig leben. Du, mit all dem, was du getan hast, hast noch eine Hoffnung. Unser Leben fängt erst an, wenn wir den Himmel betreten. Versuche zu lieben. Versuche noch durchzuhalten. Du kommst sicherlich in den Himmel. Alles andere ist unwichtig.«

»Siehe, dein Sohn. Siehe, deine Mutter«

Entschuldigung und Verheißung. Damit haben wir die Bedeutung des Ereignisses am Kreuz noch nicht ausgeschöpft. Eine neue Eigenschaft der Kreuzestheologie erscheint hier: das Schenken. Dieses ist eine wesenhafte Bedingung echten Menschseins. Man kommt den Menschen nur nahe, wenn man ihnen etwas schenkt. Das wichtigste Geschenk ist unsere Gegenwart, unser Mitsein. Wir müssen uns selbst schenken. Dies ist vielleicht das Schwierigste, das die Liebe erschaffen kann: Selbsthingabe. Täuschung, Müdigkeit, die sind da, die zehren an unserem Leben. Aber echte Liebe überwindet all das. Das Geheimnis der Liebe heißt: Wir verlieren alles, was wir für uns behalten, und wir verlieren nichts, was wir wegschenken. Alles, was wir weggeschenkt haben, bleibt bei Gott aufbewahrt, macht unsere ewige Zukunft aus. Man kann freilich auch anders leben. Man kann alles behalten, was man im Leben erobert hat. Ist man aber glücklich dabei? Hier hat ein Mensch sogar seine Mutter weggeschenkt. Nun hat er nichts mehr. Das ist das Glück des Kreuzes: nichts mehr zu haben. Bis jetzt war alles relativ leicht: Entschuldigung, Verheißung, Schenken.

»Mein Gott, mein Gott, warum hast Du mich verlassen!?«

Nun schenkt Jesus allen Menschen seine Nähe. Selbst denen, die Gott nicht kennen. Selbst jenen, die in einer Gott- und Selbstvergessenheit leben. Konkret gesagt: uns allen. Er nimmt die Einsamkeit auf sich. Er will nicht einmal von Gott etwas wissen. Er fühlt sich von Dem verlassen, mit Dem er wesenhaft eins ist, damit er mit uns eins sein kann. Er geht hinein in die Traurigkeit der Menschen. Jesus nimmt Partei. Die Partei der Einsamen und Verlassenen, derer, die keine Hoffnung mehr haben. In dieser Perspektive müsste ich sagen: Die Gottlosen sind nicht unsere Feinde.

Ich danke den Atheisten, dass sie für uns das schrecklichste von allem Leid, die Abwesenheit Gottes, aushalten. Ich danke wirklich dafür, und ich verspreche ihnen, dass ich für sie den Glauben aushalten werde.

Wie war es möglich, dass Gott Sich von Gott verlassen fühlte? Das vermag ich meinen Lesern leider beim besten Willen nicht zu sagen. Meine eigene Lebenserfahrung bestätigt es aber. Nur wer sich grundlos verlassen fühlt, kann den Menschen eine grundlose Nähe schenken. Er kann sagen: Mein Freund, ich habe all das mitgemacht und darin erfahren, dass Gott noch näher ist. Es ist schon gut. Vielleicht nicht so gut, wie du es dir ausgedacht hast, sondern besser. Dies ist die aus der Not menschlicher Existenz erwachende Gewissheit. Wohin führt uns Jesus? In welche unauslotbare Tiefe menschlichen Seins?

»Damit sich die Schrift bis zum Letzten erfülle,
sagte er: ›Mich dürstet‹«

Für die Herumstehenden war dieses fünfte Wort der Schrei eines Menschen, dessen Kehle ausgetrocknet war, der um Hilfe, um eine kleine Erleichterung bettelte. Für einige Auserwählte hatte es eine tiefere Bedeutung, für jene, die wussten oder erahnten, dass dieser Mensch Gott selber war. Gott bettelt bei uns um Hilfe. Damit schenkt Er uns eine neue Nähe. Wir können und dürfen Gott helfen. Gott verlangt von uns einen Schluck Wasser. Damit weist Er uns einen Weg: Wir sollen die menschliche Güte an uns selbst geschehen lassen. Wir sollen die gütige Tat vollbringen, das Geschenk der Güte und des Wohlwollens demütig anzunehmen.

Das Sich-Helfenlassen ist somit Pflicht des Kreuzes. Der Hochmut weist die Hilfe zurück. Er weist die furchtsame Hand der Barmherzigkeit weg. Gott aber lässt Sich helfen. Ja, Er bittet um Hilfe. Er versteht, dass der Mensch nur dann sein kann, wenn er helfen darf. Aber kein Freund Jesu konnte ihm, diesem leidenden Gottmenschen, einen erfrischenden Trunk reichen. Welcher hätte es nicht gern getan? Und er hätte diese Hilfe an sich gern gewähren lassen. Vielleicht war es besser so.

In der Sehnsucht des Helfenwollens und des Nicht-Helfenkönnens ging vielleicht die Seele der Freunde Jesu noch tiefer ins Geheimnis hinein: Die Sehnsucht genügt. Es genügt, dass wir den

Wunsch in der Seele tragen, zu helfen, wo es nur möglich ist. Und wenn es wirklich nicht mehr möglich ist, begleiten wir den geliebten Menschen mit unseren lieben Wünschen, mit unserem Gebet, mit der Feinheit unseres Daseins und wissen, dass wir ihm dadurch wirklich helfen.

»›Es ist vollbracht.‹ Er neigte sein Haupt und gab den Geist auf«

Wohl war die unmittelbare Bedeutung dieses Wortes: Ich bin »am Ende«. Ich kann nicht mehr weiter. Ich bin ausgehöhlt, verloren. Es bleibt von mir nichts mehr übrig. Ich kann nichts mehr tun. Meine Hände und meine Füße sind ans Kreuz genagelt, meine Kehle ist ausgetrocknet. Ich habe alles getan, was ein Mensch tun konnte. Nun ist es genug.

Nun gewinnt aber dieses Wort, »alles ist zu Ende«, seine innere Bedeutung: Alles ist vollendet. Gott hat unsere menschliche Existenz bis in die Vollendung hineingelebt. Und nun – ihr Menschen – lasst ihn allein! Er hat uns alles gesagt, was er sagen konnte. Jetzt steht er Aug in Aug mit dem Vater. Stört ihn nicht! Er ist schon drüben im absoluten Geheimnis. Sein Werk ist vollendet, ja, die Welt ist vollendet. Jesus war uns noch nie näher als in diesem Moment der restlosen Entzogenheit. Alles Große vollzieht sich in der Einsamkeit. Aber wer Gott nahe ist, ist allen Menschen, ja allen Geschöpfen nahe. Hier hat Jesus unsere menschliche Kümmerlichkeit besiegt. Er hat alles weggeschenkt, sich selbst, ja selbst seinen Gott. Nun ist er allein, und da sagt er: »Alles ist vollendet.« Wer kann dieses Geheimnis verstehen?

»Da rief Jesus mit lauter Stimme: ›Vater, in Deine Hände befehle ich meinen Geist‹«

Aus unserer Existenz ist Jesus »hinausgebrochen« in eine Ferne. Er ist hinübergegangen zu etwas, ja zu jemand, Den er selbst nur in stammelnden Worten beschreiben konnte. Er wartet auf uns. Das heißt: Er wartet darauf, dass wir seinen Geist in die Welt hinausstrahlen. »Er neigte sein Haupt«: In seiner Todesnot hat er noch zu allem Ja gesagt, was wir Menschen sind, erbärmliche und dennoch von ewiger Vollendung träumende Wesen. Jesus ist das »Ja unseres

Seins«, und sein Geist ist in den »Händen Gottes«: »In Deine Hände befehle ich meinen Geist.«

Aber: In den Händen Gottes sein heißt »überall« sein. Überall, wo sich menschliche Nähe ereignet, das heißt überall, wo Verzeihung geschieht, wo Menschen Hoffnung gegeben wird, wo ein Mensch sich selbst verschenkt, wo jemand sich restlos verlassen fühlt, wo eine Existenz auf die Barmherzigkeit von Freunden vertraut, wo ein Mensch die Einsamkeit seines Schicksals aushält und schließlich, wo jemand wagt, sein ganzes Leben aufzugeben, um etwas Unerreichbares zu »erreichen«, da ist Jesus schon anwesend. Und somit: Da ist die Kirche. Ob alle Sakramente, alle Vorschriften des kanonischen Rechts, die ganze Fülle des Zeugnisses da sind, was macht das schon aus. Christus, seine Gesinnung, sein Geist ist da.

—

Ich glaube nicht, meinen Lesern meine eigene Weisheit aufgezwungen zu haben, indem ich so über die letzten Worte eines sterbenden Menschen berichtete, eines Menschen, der restlos menschlich sein konnte, weil er Gott selber war. Sein Kreuz ist uns nicht etwas Fremdes. Das Kreuz auszuhalten, heißt im Grunde, unsere eigene Existenz auszuhalten und damit einen Gott auszuhalten, Der von uns solches fordert; mit einem solchen Gott zu leben, Der diese sieben Worte ausgesprochen hat. Daraus erwächst die Forderung, dass wir die Dunkelheit unserer Welt ertragen und dieses Dunkle geduldig in Licht umwandeln. Dass wir schweigsam seien und in unserem Schweigen ein gutes Wort für die anderen finden. Dass wir in unserer unruhigen Existenz eine wesenhafte Ruhe verwirklichen. Dass wir bekennen, dass wir unwürdig sind, und erkennen, dass in diesem Bekenntnis unsere eigentliche Würde besteht. Dass wir uns als Bettler erfahren, damit wir andere beschenken können.

Zum gekreuzigten Gottmenschen kann man nur gehen, wenn man ausspricht: »Herr, ich bin nicht würdig!« Wer aber dieses Wort ehrlich ausspricht, wer dies wirklich von sich denkt, ein solcher Mensch kann sicherlich zu ihm gehen. Nur jener Mensch empfängt Christus unwürdig, der sagt: »Herr, ich bin würdig!« Ich hoffe, dass niemand von uns ein solches Wort aussprechen wird.

Hoffnung

Im Christlichen muss immer wieder nach dem Unabgeschlossenen und Offenen gefragt werden. So auch in unserem eigenen Leben. Dies bedeutet auch, dass wir uns nicht beengen lassen sollen durch unser gewordenes Dasein, dass uns immer etwas Ausstehendes bevorsteht. Dies nicht nur in der Weltbewältigung, nicht nur in der Kirche, nicht nur in unserer Familie, sondern auch in unserem ganz persönlichen, einmaligen Schicksal. Der Christ darf nicht so tun, als ob sich in seinem Leben nichts Neues mehr ereignen könnte. All das bringt in unser Leben eine Unsicherheit und ein Wagnis. Neben dem Kreuz können diese Unsicherheit und dieses Wagnis die größte zu bewältigende Aufgabe christlichen Zeugnisses sein. Aber der ehrliche Mensch und erst recht der ehrliche Christ denkt gar nicht daran, wunschlos zu sein. Der Mensch ist ein zukunftgerichtetes Wesen. Diese seine Eigenschaft nennt die Theologie »Hoffnung«. Sie richtet sich letztlich auf etwas Unerreichbares, auf Gott. An Gott teilzuhaben, ist immer eine Bedrohung: »Er verdirbt die Weisheit der Weisen, und den Verstand der Verständigen macht Er zunichte« (1 Kor 1.19). Unser Gott ist unberechenbar. Er kann uns vor Entscheidungen stellen, die von uns das ganze Herzblut unseres Lebens fordern. Dann kann Er uns beglücken und eine Zeitlang in Ruhe lassen. Aber nicht lange. Augustinus sagte einmal: »Mein Gott ist jung!« Mit diesem jungen Gott sich einzulassen, ist immer eine Herausforderung, aber vielleicht auch die größte Beglückung des christlichen Daseins.

Voraussetzungen christlichen Betens

Der Begriff »christliches Gebet« wird in diesem Beitrag nicht für die Bezeichnung einer abgegrenzten Tat (neben anderen Taten), sondern für eine Grundhaltung, die alle anderen Handlungen des Christen durchdringen soll, gebraucht. Die heutige Menschheit, wie sie geschichtlich geworden ist, lebt nicht mehr in einer allseitigen Gottoffenheit. Deshalb sollte der Christenmensch seine gewohnte Lebenssphäre aufbrechen, um Gott, dem Jenseitigen, wieder nahe zu sein. In solcher »Spannung des Betens« existiert christliches Dasein. Das christliche Gebet ist immer zugleich Bemühung und Geschenk. Somit wäre unsere Aufgabe klar umrissen. Christliche Existenz stellt durch eigene Bemühung und als gnadenhaftes Geschenk für sich und für die anderen die Nähe Gottes her. Es ist nicht unbescheiden, innerlich vor Christus zu treten und die Bitte: »Herr, lehre uns beten« (Lk 11.1) auszusprechen, auf die er damals mit dem Herrengebet den Jüngern geantwortet hat. Wollen wir über die Voraussetzungen christlichen Betens sprechen, so müssen wir zuvor die Situation des Gebetes heute entwerfen. Dies aber nur andeutungsweise, anhand von zwei Erfahrungen.

Gott ist schweigsamer geworden

Ich möchte hier nicht darauf hinweisen, dass Er mit keinem Machtwort in die Wirrnisse unserer Zeit hineingreift. Das wäre gar nicht nach Seiner Art. Eines ist uns allen aber bekannt und bedrückt uns oft unsäglich: Gott sieht alles, hört alles, weiß alles und – Er schweigt. Wie gern möchten jene stillen Menschen, die in ihrer Hingabe, in ihrem eintönigen Leben unzählige gute Werke vollbringen, nur ein einziges Mal Seine Stimme hören, um das Gute anzuerkennen, um die Seinen zu ermutigen! Aber Gott schweigt. Gebrochene Existenzen schreien nach Hilfe in ihrer Einsamkeit, die sie erdrückt. Oft gibt ihnen Gott kein Zeichen Seiner Nähe, sondern bleibt stumm. Im Alten Bund finden wir überall die Klage der Geprüften: »Zu Dir rufe ich, Herr! Du bist mein Fels! Dein Ohr verschließe sich mir nicht! Hörest Du nicht auf mich, so gleiche ich jenen, die ins Grab sinken« (Ps 28.1). Oder wiederum: »Du hast es gesehen, Herr! Schweige mir nicht! Herr, bleib nicht ferne von mir« (Ps 35.22)! Die Beispiele ließen sich mehren. Dann stand eines Tages der Gottessohn vor seinen Feinden. Sie klagten ihn an, verurteilten und verhöhnten ihn. Und Gott schwieg auch hierzu. Am Kreuz betete Christus mit lauter Stimme. Sein herzzerreißender Schrei war ein Zeichen der Angst: »Mein Gott, mein Gott, warum hast Du mich verlassen?« (Mk 15.34). Selbst da schwieg Gott. Die Tatsache des Schweigens Gottes ist nicht neu. Sie scheint uns heute aber mehr zu bedrücken, weil sie in unserer Zeit aufs Äußerste zugespitzt ist. Mehr denn je müssen sich die Menschen mit diesem Geheimnis auseinandersetzen. Deshalb wohl die bange Frage unserer Unfähigkeit: Hat es überhaupt noch einen Sinn, zu einem schweigenden Gott zu sprechen, zu Ihm zu beten?

Der Schrecken vor einer vermeintlichen Abwesenheit Gottes, die Unbegreiflichkeit Seines Schweigens, die wir heute qualvoll erleben, lassen uns nur fühlen, was wir immer schon gewusst, aber vielleicht nicht ernst genug genommen haben, dass nämlich Gott unsäglich erhaben ist über alles, was außer Ihm besteht und außer Ihm gedacht werden kann. Auf diese Frage kann ich am Anfang noch keine Antwort wagen. Sie wird im Laufe dieser Überlegungen – so hoffe ich – eine allmähliche Klärung finden. Anderseits gehört aber auch zu unserer Gebetssituation: Trotz des bedrückenden Schweigens Gottes ist der Christ auf das Gebet angewiesen. Mag das christliche Leben noch so offen sein für Kirche und Welt, mag es noch so viel Gutes verrichten, zahllose Not lindern, mag seine irdische Hingabe noch so selbstlos sein, ist es aber nicht offen auf Gott hin, so fehlt in ihm etwas Entscheidendes. Auch wenn der Christ noch so sehr »bei der Sache« ist und wenn auch die Fenster seiner Existenz nach allen Seiten hin offen sind, kommen seine Taten nirgends zum Leuchten, nehmen keine Konturen und Konstanz an, können ihre Schönheit und Leuchtkraft nicht so recht sichtbar machen. Dies alles kann nur das »Licht von oben« seinen Handlungen verleihen, die Hingabe an eine überirdische Macht und Herrlichkeit. Es fehlt daran, dass der Christ bei seiner ganzen Bemühung, wie weit und breit sie auch angelegt sei, im Grunde nur bei sich ist, dass sie in einem Raum geschieht, der leider gerade nach oben verschlossen ist, von woher er kein Licht empfängt, und nach dorthin keinen Ausblick gewährt. Man weiß nicht recht, von wem er Zeugnis ablegen will, wem er sich im letzten Grunde seiner Existenz zuwendet.

Nachdem auf diese zwei Grunderfahrungen – das Schweigen Gottes und die Angewiesenheit des Christen auf das Gebet – kurz hingedeutet wurde, möchte ich mich nun der eigentlichen Frage zuwenden: Was ist jenes Gebet, auf das Gott meist nur mit Schweigen antwortet und worauf der Christ dennoch angewiesen ist? Hier möchte ich nur neun Voraussetzungen des christlichen Betens nennen:

Die Verwunderung

Zur Verwunderung kommt es da, wo jemand auf eine Erscheinung stößt, die bei ihm bis dahin nicht vorgekommen ist, die ihm ungewohnt, befremdlich und neu bleibt, nach deren Sinn und Herkunft er nur fragen kann. Die Verwunderung gegenüber dem Christlichen ist aber kein vorläufiges Ereignis. Aus der Verwunderung wird die christliche Existenz nie entlassen, ja sie wächst sogar in dem Maße, in dem der Christ seiner christlichen Wirklichkeit innewird. Wollte der Christ sich dessen schämen, da er seine eigene Existenz nirgends unterzubringen vermag, so müsste er aufhören, ein Christ zu sein. Die Wunder in der Bibel sind gesetzt als Zeichen, als Alarmsignale: Was uns da entgegenkommt, ist nicht Verlängerung dessen, was vorher geschah, sondern ein prinzipiell neues Geschehen. Genau solche Alarmiertheit sollte der Christ gegenüber seiner eigenen Existenz empfinden. Wunder sind zugleich aber auch tröstliche und hilfreiche Ereignisse: Immer geht es um radikal rettende Veränderungen des den Menschen bedrohenden Weltverlaufs. Wunder sind immer auch Verheißungen und Anzeichen einer erlösten Welt, in welcher Leid, Tränen und Tod nicht mehr sein werden. Eigentlich entscheidend neu, das Wunder aller Wunder, ist Christus selbst, mit dem der Christ stets neu und fordernd konfrontiert wird. Nicht erkannt, ein anderer, ein Fremdling wird jener Mensch, der gewürdigt wird, sich angesichts Christi wundern zu müssen und zu dürfen. Wie sollte ihm seine Existenz in diesem Müssen und Dürfen je geläufig und übersichtlich werden? Ein Christ zu sein, ist demnach immer wieder etwas Atemberaubend-Neues, etwas, wovor sich der Mensch staunend verbeugen sollte.

Die Betroffenheit

Beim bloßen Ver- und Bewundern kann aber die christliche Existenz auf keinen Fall bleiben. Indem Gott in der eben beschriebenen Weise Verwunderung erregt und somit den Christen zu einem verwunderten Menschen macht, fordert Er den Menschen zugleich ein, macht ihn zu einem von Gott Betroffenen. In der Verwunderung hat sich der Christ auf Gott eingelassen. Gott überfiel ihn, betraf und verhaftete ihn. Es gibt keine Rückkehr mehr. Ich, als dieser Mensch, mit diesem Charakter, mit diesen Eigenschaften, mit meinem oft so störrischen und ängstlichen Herzen, in meiner geschichtlichen Situation bin von diesem Gott persönlich eingefordert. Christliche Existenz ist zunächst das eigene, ganz persönliche Dasein des einzelnen Christen. Es geht um seine Berufung, um seine Erwählung und Heiligung, um seine Freude und um sein Leid, es geht um die einmalige Gelegenheit seines kurzen Lebens und seines Sterbens. Das Christsein geht nun einmal den ganzen Menschen und also auch das privateste Privatleben an. Die Betroffenheit verpflichtet den Christen nicht nur in seinem Privatleben, sondern darüber hinaus in der Christenheit. Alles, was in diesem von Gott berufenen Gemeinschaftsleben geschieht, wird unerbittlich seine eigene Sache. Ihn trifft das Gericht, das über die Gemeinde der Christen, über die Kirche von Gott her ergeht, ihn erhebt auch die Verheißung, die dieser Gemeinde gegeben ist. Alles, was im Leben des Volkes Gottes geschieht und nicht geschieht, so oder so, gut oder schlecht geschieht, geht ihn, den Christen, unmittelbar an, wird unerbittlich seine Sache. Und schließlich, darüber hinaus noch: Die ganze Welt in ihrer heutigen Geschichte, ist eine Gnadenzeit unseres Gottes. Wenn alle anderen am Schicksal der heutigen Menschheit – dieser Menschheit, die heute existiert: Europäer und Afrikaner, Amerikaner und Asiaten, verkrampfte Kommunisten und vielleicht noch verkrampftere Antikommunisten, Gottgläubige und Ungläubige – vorübergehen könnten, der Christ darf es nicht tun, dem es zugefallen ist, sich Gott ganzheitlich stellen zu müssen und zu dürfen. Und dieser Gott sagt Ja zum ganzen Menschengeschlecht. Der Christ existiert in der heutigen Welt, wird durch sie zur Rede gestellt, ins Herz gestochen. »Als sie [das Volk] dies hörten, traf es sie mitten ins Herz, und sie sagten zu Petrus und den übrigen Aposteln: ›Was sollen wir tun, Brüder?‹« (Apg 2.37).

Die Verpflichtung

Die aus der Betroffenheit und der Verwunderung erwachsende innere Haltung des Christen erschafft eine Existenzsphäre der Herausforderung. Es ist eine schöne und helle Sache, aber auch eine strenge und geradezu erschreckende Verpflichtung, von Gott derart in Pflicht genommen zu sein. Schon bei der Verwunderung wurde angedeutet, dass sie den ganzen Menschen total ergreift. Auch die Betroffenheit ergreift sein ganzes Dasein. Freilich gibt es in der Offenbarung auch periphere Wahrheiten, die für einen Christen keine derartige Verpflichtung bedeuten, obwohl sie auch nicht ohne ihre spezifische Würde sind. Was aber einen Christen unbedingt angeht, ist die Fülle Gottes und Seine Forderung. Auf die Mitte des Glaubens hin sollte der Christ seine Existenz sammeln und von dort aus alles beurteilen. Es ist ihm also einerseits nicht erlaubt, auch nur einen Punkt der Peripherie zu übersehen. Anderseits ist ihm aber auch nicht gestattet, von sich aus eine »zweite Mitte« zu konstruieren, seine Sehnsucht nach Frömmigkeit auf die Details zu richten. Einzig Christus ist die sammelnde Mitte unseres Glaubens, und wer mit ihm nicht sammelt, der zerstreut. Beides in einem Menschenleben zu verwirklichen, alles noch so Scheinbar-Nebensächliche hochzuhalten, dabei aber letztlich nur der einen Mitte, Christus, verpflichtet zu sein, heißt Christsein im grundsätzlichsten und frommsten Sinne des Ausdrucks. Alles andere ist höchstens (vielleicht gutgemeinte) Frömmelei, hat aber mit dem Kern des Christendaseins nichts zu tun. In dieser ruhigen Ausgewogenheit, die nur aus dem ehrlich gelebten und oft auch durchlittenen Glauben kommt, kann und darf, ja muss der Christ ein fröhlicher Mensch sein. Im hintergründigen Sinn des Wortes ist er »vergnügt«: Er hat sein Genügen gefunden. Er weiß, worum es im Letzten geht. Es gibt für ihn ein Gefälle des Glaubens und der Lebensbewältigung. Er weiß sich in Gottes Huld und Erbarmen geborgen, von Gott auserwählt zum ewigen Lob im unendlichen Glück. Damit und darin ist er – nicht immer an der Oberfläche, aber immer im tiefsten Inneren – ein vergnügter und so auch in der Welt Vergnügen verbreitender Mensch.

Die Einsamkeit

In der Welt lebt der Christ – und zwar nicht nur rein situationsbedingt, sondern wesenhaft – als ein Isolierter. Diese Isolierung will ausgehalten und ertragen sein, und es ist nicht immer leicht, sie in Würde und Heiterkeit zu ertragen. Christsein ist zwar keine menschenfeindliche, aber eine in ihrem Kern kritische, ja revolutionäre Angelegenheit. Wer sich auf sein Christsein einlässt, muss damit rechnen, dass er sich innerhalb einer Minorität befindet.

Diese Einsamkeit kann – soll aus ihr keine Verzagtheit oder gar Ironie erwachsen – nur in größer Friedlichkeit ausgehalten werden. Es ist wahrscheinlich, dass ein Christ – gerade indem er vom Kern seines Christseins lebt – kaum je populär werden kann (bei den sogenannten Weltkindern und auch unter den Frommen nicht). Wer sich mit seinem Christsein einlässt, muss, wenn er das ernstlich tut, die Einsamkeit in verstehender Ruhe aushalten. Paulus, der eigentliche Verkünder des christlichen Daseins, hat eingehend darauf hingewiesen. Im zweiten Kapitel seines ersten Korintherbriefes erörtert er, was es bedeutet, »Christi Sinn« in sich zu tragen, den Geist Gottes empfangen zu haben. Dieser »geistliche Mensch«, der Christ, ist ein Geheimnis. Die Welt versteht ihn nicht. Er aber versteht die Welt. Damit ist nicht gemeint, dass er begabter, klüger, charakterlich unabhängiger wäre. Nein, er vermag die Welt zu beurteilen, weil er in der Freiheit Christi wurzelt. Dadurch hat er von der Welt einen Abstand, den in der Welt selbst niemand gewinnen kann, auch der Höchstbegabte nicht. Gerade in dieser seiner Verwurzelung in Christus ist und bleibt er ein Einsamer.

Der Zweifel

Diese fünfte Bedingung christlichen Betens ist deshalb bedrohlich, weil sie diesem nicht von außen zustößt, sondern im eigenen Vollzug Ereignis zu werden pflegt. Es sollte kein Christ, ob jung oder alt, gläubig oder weniger gläubig, geprüft oder noch ungeprüft, daran zweifeln, dass er aus irgendeinem Grund und in irgendeiner Art ein Zweifler ist, und zwar einer, der mit seinem Zweifel keineswegs fertig ist oder fertig wird. Er könnte ebenso gut bezweifeln, dass er ein armer, bestenfalls ein aus dem Feuer geretteter Sünder ist. Der Christ sollte aber angesichts seines Zweifels, auch wenn es der radikalste wäre, nicht verzweifeln. Er soll das vor allem deshalb nicht tun, weil sein Zweifel in der gegenwärtigen Heilssituation wesenhaft zum Glauben gehört, und zwar als Bedingung der Möglichkeit des Glaubens selbst. Sein Gebet kann immer nur das demütige: »Ich glaube, hilf meinem Unglauben« (Mk 9.24) sein. Echter Glaube kann nur als überwundener Zweifel bestehen. Deshalb darf ein Christ vor seinen Glaubenszweifeln nicht erschrecken, sie vor allem nicht als Atheismus oder Versuchung deuten. Sie gehören wesenhaft in den Reifungsprozess christlicher Existenz.

Die Versuchung

Jede christliche Existenz wird ständig daraufhin geprüft, ob sie aus Gold, Silber und Edelgestein oder mit Holz, Heu und Stroh gebaut ist (1 Kor 3.12). Das Schlimmste könnte in der christlichen Existenz darin bestehen, dass sie gar nicht bemerkt oder immer wieder vergisst, dass sie ein im gefährlichsten Sinn bedrohtes Unternehmen ist. Karl Barth hat einmal die berühmte Stelle im Buch Amos (Kapitel 5) folgendermaßen für die Theologen variiert:

> Ich hasse, ich verschmähe eure Vorlesungen und Seminare, eure Predigten, Vorträge und Bibelarbeiten und mag nicht riechen eure Gespräche, Tagungen und Freizeiten. Denn wenn ihr da eure hermeneutischen, dogmatischen, ethischen und pastoralen Weisheiten voreinander und vor mir ausbreitet – an diesen Opfern habe ich kein Gefallen, und das Opfer dieser Mastkälber sehe ich nicht an. Hinweg von mir das Geplärre, das ihr Alten mit euren dicken Büchern und ihr Jungen schon mit euren Dissertationen veranstaltet. Und das Spiel der Rezensionen, das ihr in euren theologischen Zeitschriften, Rundschauen und Umschauen, in euren Kirchen- und Literaturzeitungen treibt, mag ich nicht hören.

Diese Variation gilt aber auch für die gesamte christliche Existenz, mit entsprechenden Abwandlungen. Am schrecklichsten wäre, wenn der Christ munter weiter- und weitermachen und nicht einmal bedenken würde, ja nicht einmal zu ahnen schiene, dass seine eigene Existenz samt und sonders von Gott infrage gestellt und gefährdet ist. Der Christ kann Gott nur für sich haben, indem Er Ihn auf der ganzen Linie auch gegen sich hat. Vielleicht die schwerste Versuchung des christlichen Daseins ist auf der Ebene des zweiten und dritten Gebotes zu suchen. Offenbar geht es nicht ohne Bilderdienst und nicht ohne Entheiligung des Namens Gottes. Wo und wann wäre der Christ frei von dem himmelstürmenden Versuch, seine Begriffe, Bilder, Sprachformen und Konstruktionen auf den Thron Gottes zu erheben und diese anzubeten. Notwendig bricht dann in solchen Verwechslungen das ganze Missverhältnis zwischen dem lebendigen Gott und dem auf, was die Christen über Gott glauben, aussprechen zu dürfen. Indem Gott dieses

Missverhältnis nicht dulden will, kann Er nur gegen den Christen in seinem vermeintlichen Christsein sein. Eine weitere, sehr sublime Versuchung, die gerade die größten Christen zu befallen scheint: die Verführung. Ist es nicht erschütternd, zu sehen, wie selbst die größten und anerkanntesten Theologen, auch ein Athanasius, Augustinus, ein Thomas, Luther, Zwingli und Calvin, neben ihren positiven Auswirkungen auch wahre Unheilspuren hinterlassen haben? Das ist eine Bedrohung, unter der das Christsein immer und überall steht. Es gibt keinen Christen, der anders als von der Barmherzigkeit Gottes leben könnte.

Die Hoffnung

Ich möchte nun die vorangehenden Worte nicht abschwächen und von ihnen nichts zurücknehmen. Ganz im Gegenteil! Ich wiederhole sie, indem ich behaupte: Die Grundlage betender Existenz ist das Dennoch der Hoffnung. Christliches Sein erschafft sich überall auf eine Zukunft hin, die schlicht und einfach »Himmel« heißt. Was der Christ an Einsamkeit, Zweifel und Versuchung auszuhalten und zu ertragen hat, das wird er unter dem Vorzeichen der Hoffnung nicht nur »ein bisschen tapfer«, sondern in der Freudigkeit des Heiligen Geistes auszuhalten und zu ertragen wissen, in einer Haltung, die jene vordergründige Schale endlich und zuletzt sprengen wird. In der mittelalterlichen Theologie waren *alacritas, hilaritas,* ja *laetitia spiritualis* (Frohsinn, Glück und geistige Freude) Wesensbestimmungen christlicher Existenz. Doch muss sich der Christ immer dessen bewusstsein, dass seine innere Freude das Geheimnis der auf Golgatha vollzogenen Gnade Gottes, die Errettung des Menschen vor der Ungnade, ist: die neue Schöpfung eines befreiten, der Treue Gottes in gleicher Treue entsprechenden, im Frieden mit Gott und zu Seiner Ehre lebenden Menschen. So, aber nur so, darf der Christ, im Blick auf Christus, auch sein Haupt erheben. »Sind wir mit Christus gestorben, so vertrauen wir, dass wir auch mit ihm leben werden« (Röm 6.8). In Christus und über ihn vollzog sich das Gericht, indem er die Not der Einsamkeit, des Zweifels und der Versuchung überwand. Diese drei sind über keinen vor ihm und nach ihm derart radikal hereingebrochen. Und er hat all das in Gnade umgewandelt, die immer Verheißung ist, Offenbarung der Hoffnung.

Das Schweigen in der Stille

Irgendwie gebunden sind wir alle. Keiner von uns ist ganz beweglich und ganz biegsam in den Händen Gottes. Darum sollen wir alle zu Ihm flehen: Herr, gehe nicht vorüber, bis ich aufgemerkt habe auf Dein Kommen! Herr, höre nicht auf, zu pochen an meiner Türe, zu schlagen und zu stoßen wider mich, bis ich Dir aufgemacht habe. Das ist die Stille der bereitwilligen Menschen. Ihr ganzes Wesen ist ein einziges Ja zu Gott. Die fruchtbarsten und hinreißendsten Menschen sind immer auch die Stillsten, jene, die gelernt haben, auf Gott zu horchen.

In das Innerste der christlichen Existenz gelangt man nicht, wenn man redet, sondern nur, wenn man schweigt. Wenn man sich sammelt, der innere Raum sich öffnet und darin die heilige Gegenwart Gottes sich kundtut. Dieses Stillsein muss man lernen. Wir müssen uns gegen das endlose Gerede und Gedröhn wehren, das durch die Welt geht. Der äußere Lärm bildet aber nur die eine Hälfte, und vielleicht nicht einmal jene, die am schwersten zu durchstoßen ist. Die andere ist die innere Unruhe: das Getriebe der Gedanken, das Herumfahren des Begehrens, die Ängste des Gemütes, die Wand der Stumpfheit. So sieht es in unserem Inneren aus, wie der von Geröll zugeschüttete Brunnen. Zu einem recht gefügten Leben gehört auch die Übung, schweigen zu lernen. Sie fängt damit an, dass man wirklich den Mund hält, wo immer das Vertrauen eines anderen, die Pflicht des Berufes, die Achtung vor fremden Leben es erfordert. Das sollte für einen Christen selbstverständlich sein. Das ist aber nur der Anfang. Wir müssten uns auch daran gewöhnen, dass wir schweigen, auch wenn wir reden dürfen, dass man sich überhaupt bemüht, die Redesucht, das Existieren im Gerede zu überwinden. Wieviel Überflüssiges sagen wir im Laufe eines Tages, und wieviel Törichtes. Wir müssen lernen, dass das Schweigen schön, dass es keine Leere, sondern echtes und volles Leben ist. Auch dies ist noch nicht alles: Das äußere Schweigen genügt noch nicht. Wir müssen die innere Stille erlernen, das ruhige Verweilen bei einer ernsten Frage, einer wichtigen Aufgabe, dem Gedanken an einen Menschen, an dem uns liegt. Dabei werden wir eine große Erfahrung machen, dass es nämlich die innere Welt des Menschen gibt und dass es darin immer tiefer hineingeht. Schließlich die Stille vor Gott. Vor Ihm, dem Übergroßen, Den jede Fähigkeit des Denkens und Fühlens Übersteigenden, versagen alle Bilder, die etwas Erregtes und Lautes an sich haben.

»Der Herr ist in Seinem heiligen Tempel. Vor Ihm schweige die ganze Erde« – ermahnt uns der Prophet Habakuk (Hab 2.20). »Stille vor Jahwe, dem Herrn! Denn nahe ist der Tag Jahwes« (Zef 1.7). »Schweigend horcht auf Mich! Die Völker mögen ihre Kräfte sammeln« (Jes 41.1). »Still, alles Fleisch, vor Jahwe, denn Er bricht auf aus Seiner heiligen Wohnung« (Sach 2.17). So kündeten die Propheten die Ankunft des Erlösers voraus. Und als er, unser Herr Christus, erschien, geschah es »mitten in der Nacht« in großer Stille und bei der Anbetung von Hirten und Königen. Die verheißene Ewigkeit soll auch erfüllt werden von einer ewigen Ruhe (siehe Hebr 3.7 – 4.11), die wir freilich nicht als Untätigkeit missdeuten sollten, sondern, sie in ihrem Wesenskern begreifend, als »Besitz der Fülle und Auskosten in der Stille«. Über die Stille als besonderen Akt des Gebetes wäre noch einiges, sogar Wichtiges zu sagen. Hier ging es nur um die Grundstimmung oder innere Einstellung, die jedes ausdrückliche Beten erst ermöglicht.

Menschlichkeit

Der Ausdruck »Menschensohn« ist wohl eines der schwierigsten Themen der Jesusforschung. Es gibt zahlreiche, teils einander widersprechende Erklärungsversuche. Als gesichert darf indes gelten, dass Jesus unmissverständlich wissen ließ, dass er und kein anderer als er selbst »der Mensch« ist und dass er machtvoll zum Gericht erscheinen wird. Selbst diese – sehr einschränkende – Deutung genügt uns aber, um ein Bild des *»verborgenen Jesus«* zu entwerfen.

Vielleicht ist das Erschütterndste an Jesus für uns gerade dies: *Er war ein Verborgener.* Er strebte danach, namenlos zu sein. In seinem Leben brach die »Einsamkeit der Fülle« auf. Wer wie Jesus in der Einheit des Lebens existieren will, muss lange allein bleiben, um sich auf das Wesen des Daseins hin sammeln zu können. Einsam in der Reifung, einsam bei der Versuchung in der Wüste, einsam bei den größten Taten seines Lebens. Jesu Dasein kam aus einer Unbekanntheit, wie ein Stern, der plötzlich unser Firmament durchquert und den nur jene bemerken, die gerade zufällig hingeschaut haben.

Um ihn herum sehen wir Menschen, die *ihn nicht verstehen.* Man führt gegen ihn Verbotslisten, Gesetze, Bräuche und Überlieferungen auf. Selbst seine Mutter fragte ihn: »Kind, warum hast du uns das angetan?« (Lk 2.48). Alle warfen ihm – vielleicht nur stillschweigend – auf irgendeine Weise vor: »Warum bist du so anders?« Zöllner und Sünder fanden bei ihm willige Aufnahme. Er sagte innerlich zu allen: »Ich verurteile dich nicht.« Er verteidigte die Sünder vor den sogenannten Gerechten, nahm die Kinder vor den Erwachsenen in Schutz. Er nahm die Not der Menschen immer wahr: die Not einer armen Witwe, der er ihren einzigen Sohn zurückschenkte, die Not einer armen, kranken Frau, die nur den Saum seines Kleides zu berühren wagte, die Not eines Freundes, der ihn verleugnete und dem er mit einem einzigen Blick Reue und Verzeihung schenkte.

Jesus verwirklichte die Gesamtexistenz des Menschen, also auch das *Normale und Gewöhnliche,* das Ermüdende, das sich stets Wiederholende und Unauffällige. Er nahm die Kraftlosigkeit, ja die Versuchung auf sich. Er ging in die Beengung alles Menschlichen hinein, außer der Sünde. Er war ein Freund der Bedrückten. Er lieferte sich der Not des Menschseins aus. Jesus richtete seine innere Wahrheit in einer Welt der Unwahrhaftigkeit auf, in einer Welt der Gleichgültigkeit. Es ist unmöglich, dass er in einer solchen Welt irgendeine Chance gehabt hätte, außer der Kreuzigung.

Eines müssen wir dabei besonders bedenken. In seinem zusammenbrechenden Leben hat Jesus *allen verziehen.* Er fand Worte, die allen Vergebung brachten. Sein Gebet war: »Vater, verzeih ihnen, denn sie wissen nicht, was sie tun!« Einem verlassenen Menschen hat er noch eine letzte Hoffnung gegeben: »Heute noch wirst du mit mir im Paradiese sein.« Für ihn zählte immer die innere Gesinnung und nicht, ob der Mensch ein Leben lang »anständig« und »wohlgesittet« gewesen ist. In der Zeitspanne einer Nacht wurde Jesus von einem Freund verraten, von den Jüngern verlassen und verleugnet, von Menschen geschlagen, in den Kerker geworfen, verspottet und verurteilt. Dennoch nannte er Judas von Karioth bis zum Ende »Freund«. Keiner der Apostel und sicherlich niemand von uns hat Grund, sich über Judas zu erheben.

Ich möchte hier noch kurz über die Ölbergsagonie Jesu sprechen. Jesus ist da sehr schwach gewesen. Nur drei Freunde durften dieses Leid aus der Nähe miterleben, jene, die vordem seine glorreiche Verklärung auf dem Berge Tabor auch mitansehen durften.

Diesen Menschen legte Jesus eine furchtbare Last auf, unter der sie zusammenbrachen: »Ihr alle werdet heute Nacht an mir zu Fall kommen.« Matthäus berichtet: »Da kam eine Betrübnis und eine Bangigkeit über ihn.« Markus spricht noch eindringlicher: »Er geriet in eine Ekstase des Entsetzens und des Grauens.« Lukas sagt, dass Jesus »in die Angst wie hineingeboren« wurde. Dreimal sprach er zu seinem Vater und sagte immer dasselbe, dass er nicht mehr möge. Mit fremden Augen starrte er auf die Gestalt des Engels, der ihn trösten wollte. Am Ende brachte er nur noch in einem Nebensatz ein Ja fertig, einem furchtbaren Nein zugefügt: »Mein Vater, lass diesen Kelch an mir vorübergehen, doch nicht, wie ich will, sondern, wie Du willst.« Schließlich konnte er es nicht mehr ertragen und schrie: »Jetzt ist es genug!«

—

Derart zusammengesetzt ist jener Grund christlicher Existenz, dem das Gebet entspringt. Unser christliches Beten ist getragen von Verwunderung und Betroffenheit. Es bringt Verpflichtung und Einsamkeit mit sich. Es muss bestanden werden in Zweifel und Versuchung. In ihm ereignet sich christliche Innerlichkeit und vollendet sich Menschlichkeit. Doch schimmern in ihm Hoffnung und Stille durch. Nochmals möchte ich betonen: Die genannten Bedingungen der Möglichkeit christlichen Betens sind zwar in jeglichem Gebet, das christlich vollzogen wird, vorhanden, doch wird wohl im ausdrücklichen Beten einmal die eine, ein anderes Mal die andere Grundvoraussetzung hervortreten, sich mehr dem Bewusstsein aufdrängen.

Vielleicht haben wir eines richtig verstanden: wie sehr das Gefüge unserer Existenz vom Geheimnis durchflutet und umfangen ist. Nicht vom Dunkel, sondern von einem Licht, dessen Strahlkraft unser Auge blind macht und unsere Rede stumm. In diesem Sinne könnten sich für unsere betende Betrachtung zwei Sentenzen von Thomas von Aquin näher erschließen, die ich als Abschluss nicht eigens erörtern, sondern nur zum stillen Nachsinnen hinzufügen möchte: »Die höchste Stufe der gesamten Schöpfung ist die menschliche Seele. Zu ihr hin strebt die Materie wie in ihre Form. Der Mensch ist das Ziel der gesamten Schöpfung.« Und: »Gott wird durch Schweigen geehrt. Nicht weil wir von Ihm nichts zu sagen oder zu erkennen vermöchten, sondern weil wir wissen, dass wir unvermögend sind, Ihn zu begreifen.«

Fest der Hoffnung

Die Auferstehung Christi ist das Fest der Befreiung. Sie ist gleichsam das Familienfest aller Hoffenden, all jener, die von einem besseren Leben träumen, die sich nicht zufrieden geben können mit dem bereits Erreichten, mit dem schon verwirklichten Zustand der Welt. In diesem Sinne erfährt ein jeder Mensch, getauft oder nicht, in seinem ganzen Wesen Ostern, Auferstehung. Zur restlosen Aufgebrochenheit seiner Existenz hat Christus in seiner Auferstehung Ja gesagt. Im auferstandenen Christus wurde sichtbar, was der Mensch in seinem eigentlichen Wesen ist. Im Osterereignis unterscheide ich vier Aspekte, die jedoch nur die vier Seiten ein und derselben Wirklichkeit ausmachen: Christus hat das All erlöst. Er ist vom Tode auferstanden! Mit ihm werden wir auferstehen! Wir gehen dem Himmel entgegen!

Christus hat das All erlöst

Vor dem Tode Christi gab es keinen Himmel. Der Hebräerbrief sagt: »Der Weg zum Allerheiligsten war noch nicht frei« (Hebr 9.8). In der Auferstehung Christi wurde die Welt wieder zum Bereich Gottes. Christi Wirklichkeit durchdrang die ganze Welt. Somit leuchtete zunächst jenen das Licht auf, die bis dahin in der »Gefangenschaft der Welt« leben mussten. Mit dem Tod tritt der Mensch aus seiner Raum-und-Zeit-Gebundenheit hinaus. Er geht in jenen Wesensbereich der Welt ein, woher die gesamte Natur erwächst: in das Herz des Universums. In die Sphäre der Weltwirklichkeit sind die Menschen der vorchristlichen Zeit hineingestorben. Mit jedem Menschen, der durch den Tod in den Weltgrund hineinging, steigerte sich die Sehnsucht der Welt, bis sie zu einem einzigen Schrei nach Erlösung wurde, bis die Schöpfung – wie der Römerbrief (8.22) sagt – »in Seufzen und Wehen« lag. Als Christus dann in seinem Tod in die gesamte Weltwirklichkeit einging, haben ihn alle Menschen der vorchristlichen Zeit in einem einzigen Augenblick erkannt. Milliarden von Menschen wurden in einem Augenblick der endgültigen Entscheidung ihres Lebens gegenübergestellt. Es erfolgte ein unbeschreibbarer Aufbruch der Welt zu Gott.

Um alle Menschen erlösen zu können, musste Christus selber sterben, in den Weltengrund eingehen, damit er allen Wesen, die in die Welt hineingestorben sind, gegenwärtig werde. In diesem Moment erreichte die Bewegung von Jahrmilliarden ihr Ziel. Die Welt ist nicht mehr dieselbe wie zuvor. Sie ist heilig geworden. Dies ist der eigentliche, oft missverstandene Sinn des Glaubenssatzes: »Er ist hinabgestiegen in die Hölle« – in die Unterwelt, ins Herz der Erde. Christus wurde damit zum Zentrum der Welt und zur innersten Mitte aller Regungen des Menschenherzens.

Christus ist auferstanden

Wenn wir die Berichte der Evangelien aufmerksam durchlesen, so entsteht zunächst ein verwirrender Eindruck. Die Schranken des Raumes und der Zeit bestehen für Christus nicht mehr. Er erscheint unvermittelt. Er geht plötzlich neben den Jüngern einher. Er entschwindet. Er dringt in geschlossene Räume ein. Eine neue Seinsweise ist entstanden. Christus hat seinen irdischen Leib endgültig mit sich genommen. Er hat seinen armen, geschundenen Menschenleib nicht aufgegeben, sondern hineingenommen in das Leben der Heiligen Dreifaltigkeit.

Mit ihm werden wir auferstehen

Nun können wir endlich die zentrale Frage stellen: Was ist der auferstandene Mensch? Aus der Offenbarung weiß ich nur, dass er der vollkommene Ausdruck der Gottvereinigung sein wird. Von diesem Ansatzpunkt her kann ich wenigstens sagen, was der auferstandene Mensch nicht sein wird.

Er wird (erstens) kein Leid erfahren. Die Offenbarung drückt dies eindringlich aus: Die Erwählten werden getröstet, bis in das Letzte ihres Wesens. Gott wird das Menschenwesen ganzheitlich durchdringen, und dadurch wird die menschliche Existenz zu ihrer Reinheit erblühen. So entsteht glühendes, ein in Gott hineingewachsenes, allen Zufälligkeiten enthobenes Dasein.

Der auferstandene Mensch wird (zweitens) nicht mehr gottfremd sein. Er wird Gott hören, schmecken und berühren. Der Mensch wird Gott ganzheitlich gegenwärtig sein. Was bedeutet das?

Es besagt – da Gott überall anwesend ist –, dass auch der Mensch schrankenlos wird.

Dies führt uns zur dritten Wesensbestimmung des auferstandenen Menschen: Er wird keine Beengung mehr erfahren. Das Geistige wird in das Sinnliche und das Sinnliche ins Geistige hineingleiten. Das Sehen wird zum unmittelbaren Wissen, das Berühren zum Erkennen, das Hören zum Verstehen. Die Existenz des Menschen wird also im Zustand der Auferstehung ganz durchgeistigt. Dieses Geistige wird aber zugleich jenes Süße und Beglückende enthalten, das die Erdhaftigkeit unserer Sinne bedeutet. In einer Welt, die einer solchen Herrlichkeit entgegengeht, gibt es keinen Grund für Kleinmut.

Wer an die Auferstehung Christi glaubt, muss täglich neu werden, muss die Gewohnheiten, die eingefahrenen Gedankenverbindungen und vor allem die Unehrlichkeit seines Lebens überwinden. Erst so leuchtet das Neue und Zukunftsverheißende in ihm auf. Die Auferstehung ist nicht das private Schicksal Jesu Christi, sondern die Zukunft der Menschen und die Zukunft der Welt. Je stiller, geduldiger und gütiger ein Christ wird, desto näher kommt diese Zukunft heran.

Wir gehen dem Himmel entgegen

In der Auferstehung Christi hat sich der Himmel für alle Menschen aufgetan. Somit ist die Wesenstat des christlichen Lebens das Zeugnis von Freude und Zuversicht. Himmel ist – und dies müssen wir Christen heute ernsthaft bedenken – nicht eine blutleere, abgemagerte Ideenwelt. Er ist das Seinshafte aller Seienden, die Schönheit des Schönen, die Lebendigkeit des Lebenden, die Fülle der Eigentlichkeit.

Den Himmel glaubend zu erfahren, ihn als die wirklichste Wirklichkeit für unsere Freunde darzuleben, das ist christliches Lebenszeugnis. Der Himmel ist schon nahe. So ist die Osterbotschaft das Menschlichste von allem, was das Christentum den Menschen je gesagt hat.

Gott – unsere Zukunft

Für das christliche Glaubensverständnis ist die Auferstehung Christi das zentrale Ereignis der Geschichte. Etwas völlig Neues und Unüberholbares hat sich am Ostermorgen ereignet: Alles Streben der Welt und alle Träume der Menschheit haben ihre restlose Erfüllung gefunden. Was dies bedeutet, können wir nur aufzeigen, wenn und indem wir unseren Blick auf die vergangene Geschichte der Schöpfung richten. Den Grundgedanken unserer Betrachtung hat Paulus in seinem zweiten Korintherbrief ausgesprochen: »Mit ihm ist das Ja verwirklicht worden. Alle Verheißungen Gottes haben in ihm ihr Ja gefunden. Durch ihn ist das Amen da« (2 Kor 1.20).

Was sind diese »Verheißungen Gottes«? Wo haben sie sich geoffenbart? Wie haben sie im menschlichen Bewusstsein Gestalt angenommen? Wenn wir diesen Fragen nachgehen, sie wenigstens versuchsweise zu beantworten suchen, zeigt es sich, dass die Auferstehung kein vom Werden der Welt und der Menschheit isoliertes Ereignis darstellt. Sie ist vielmehr die gnadenhafte Überhöhung einer Gesetzlichkeit, die von Anfang an in allen Bereichen des Weltseins wirksam war. Eine solche Sicht der Auferstehung wird vielleicht vielen als ungewohnt, ja sogar als befremdend erscheinen. Sie vermag zudem den ganzen Inhalt des christlichen Auferstehungsgedankens nicht auszuschöpfen. Dieser ist viel reichhaltiger, als dass er in einer kurzen Betrachtung dargestellt werden könnte. Deshalb beschränken wir uns bewusst auf einen einzigen Aspekt des Geheimnisses. Gedankliche Unzulänglichkeiten und die Möglichkeit des Fehlgreifens sind die Gefahren eines solchen Versuchs.

Erstens: Entfaltung der Welt

Jene »Verheißungen Gottes«, deren Erfüllung der auferstandene Christus ist, lassen sich bereits am Ereignis der Schöpfung, welches sich – auf der Ebene der Erfahrung – als ein evolutives Werden zeigt, ablesen. Dieses Werden des Kosmos wird vom Grundgesetz der Neuwerdung, abstrakt ausgedrückt: vom Gesetz der Selbstüberbietung, beherrscht. Die Weltentwicklung »arbeitet sich empor« aus einem ursprünglichen Seinsbestand. Sie bringt Milchstraßen, Sonnensysteme, Planeten hervor. Seit ihren allerersten Anfängen strebt sie nach zunehmender Komplizierung der materiellen Systeme. Sie sucht den Weg »nach oben« und erschafft zuerst primitive, dann aber immer zusammengesetztere Formen des Lebens. Trotz vielfachem Suchen, das im Einzelnen fast richtungslos erscheinen mag, beschreibt die Entwicklung der Welt, aufs Ganze gesehen, eine aufsteigende Linie. Das Weltall tastet sich voran zum Bewusstsein. Die Verfeinerung und die Ausgliederung der Molekülsysteme innerhalb der lebendigen Organismen erlauben endlich das Auftreten einer spezifischen Innerlichkeit: Das Leben wird zum bewussten Leben, zum Erleben. Von Schicht zu Schicht entfaltet und verfeinert sich das Organ der Bewusstseinsfähigkeit. Bei den aufeinanderfolgenden Arten des Lebens beobachten wir eine ausgeprägte Neigung zu immer komplizierteren Nervensystemen und somit zu einem immer feineren Gehirn. Einem kosmischen Energiedruck folgend, drängt die Entwicklung in die Richtung der wachsenden Ausgliederung des stofflichen Seins, in die Richtung der höherrangigen Nervensysteme und damit wiederum in die Richtung des Bewusstseins. Die Weltwirklichkeit ist keine statische Größe, sondern eine Einheit des Werdens. Schließlich steht ein Wesen da, die Krönung der evolutiven Schöpfung, das Produkt einer jahrmilliardenlangen Anstrengung der Welt: der Mensch. In der Entwicklung des Weltalls – die wir in dieser Betrachtung leider nicht näher beschreiben können – zeigt sich etwas Bedeutendes: Die Welt wächst über sich selbst hinaus, überholt sich, richtet sich auf. Überall im Kosmos, unbemerkt und quantitativ vielleicht nicht feststellbar, erscheint etwas, das aus dem Vorhergehenden nicht ableitbar ist. Darin zeigt sich die Grundstruktur der Weltentstehung: Hervorbringung eines aus dem vorigen Zustand Unerklärbaren.

Zweitens: Selbstüberholung des Menschen

Der Mensch selber findet sich jedoch in der Welt nicht fertig vor. Er ist ein Entwurf seines eigenen Seins. Die Selbstentfaltung der Natur setzt sich von nun an in ihm und durch ihn fort: Es ist dem Menschen aufgetragen, sich selbst in seiner Vollgestalt zu erschaffen. Die Weltentwicklung brachte nur jenen Seinsstoff hervor, aus dem der Mensch – durch eigene Anstrengung und

Bemühung – sich zur wirklichen »Spitze des Alls« gestalten soll. Der Drang der Entwicklung nimmt im Menschen eine neue Gestalt an. Die Richtung dieses Dranges bleibt – obwohl er sich auf einer qualitativ höheren Ebene auswirkt – die gleiche: die Selbstüberholung. Die sich in uns sammelnde Energie des Alls lebt in unserem Bewusstsein als Träumen, Hoffen, Begehren und Unruhe. Die Verengung der Gesamtevolution erzeugt in der menschlichen Wirklichkeit einen gewaltigen Druck von Ideen, Wünschen und Ahnungen. Kein Mensch kann verhindern, dass seine Existenz auf das Unendliche hin offen ist. Kein Mensch kann dem geheimen Wunsch entkommen, aus der Enge seines eigenen Lebens herauszubrechen. Der Mensch ist erfüllt von der Maßlosigkeit des Anspruchs. Diese Maßlosigkeit macht, dass all seine Erfahrungen offen sind auf das Unsagbare und Unübersehbare. Die Erwartung eines größeren, eines aus unseren eigenen Kräften Unerreichbaren und gerade darin restlos Erfüllenden ist ein Grundzug des menschlichen Daseins. Das Wesen des Menschen ist somit nicht Gewesenheit. Die eigentliche Geburt des Menschen ist immer noch im Gange.

Der Mensch muss – um ehrlich Mensch zu sein – von einer Zukunft her zum echten Menschsein herausgefordert werden. Zum Wesen der menschlichen Existenz gehört ein Verlangen, ja eine Gier nach Größe, eine Sehnsucht, eine Jugendlichkeit des Geistes, eine Bereitschaft, den Rahmen alles Bisherigen zu sprengen, eine Fähigkeit, sich in die Zukunft hineinzuträumen. Somit ist im Menschen immer eine geheime Spannung vorhanden zwischen dem, was er ist, und dem, was er sein möchte; zwischen dem, was er schon verwirklicht hat, und dem, was ihm noch zu leisten bleibt. Um zu sein, muss der Mensch stets neu beginnen. Das Anfangen ist ein immerfort wirksames Element des Menschseins. Dies bedeutet, dass der Mensch sich unaufhörlich neu entschließen muss, als Mensch zu bestehen, das heißt, über seine eigenen Grenzen hinauszuwachsen. Wer bereits erfahren hat, wie bitter es ist, auf das eigene Leben zurückzuschauen und sich dabei sagen zu müssen, dass dieses Leben nicht so geworden ist, wie es hätte werden können, wenn man sich nur ein wenig mehr angestrengt hätte, der weiß, wie groß das damit Gemeinte ist.

Ist es aber so, dass der Mensch von sich aus sich selbst vollenden kann, dass er aus eigener Bemühung zur Erfüllung der in ihm angelegten Möglichkeiten heranzureifen vermag? Dies ist leider –

oder vielmehr glücklicherweise – nicht der Fall. Damit kommen wir zum Kernpunkt unserer Betrachtung: Das eigentliche Wesen des Menschen ist menschlich unerreichbar; der Mensch kann sich selbst nicht verwirklichen; das Menschsein übersteigt sich selbst unendlich. Dies möchten wir in einer kurzen Analyse von drei Grundfunktionen menschlicher Existenz aufzeigen.

Erkennen: Erkennen bedeutet, dass der Geist eine greifbare Wirklichkeit in sich selbst aufnimmt. Durch diese Verinnerlichung verschiedener Einzelgegenstände der Welt beginnt der Mensch, sich in der Welt auszukennen. Er entdeckt Gesetze der Natur, Gesetze der sozialen Wirklichkeit und auch jene komplizierten Eigenschaften des personalen Lebens, durch die das menschliche Zusammensein beherrscht wird. Doch ist all das nur vereinzeltes Wissen. Der Mensch versucht immer wieder, diese Erkenntnisbrocken in ein logisch durchgearbeitetes System zu bringen, und scheitert dabei weitgehend. Gerade dabei erfährt er, dass er eine Ahnung von etwas Größerem, Umfassenderem hat, von etwas, das keineswegs aus seinen Einzelerkenntnissen zusammengesetzt ist. Zuweilen ereignet sich vor seinen Augen eine wundersame Umwandlung der Welt. In einem Augenblick erlebt er, dass all seine bisherigen Erfahrungen das Eigentliche nicht erfasst haben, den Grund der Gründe, das Sein der Seienden. Sein Geist wurde immer schon von einem Ganz-Anderen angezogen, von der Fülle des Seins. Dieses Hineinragen des Geistes ins Ganz-Andere ist der Grund und die Ermöglichung aller sonstigen Erkenntnisse. Es wird im Bewusstsein meistens nur negativ erlebt, als Unruhe und als Unzufriedenheit mit dem Bereits-Erreichten, als Antrieb, weitere Räume der Erkenntnis auszukundschaften. Vollenden könnte sich die menschliche Erkenntnis erst, wenn sie sich restlos überholen, die Fülle ihrer Ahnungen im konkreten Nachvollzug verwirklichen würde.

Wollen: Auch das menschliche Wollen ist aufgespalten zwischen der Maßlosigkeit des Anspruchs und der Begrenztheit der Verwirklichung. Mit unerbittlicher Notwendigkeit verlangt der Mensch nach einem Mehr, nach etwas Unerreichtem. Etwas Geheimnishaftes lebt in ihm, das seine Taten immer weiter vorantreibt zu neuen Zielen und Verheißungen. Es ist schwer, diese Spannungen auszuhalten. Deshalb versucht der Mensch nur zu oft, unterwegs innezuhalten, das Vorläufige als endgültig zu nehmen. Er bleibt aber dabei – vielleicht uneingestanden – unglücklich und unerfüllt. Der ehrliche Mensch denkt aber gar nicht daran, wunschlos zu sein. Selbst in seinen banalsten Erfahrungen strebt er ins Uferlose. Und je klarer ein Mensch in das Größere hineinlebt, umso mehr ist er ein Mensch. Jede Erfüllung ist für ihn nur ein Beginn eines weiteren Suchens. Der Geschmack am Glück, die Hoffnung auf eine noch größere Erfüllung gehören zum Lebenselement des Menschen. Alles Erreichte ist schon dadurch, dass es erreicht ist, eine erledigte Sache für ihn. Das Wirklich-Erfüllende steht aber immer aus. Das Eigentlich-Große stellt sich nicht ein. Herrliches, Nie-Geahntes schon. Aber darüber hinaus bleibt immer ein noch Größeres, noch Herrlicheres, noch Erfüllenderes. Dies bedeutet aber, dass der Mensch sich als Harren, als Unterwegs, als Sehnsucht und als Erneuerung verstehen soll. Der Mensch trägt eine Dynamik auf das Menschlich-Unerreichbare, auf das Absolute in sich. Im Sinnmittelpunkt des menschlichen Wollens steht das Unerreichbare, das dem Menschen nur als gnadenhaftes Geschenk des Absoluten zuteilwerden kann. Das Gnadenhaft-Geschenkte ist somit zugleich das Notwendig-Gewollte. Restlose Selbstüberholung, Erfassen des Unfassbaren, Verwirklichung des Gnadenhaften: Das ist die Paradoxie des menschlichen Wollens.

Lieben: In der menschlichen Liebe gehen zwei Personen eine Seinseinheit ein. Sie sprechen seinshaft aus: »Wir.« Liebe heißt demnach Seinsaustausch. Das Sein des einen wird zur Begründung des anderen. Da aber das menschliche Sein unendlich offen ist, kann es vom Endlich-Seienden nie restlos erfüllt werden. Was in der Liebe wirklich gemeint ist, übersteigt jegliche Verwirklichung. Das letzte Ziel der Liebe ist wesenhaft mehr als alles, was von der Liebe in die Tat heimgeholt werden kann. Die Hingabe an ein endlich Seiendes ist bereits ein Überstieg des Begrenzten, eine Suche des Unbedingten und Unendlichen. Eine begrenzte Liebe ist ein Ding der Unmöglichkeit. Der Gegenstand der Liebe ist immer nur eine Öffnung auf ein Unendlich-mehr. Ein Geschöpf in seiner endlichen Zerbrechlichkeit wird also in der Liebe zum Ziel unseres Strebens ins Unendliche. Wer die Liebe je erfahren hat, der weiß, dass dies die eigentliche Versuchung menschlicher Liebe ist. Kein Mensch ist der ihm zuströmenden Liebe gewachsen. Das Geliebtsein ist eine Forderung, die kein endliches Dasein erfüllen kann. Menschliche Liebe ist menschlich unvollendbar. In ihr ist ein Absolutes mitgemeint, mitangestrebt, überall, wo ernst, reif und ehrlich geliebt wird.

Versuchen wir nun, die zwei ersten Punkte unserer Betrachtung in eins zu fassen. Der Weltstoff bekundet seine Vorzugstendenz für das bewusste Leben und übersteigt sich selbst, indem er den Menschen hervorbringt. Der Mensch selbst führt diesen Drang des Universums in seinem Lebensnachvollzug weiter und versucht seinerseits, sich selbst zu überholen in das Absolute hinein. Soll dieser Prozess der Welt- und Menschwerdung einen Sinn haben, so muss er einmal in einem Menschen münden, der den restlosen Durchbruch ins Ganz-Andere endgültig vollziehen kann. Dieser Mensch muss aber dazu den Abgrund zwischen dem Endlichen und dem Unendlichen in seinem eigenen Sein überwinden. Im Sinnmittelpunkt aller Strebungen des Alls und aller Sehnsüchte des Menschenherzens steht somit das bedingt gewordene Unbedingte: der menschgewordene Gott. In ihm erreicht die Weltentwicklung ihren absoluten Höhepunkt. Ohne ihn wäre der ganze Drang der Evolution sinnlos, wären unsere Träume von Neuwerdung und unsere Sehnsucht nach endgültiger Erfüllung hohl und nichtig. Die Geburt des Sohnes Gottes ist somit kein unorganischer »Einbruch« des Absoluten in die Welt. Im Gottmenschen erfüllt sich das, wovon unsere Erde immer schon geträumt hat. Er ist der »Anführer des Lebens«. Er sammelt in sich aus der Welt alles, was nach einer Neuwerdung, nach einer restlosen Selbstüberholung strebt, und erfüllt es in seinem Durchbruch in den Bereich der Endgültigkeit. Menschwerdung und Auferstehung des Gottmenschen sind demnach im Grunde die gnadenhafte Vollendung der Grundtendenz aller Schöpfung. Seit den allerersten Anfängen der Welt ist das Prinzip der Auferstehung am Werk. Die gesamte Schöpfung und die ganze Geschichte der Menschheit sind ein einziger Raum der Auferstehung.

Drittens: Auferstehung Christi

Wenn wir die Gestalt Christi, wie sie in den Evangelien gezeichnet wird, ohne Voreingenommenheit und vorgefasste Begriffsschemata betrachten, bemerken wir etwas Erschütterndes, das sich aber nur schwer in Worte fassen lässt: die Restlosigkeit eines irdischen Lebensvollzugs. Um dieses Ursprüngliche bei Christus zu erfassen, muss der heutige Mensch die Gewohnheit abstreifen, in Christus das durch Jahrhunderte hindurch vertraute Bild des »lieben Heilands« – eine süßliche und rührselige Gestalt – zu sehen, bis er fühlt, wie beunruhigend und geheimnisvoll seine Person ist. Wir haben es weitgehend verlernt, über Christus zu staunen. Unsere Kenntnis von ihm ist zum Klischee geworden. Tausendfach hat man uns seine Worte wiederholt. Tausendfach wurden seine Bewegungen und seine Gebärden nacherzählt, sodass wir am Ende sein Wesen nicht mehr leuchten sehen. Wir sind gegenüber wenigen Gestalten der abendländischen Geschichte existenziell so blind geworden wie gegenüber Jesus von Nazareth. Haben wir schon bedacht, was es heißt, dass dieser Mensch restlos menschlich war, dass er das menschliche Leben voll ausgeschöpft hat?

Er ist unter uns erschienen als ein Mensch voll Verständnis und Güte. Als einer, der die Sünder und die Schwachen in Schutz nahm. In ihm ist die Menschenfreundlichkeit in reiner Gestalt aufgeleuchtet. Man spürt in den Evangelien die große Anziehungskraft seiner Person, jene Macht über das Menschenherz, die Petrus und Andreas auf ein einziges Wort hin alles verlassen ließ, die das Volk in die Wüste lockte ohne Verpflegung und Schutz. In den neutestamentlichen Berichten begegnen wir einem Herrn, der aß und schlief; der den Kranken half; der die Kinder segnete; der müde wurde und sich ausruhen musste; der Mitleid mit den Menschen hatte, derart, dass er zu Tränen gerührt wurde; dem die Menschen nachfolgten, weil sie merkten, dass er sich ihrer Verwahrlostheit erbarmte; der die Mühseligen und Beladenen zu sich rief; der eine grenzenlose Zärtlichkeit in sich trug für alles, was lebt. In seinem Dasein waltete das Ganz-Andere und milderte zugleich seine tödliche Macht zu Armut und Güte. Etwas Unausdenkliches hat sich hier in einem Menschendasein ereignet: die Freundlichkeit zu jedem Geschöpf.

Endlich war jemand unter uns, der restlos menschlich sein konnte; der das geknickte Rohr nicht brach und den glimmenden Docht nicht löschte; der unsere Not immer erkannte: die Not der armen Witwe von Naim, die Not der kranken Frau, die nur den Saum seines Gewandes zu berühren wagte, die Not des Apostels, der ihn verleugnete und dem er mit einem einzigen Blick Reue und Verzeihung geschenkt hat. Er war der Freund, der Aussöhnende, der Ganzmachende, der Einigende. Die Freude waltete um ihn. Er trug eine Jugend in der Seele, eine Frische des Daseins, eine heilige Umwandlungsfähigkeit in sich. Niemand hat er gehasst, niemand verurteilt, niemals Böses mit Bösem vergolten. So menschlich konnte nur einer sein, der über alles Nur-Menschliche hinausragte. Vorhin haben wir erschaut: Die menschliche Existenz ist menschlich nicht vollendbar, da sie im Absoluten mündet. Demnach kann nur der menschgewordene Gott wirklich menschlich sein.

Von da aus verstehen wir, was die Jünger nach dem Tod Christi erfahren und als »Auferstehung« bezeichnet haben. Christus hat bereits in seinem irdischen Leben die Kümmerlichkeit menschlicher Existenz überwunden. Deshalb war auch der Tod für ihn nicht ein Abbruch. Im Tode Christi wurde das zur Endgültigkeit, was bereits in der Vorläufigkeit seines Erdenlebens waltete: die Restlosigkeit menschlichen Daseinsvollzugs. Durch die Auferstehung wuchs Christi Gestalt in die Dimensionen des Universums und der gesamten Menschheit. Die Wirklichkeit Christi überflutete die Welt; sie wurde überall gegenwärtig, all-kosmisch. Wenn man die Berichte über die Auferstehung aufmerksam durchliest, bemerkt man diesen Umbruch im Christusverständnis der Jünger: Aus der Restlosigkeit des Irdischen entstand die Endgültigkeit seines ewigen Seins. Christus ist somit zum Zentrum des Alls geworden, zum Allherrscher. Von diesem Christus sagt der Apostel, er sei Geist. Für Paulus bedeutet hier der Ausdruck nicht einen Unterschied zur Leiblichkeit. Er meint das ganze menschliche Dasein Christi, indem es unbedingt geworden ist, indem es das Absolute restlos »eingeholt« hat. In der Auferstehung ist das menschliche Sein über die äußerste Sphäre des geschöpflichen Werdens hinausgelangt und eingegangen in das Leben der Heiligen Dreifaltigkeit. Christus ist zu einer Wirklichkeit ganz neuer und besonderer Art geworden, zu einer gänzlich geistdurchformten und alles Sein durchdringenden Mächtigkeit. In ihm wurde die Schöpfung in das ewige Sein Gottes hineingehoben. Er ist die endgültig neu gewordene Welt. So verwirklicht sich im auferstandenen Christus das Heilsgeheimnis des Alls: Gott ist in die Tiefe der Welt abgestiegen, hat unsere Natur angenommen, um mit ihr aufzusteigen über alles, was die Welt hervorzubringen vermag. Deshalb ist das Wesen des christlichen Lebens eine »Nachfolge«: Im Nachvollzug der irdischen Existenzweise Christi werden wir des unendlichen Seins des Absoluten teilhaftig und vollenden gleichzeitig das Werden der Welt.

Diese Einsicht in das Wesen des Christlichen wird im neutestamentlichen, besonders im paulinischen Glaubensverständnis unverkürzt zum Ausdruck gebracht: Christus ist zwar zu uns gekommen, bleibt aber doch bis zum Ende der Welt stets im Kommen. Durch die ganze Geschichte der Welt »wächst« Christus in uns. Erst am Ende der Zeit steht das Pleroma Christi, der »volle Christus« da. Die Christen – die soziologisch sichtbaren und die sogenannten »anonymen«, das heißt jene, die ihr Christsein noch nicht ausdrücklich erkannt haben – bauen den auferstandenen Leib Christi auf. Somit stehen sie an der Spitze der Weltentwicklung. Wenn das »Maß Christi« erfüllt ist, wenn alle Menschen, die Christi Seinsfülle ausmachen sollen, ihr Leben Christus überantwortet haben, hat sich die Schöpfung vollendet. Die durch die Zeiten lautlos angewachsene Gegenwart Christi wird sich jählings offenbaren und das All durchfluten. Dann beginnt das eigentliche Leben: Christus wird seine in die Dimensionen der Menschheit und des Universums erwachsene Wirklichkeit der Umarmung des Vaters hingeben. Das Abenteuer der Welt wird beendet sein. Das All wird umgewandelt und erhält endgültigen Bestand. Das Leben restlosen Glücks kann beginnen.

Somit sind wir gedanklich vorbereitet, die Tiefenströmung des Weltwerdens zu erfassen. Sie heißt: Umwandlung des Vorläufigen in die Endgültigkeit; Hineingehen des Endlichen in die restlose Nähe des Absoluten; Entstehung des Himmels aus dem Seinsstoff des Irdischen. Christi Auferstehung war bereits Erschaffung des Himmels, Himmelfahrt. Als Mensch ging er dorthin, wo er als zweite göttliche Person immer schon war. Der Himmel hat sich endgültig aufgetan. In einem blutigen Gang hat sich einer durchgekämpft und führte den Drang des Alls in die unüberholbare Verwirklichung hinein. Dies bedeutet zugleich: Von nun an haben alle Hoffnungen ihre Erfüllung. Kein Leben ist unnütz. Es lohnt sich, sich hinzugeben, sich zu verschenken. Wir können ja nichts verlieren, am wenigsten das, worauf wir verzichten. Die konkrete Gestalt der christlichen Lebensverwirklichung müsste demnach ein Zeugnis davon sein, dass die Welt einem ewigen Glück entgegenschreitet, ein Zeugnis der Freude und der Zuversicht. Christliches Dasein ist ein Werden des Himmels in den Kindern Gottes, in den Brüdern und Schwestern Jesu Christi. Je stiller, geduldiger und gütiger ein Christ ist, umso näher kommt die absolute Zukunft, der Himmel, heran. Ein solcher, von der Gegenwart des Zukünftigen erfüllter Christ ist ein Geschenk Gottes an die Welt. Eine gewaltige Verantwortung liegt auf ihm. Er nimmt das Leben der Welt in das atemberaubende Abenteuer der Gottvereinigung mit hinein.

In seiner *Göttlichen Komödie* beschreibt Dante eine schicksalshafte Wanderung durch alle Bereiche der Welt. In Begegnungen und Gesprächen enthüllt sich für ihn Stück für Stück die Weltordnung. So steigt er immer höher hinauf bis zur äußersten Spitze der Welt. Da wird ihm die erfüllende Vision gewährt. Der Dichter erschaut das Antlitz Christi im Kreis der Gottheit: »Drinnen im Kreise zeigte sich das Bild unseres Angesichts.« Hier hat er das Letzte, das sich über Gott und die Welt aussagen lässt, symbolisch ausgesprochen: Das Menschenangesicht ist für die Ewigkeit das Antlitz Gottes. Dieser Endgültigkeit geht unsere Existenz entgegen. Von dieser Herrlichkeit träumt – unter tausend Abbildern und Gestalten – die Menschheit. Die Vorahnung dieser Vollendung treibt die Entwicklung der Welt voran. Der Auferstandene ist der geheime Sinn und das unüberholbare Ziel unserer Welt, der Punkt Omega aller zusammenstrebenden Kräfte des Alls. »Mit ihm ist das Ja verwirklicht worden. Alle Verheißungen Gottes haben in ihm ihr Ja gefunden. Durch ihn ist das Amen da« (2 Kor 1.20).

Vollendung

Im christlichen Leben ist ständig etwas Neues im Werden. Paulus ermahnt uns immer wieder, »in der Neuheit des Lebens zu wandeln« (Röm 6.4). Was aber diese Neuheit bedeutet, ist schwer zu sagen. Sicherlich ist die endgültige Neuheit unsere Teilhabe an Gottes Wesen. Dies sollte sich aber ausdrücken im konkreten Nachvollzug unserer Existenz. In uns sollte zeichenhaft dargestellt werden, dass wir einer Vollendung entgegengehen, und zwar in allen Strukturen unseres Daseins. Gott steht uns zwar bei durch Seine Gnade. Aber die Vollendung ist letztlich unserer Freiheit anheimgestellt. Leider verlangt ein solches Leben oft Anstrengungen von uns. Die Alten nannten diese Anstrengung »Tugend«. Das Wort klingt heute ein wenig abgeschmackt. Es bedeutet aber im Grunde: das gelungene menschliche Sein. Im Grunde fragt uns Christus immer wieder: Ist dir dein eigenes Leben gelungen? Wenn nicht, dann wird uns Christus sicherlich verzeihen. Aber, ob wir uns selbst verzeihen? Ob wir uns vergeben, so viele Möglichkeiten ungenützt gelassen zu haben, so viel Liebe, Freundschaft und Wahrheit in unserem Leben enttäuscht zu haben? Gott will uns nicht als »tugendhafte« Menschen (im abschätzigen Sinn verstanden), sondern, dass uns unser Leben gelingt, dass wir einer Vollendung entgegengehen.

Strukturen christlicher Vollendung

Christliches Leben ist wesenhaft ein *Werden des Himmels* in den Kindern Gottes, in den Brüdern und Schwestern Jesu Christi. Wollen wir also wissen, in welchen Strukturen sich unser christliches Leben vollendet, dann müssen wir zuerst auf die Frage Antwort geben: *Was ist Himmel?* Von der richtigen Beantwortung dieser Frage hängt ab, worin wir die eigentliche Vollendung sehen.

Was ist Himmel?

Das Leben wird in uns zweimal geboren. Einmal in der Ankunft aus dem Mutterschoß und zum zweiten Mal im Entlassenwerden aus der Welt; in der Geburt und im Tod also. In der *Geburt* wird das Kind gewaltsam aus dem Mutterschoß, aus der Enge des Beschützenden, des Gewohnten und des Heimlichen gedrängt; es wird von einem Untergang bedroht; zugleich eröffnet sich vor ihm eine weite, neue Welt: die Welt des Lichtes, der Farben, der Bedeutungen, des Mitseins und der Liebe. Ähnliches geschieht im *Tode,* nur viel radikaler: Gewaltsam wird der Mensch aus der Enge seiner bisherigen Weltlichkeit herausgenommen; gleichzeitig gelangt er zu einem neuen, wesenhaften, sich bis in die Weite des Weltseins erstreckenden Weltbezug; der Mensch geht im Tode einerseits wirklich »unter«, im Sinne einer Nichtung, eines gewaltsamen Entzugs seiner Leib-Weltlichkeit; zugleich taucht er »unter« bis zu den Wurzeln der Welt und erhält dadurch eine totale Weltpräsenz; er tritt ein in eine Tiefendimension des Weltalls, in jene Sphäre, wo sich die Umwandlung unserer Weltlichkeit in Himmel endgültig vollzieht. Was nachher kommt, was *Himmel* ist, davon wissen wir fast nur so viel wie das Kind im Mutterschoß von der Welt. Der Himmel übersteigt unsere Vorstellungen derart, dass wir von ihm fast nur sagen können, was er nicht ist. Es wurde uns vom Himmel nur so viel geoffenbart, dass wir in der Erwartung nicht erlahmen. Eines wissen wir aber mit Sicherheit: Himmel ist die endgültige Vollendung im grenzenlosen Glück. Wenn wir also auf die Frage nach dem Wesen des Himmels Antwort geben wollen, müssen wir wissen, in welchen Richtungen unser Leben spontan seine Vollendung sucht. Diese Linien müssen wir dann ins Unendliche verlängern. So gewinnen wir eine ferne Ahnung vom Wesen des Himmels. Welches sind nun die wesentlichsten Vollendungsrichtungen menschlicher Wirklichkeit? Es sind deren drei.

Menschliches Leben vollendet sich in der Armut

Die vordergründige Erfahrung scheint uns das Gegenteil zu lehren. Das Leben vollendet sich im Besitz. Der Mensch ist ein »Mangelwesen«. Seine Lebenskraft genügt nicht, um sich in der Welt – in die er gemäß dem Willen seines Schöpfers eingesenkt ist – zu verteidigen. Er müsste rein biologisch untergehen, wenn er nicht eine andere Kraft besäße. Der Mensch vermag, die Welt zu beherrschen. Er umgibt sich mit einer schützenden Hülle; er macht sich die Energien der Welt dienstbar; er erschafft so zwischen sich selbst und der Welt eine neue Welt. Er passt sich der Welt nicht an, sondern formt die Welt in eine künstliche Sphäre um, worin er unbeschadet seiner Nichtangepasstheit leben kann. So enthebt er sich, indem er die Welt beherrscht, den Bedingungen seiner Umwelt. Besitz, Weltbeherrschung, Eigentum und Herrschaft sind also Formen menschlicher Vollendung, und zwar dermaßen, dass der Mensch ohne sie gar nicht existieren könnte.

Warum sagen wir trotzdem, dass sich das menschliche Leben in der Armut vollendet? Weil der Drang nach Besitz sich in uns notwendig umformen muss in die Armut. Drang nach Besitz ist wesenhaft Drang nach Teilhabe am fremden Sein. Je höher ein Seiendes dem Seinsrang nach steht, desto weniger lässt es sich besitzen. Die höchsten Werte – wie zum Beispiel die Liebe – kann man nicht erzwingen, kann man nicht mit den Mitteln der Weltbeherrschung erobern. Wenn wir an einer Person teilhaben wollen, müssen wir sie *frei*geben, müssen ihr gegenüber darauf verzichten, sie als Eigentum zu behandeln, das heißt: müssen die Haltung der Armut einnehmen. Der höchste Reichtum, die Teilhabe an Gott, ist reine Gnade. Gottes Gnade ist etwas Unberechenbares, alle Voraussagen und Ahnungen Widerlegendes. Gott gibt Seine Gegenwart, wo und wann Er sie geben will. Nichts wird dem Menschen von Gott geschenkt, was ihm ohnehin zukäme. Das Ereignis Gottes ist etwas, das den Menschen überfällt. Letzten Endes kann (und braucht) der Mensch dabei nichts anderes zu tun, als sich in stummer Hingabe von Gott beschenken zu lassen. Und so verhält es sich überall, wo menschliche Eigentlichkeit geschieht. Das Eigentliche lässt sich nicht erobern und noch weniger besitzen. Menschliche Vollendung ist Geschenk. Wir sind ihr gegenüber immer arm. Je mehr wir uns offenhalten, je empfänglicher, das heißt, »noch nicht erfüllter« unser Wesen ist, desto mehr können wir beschenkt werden, desto größere Vollendung steht uns bevor. Und selbst dass wir uns offenhalten können, dass wir in uns eine Leere, eine Armut schaffen können, die erfüllt zu werden vermag, selbst das ist letzten Endes ein Geschenk. In den wesentlichsten Bereichen seines Lebens hat der Mensch nur als »Armer« Hoffnung auf Vollendung.

Menschliches Leben vollendet sich in der Keuschheit

Auch da scheint zunächst das Gegenteil wahr zu sein. Das Leben sucht doch seine Vollendung in der Richtung der Liebe. Ohne sie wäre es uns unmöglich, jene unentbehrliche Erfahrung zu haben, woraus die Haltung der geistigen Armut erwächst, die Erfahrung, dass unser Selbst sich in der Selbsthingabe vollendet. Liebe ist ja die Wesensform der Selbsthingabe. Sie ist die völlig interesselose Bejahung des fremden Seins und darin die Bestätigung unserer eigenen Existenz. Totales Sich-Schenken also und darin totales Empfangen. Eine wesentliche, ja für viele von Gott als Lebensaufgabe und als Weg zur Vollendung befohlene Grundgestalt davon ist die leiblich vollzogene geistige Liebe, worin sich das Leben neu erschafft, mit sich wieder eins wird und ein neues Anderssein hervorgehen lässt.

Dennoch mündet selbst die leibliche Liebe in der Keuschheit. Echte Liebe fordert mehr als leibliche Berührung. Sie sagt vorbehaltlos Ja zum geliebten Du. So sehr, dass sie es nicht verbrauchen möchte, dass sie nichts von ihm verlangt. Sie will ihm nur wohltun, zärtlich zu ihm sein, ohne etwas zu fordern. So geht die glühende Liebe über in die reine Bejahung des geliebten Wesens, das man, gerade weil man es liebt, nicht mehr als Besitz behandeln will. Dieses glühende Dastehen der Liebe, dieses reine Schenken, diese vorbehaltlose Hingabe ist Keuschheit. Die Liebe kann sich, indem sie sich vollendet, in keusches Sein, in die Jungfräulichkeit umwandeln.

Menschliches Leben vollendet sich im Gehorsam

Die Vollendung des Lebens liegt in der Richtung der immer größeren Freiheit. Zunächst in der Richtung der immer größeren Befreiung von der Unmittelbarkeit der Triebe, dann aber auch – und vor allem – der immer entschiedeneren Selbstauszeugung. Schließlich ist da noch ein drittes Moment der Freiheit, das eigentlich das wesentlichste ist: das Sich-in-der-Freiheit-Bindenkönnen. Menschliches Wesen ist erst dann frei im eigentlichsten Sinne der Freiheit, wenn es so unabhängig wird, dass es sich nicht mehr an sich selbst klammert, indem es nicht mehr sucht, was es selbst befriedigen, erfüllen könnte, sondern das, was anderen Glück und Vorteil bringt. Diese ekstatische, sich selbst überholende Freiheit verwirklicht sich im Gehorsam, darin, dass die Freiheit nichts anderes will als dienen, verfügtwerden, das Herz verschenken, sich nicht aufdrängen, nicht mehr für sich selbst da sein. Eine solche Freiheit ist unmittelbare Liebe, Kraft des vom Guten berührten Herzens. Eine große Zärtlichkeit zum Sein liegt in solcher Freiheit. Etwas Absichtsloses. Sie ist reine Bereitschaft. Eine Bereitschaft, die nichts anderes ist als die Empfänglichkeit für das Neue. Sie zeigt an, dass eine Seele noch frisch ist, dass sie einer noch größeren Erfüllung entgegengehen kann, dass sie nichts in sich hat, das die Ankunft des Größeren hindern könnte. Sie ist die Jugend des Geistes, das Frohe, das Umwandlungsfähige in ihm. Eine solche Freiheit sagt Ja zu allem, was ist. Zu allen Wesen spricht sie ihr »du«: Schwester Sonne, Bruder Feuer, Bruder Tod und Bruder Mensch. Sie will ihnen gehorchen, das heißt, sie in ihrem tiefsten Wesen anerkennen. Vor allem wird aber Gott durch eine solche gehorsame Freiheit »frei«. Hier kann Er die Welt fassen. Die tiefer als alle menschliche Tiefe liegende Lebendigkeit Gottes kann sich nun im Menschen zur Geltung bringen. Sperrt sich unsere Existenz, so ist Gott »gebunden«. Öffnet sie sich, so entsteht eine neue Weite, in welche Gottes Sein eintreten kann, und worin eine zweite

Schöpfung, die neue Schöpfung, beginnt. Das ist das Wunder, das zu verkünden Jesu innigstes Anliegen war: das Wunder des Werdens einer neuen Welt.

Erfüllung in der Hingabe der Liebe

Wenn sich aber das Leben wesentlich in Armut, Keuschheit und Gehorsam vollendet, so ist *kein Eintritt in den Himmel möglich ohne diese drei.* Der Tod wird uns alle in die Möglichkeit setzen, die totale Armut, die vorbehaltlose Keuschheit und den unbedingten Gehorsam frei zu verwirklichen. Erst wenn der Mensch sich *vernichtigt* (seine Armut, die zugleich ganzheitliche Aufgeschlossenheit ist, auf sich nimmt), wenn er sein eigenes Wesen rückhaltlos *hingibt* (seine Keuschheit in einer ganzheitlichen Zurückhaltung erlangt) und wenn er sich absichtslos *schenkt* (seinen Gehorsam mit der letzten Unbedingtheit seiner Freiheit bejaht), kann er eintreten in die Vollendung. In diesem Sinn sind die evangelischen Forderungen der Armut, der Keuschheit und des Gehorsams für jeden Christen gültig und dulden keine Ausnahme.

Himmel besteht also aus einer ganzheitlichen Armut: unser Wesen wird aufgebrochen; es wird eröffnet auf eine unendliche Vollendung hin; auf eine Vollendung, die eine ständige Leere hervorruft, damit das menschliche Wesen noch mehr erfüllt werden könne. Himmel besteht auch aus einer rückhaltlosen Keuschheit: Wir werden im Himmel nur da sein, offen für die anderen, nur uns selbst schenkend und nichts, keine Gegenleistung erwartend; wir werden Kraft dazu haben, Kraft aus unserer Armut. Himmel besteht schließlich aus einem unbedingten Gehorsam: Unser Wesen wird ein Ja sein. Ein Ja zur Unendlichkeit, zur unendlichen, uns immer mehr erfüllenden und verfügenden Vollendung; ein Sich-Hineinbegeben in die ständige Andersheit, wozu uns unsere Keuschheit fähig machen wird. So wird deutlich, dass Armut, Keuschheit und Gehorsam nicht drei verschiedene Tugenden sind, sondern die eine Eigenschaft der Liebe; einer Liebe, die Hingabe geworden ist und die in eben dieser Hingabe ihre restlose Erfüllung erlangt.

Aus diesen Überlegungen geht hervor, *dass die Gelübde der Armut, der Keuschheit und des Gehorsams nicht eine außergewöhnliche und nur wenigen vorbehaltene Entscheidung sind, sondern das*

Grundgesetz der neuen Schöpfung. Jeder Christ muss sie in seinem Leben – oder wenigstens im Tod – verwirklichen. Das Besondere und Ungewöhnliche am Wesen der Gelübde ist, dass ein Mensch wagt, das Ewige bereits jetzt, unter den Bedingungen der Weltlichkeit, zu leben. Christliches Ordensleben ist demnach ein Zeugnis vom Himmel. Und so muss es dargelebt werden. Der Ordensmann und die Ordensfrau sind dazu berufen, den Menschen zu zeigen, was Himmel ist. Wenn ihnen das nicht gelingt, so haben sie in ihrem Beruf versagt.

Zeugnis der Liebe

Zeugnis ist ein Offenbarungsvorgang. In ihm tritt das Noch-Unzugängliche in die Welt der Greifbarkeit. Es erhält in einem konkreten Menschendasein eine fassbare Evidenz. Im Zeugen des Himmels verdichtet sich also der Himmel selbst. Es wird eindeutig, dass es ihn gibt, dass er Macht hat über ein Menschenwesen, dessen Herz er bereits jetzt voll erfüllen kann. Die Welt unserer unmittelbaren Erfahrungen ist noch undurchsichtig auf den Himmel hin. Erst im Zeugnis bekommt die Welt eine neue *Transparenz.* Die Existenz des Zeugen ist gleichsam ein Riss in unserer Welt. Durch diesen Riss strömt das Licht des Himmels herein. Um Zeuge zu sein, genügt es also noch nicht, dass ein Mensch gläubig, fromm, innerlich und um religiöse Dinge wissend ist. Er muss ganz ergriffen werden von der Wirklichkeit des Himmels, damit seine Existenz ganz *leuchtend* werde. Der durch die Gelübde von Armut, Keuschheit und Gehorsam vom Himmel seinshaft ergriffene Mensch ist der Gipfelpunkt des Universums, die Blüte der Schöpfung. In ihm vollendet sich unsere Welt. Er ist die bis zu den äußersten Gemarkungen vorgestoßene Spitze des kosmischen Werdens. Das Leben der Gelübde ist also keineswegs eine Verneinung der Welt, sondern eine tiefe Liebe zum Eigentlichen unserer Weltlichkeit, eine Liebe, deren Ja sonst nirgends auf der Erde so radikal ausgesprochen wird. In den heutigen Menschen ist ein Verlangen, ja eine Gier nach Größe aufgebrochen. Etwas Nie-Dagewesenes steigt aus dem Bewusstsein des Menschen empor, eine neue Sehnsucht, eine neue Jugendlichkeit des Geistes, ein neues Verlangen, den Rahmen alles Bisherigen zu sprengen, eine neue Fähigkeit, sich in die Zukunft hineinzuträumen. Das Christentum will diesen neuen Aufbruch nicht verhindern. Im Gegenteil: Es entzündet für ihn ein Licht, damit der Weg sichtbar wird. Christus ist die Erfüllung aller Sehnsüchte. Alles, was »hinauf«-strebt, verlangt nach dem Herrn. Christus steht im Herzmittelpunkt aller Träume der Menschheit. Der auferstandene Christus ist Garant dafür, dass keine Hoffnung unerfüllt bleibt, dass sich unsere Sehnsüchte nicht im Leeren verlieren. Nirgends wird die Welt so radikal bejaht, wie im Christentum. Und diese radikale Weltbejahung soll in jenen Menschen sichtbar werden, die sich durch die Gelübde ganz dem Himmel, der letzten, unendlichen Vollendung der Welt geweiht haben.

Armut als Weltbejahung

Der Mensch, der durch das Gelübde der Armut Gott eine innere Freiheit vom Besitz versprochen hat, spricht – vielleicht nicht durch Worte, sondern durch sein gelebtes Dasein – zur Welt:

Um vorwärtszukommen, muss man mehr sein als reich. Mein Freund, du bist auf deine Sicherheit bedacht. Du hast für deine Familie zu sorgen. Du musst zusehen, dass die Deinen keine Not leiden. Unser Herr hat das von dir verlangt, und du tust gut daran, dieser Forderung mit allen Kräften nachzuleben. Du darfst aber dein Herz nicht binden. Sonst bleibt dir und deiner Welt die Vollendung versagt; sonst bringst du die Welt nicht vorwärts, schaffst aus ihr nicht eine neue Welt. Unser Herr hat es selber gesagt: »Kinder, wie schwer ist es für solche, die ihr Vertrauen auf Reichtum setzen, in das Reich Gottes einzugehen« (Mk 10.24). Er meinte damit genau das, was du in Momenten der Einsicht auch dir selbst immer wieder sagst: Ich muss mich freimachen, ich darf mich nicht ins Gewordene einsperren, ich muss einer neuen Erfüllung zugehen, ich muss ständig gegen meine eigene Verplattung kämpfen, mein Wesen ist nicht Gewesenheit; was ich eigentlich bin, liegt noch an der Front; ich darf mich nicht zufriedengeben, sonst wird nichts aus mir, nichts aus meinen Träumen, nichts aus meiner Sehnsucht. Ja, unser Herr verlangt von dir, dass du vorbehaltlos empfänglich seist für das Neue, dass du dich in der Pflege des Eigenen nicht verausgabst, dass du in deinem Inneren für die Dinge und für die Menschen Raum schaffst, dass du dich selbst nicht allzu ernst nimmst, dass du offen seist für die Nöte der anderen, dass du dich nicht vordrängst, sondern die anderen gelten lässt, dass du nicht überall nur die Bestätigung deines eigenen Selbsts suchst, dass du dich also um Krüppel, Lahme und Blinde kümmerst, dass du Hungrige speisest, Durstigen zu trinken gibst, Fremde beherbergst, Nackte bekleidest, Kranke besuchst, zu Gefangenen hingehst, Trauernde tröstest, dass du – um es mit einem Wort zu sagen – die Welt nicht aufgibst, sondern ihr zeigst, dass sie noch eine Hoffnung hat. Das ist jene innere Armut, von der unser Herr so eindringlich sprach. Erst darin wirst du echte Freude finden. Nicht Bequemlichkeit, nicht billige Lust, nicht leichte Fröhlichkeit, sondern tiefe Freude, die daraus kommt, dass der Mensch für jene sorgt, jene aufnimmt, die der Herr zu ihm schickt. Der innerlich arme Mensch, der Mensch also, der sein Vertrauen nicht auf das Erreichte, Bereits-Verwirklichte setzt, steht in königlicher Unabhängigkeit über den Dingen. Er gebraucht sie, denn Gott hat sie ihm gegeben. Aber er gebraucht sie so, als ob er sie nicht gebrauchen würde, das heißt, er gebraucht sie nicht aus bloßer Gier des Habenwollens, sondern um für die ihm Anvertrauten zu sorgen. Er besitzt die Dinge nur, um die schenkende Liebe seines Herzens zu bewähren. Glaubst du, die Dinge würden dir verlorengehen, wenn du dich nicht an sie klammerst? Keineswegs! Der Mensch besitzt die Dinge im wahren Sinn erst, indem er sie verwandelt, ihre Schönheit in sich aufnimmt, durch ihr Sein vorstößt bis zu ihrem ewigen Grund. Welch innige Vertrautheit mit den Dingen dieser Welt spricht aus den Gleichnissen Jesu, der selber nichts hatte, wohin er sein Haupt legen konnte. Das Wasser, das Brot, die Tür, der Weg, das Licht, ja die ganze Welt sind in den Gleichnissen Jesu voll vom Geheimnis, des Geheimnisses Gottes, das selbst durch die gewöhnlichsten und alltäglichsten Dinge hindurchscheint. Habe also keine Angst! Du wirst reicher, indem du die Dinge nicht ergreifst, sondern sie begreifst. Lass dich nicht beherrschen, gib dich nicht zufrieden, lasse die Sehnsucht in dein Herz einkehren, sei ein Mensch, der einer noch größeren Vollendung entgegenharrt. Wenn du das nicht tust, verkümmert das Leben in dir und du wirst keine Hoffnung mehr haben. Du wirst das Leben nicht vorantreiben. Du wirst ein Holzklotz an den Füßen der Menschheit sein, die überall von Vollendung träumt, und die einer schöneren Zukunft entgegenschreiten will. Wenn du die Welt wirklich liebst, sei innerlich arm!

Diese »Predigt der Armut« wird aber nur glaubhaft, wenn die Menschen, die gleichsam berufsmäßig von der Größe der Armut Zeugnis ablegen sollen, der Welt beweisen, dass die Welt nur in der geistigen Armut wirklich geliebt werden kann. Dies dürfte aber nicht allzu schwer sein. Die sogenannten »Kinder der Welt« wissen sehr wohl: Jede große Tat ist mit Verzicht verbunden; jede Vollendung der Welt verlangt Anstrengung, Sieg über die Trägheit, über die eigene Selbstzufriedenheit, das heißt Loslösung. Wieviel Ruhe, Frieden opfert der Mensch täglich, um vorwärtszukommen. Wieviel des eigenen Selbsts verliert der Mensch täglich in der Arbeit für die Erde. Er muss sich immer wieder sich selbst entreißen. Er weiß sehr viel um das Opfer. Diese Forderung der Loslösung erreicht beim Christen ihre höchste Vollendung.

Der Christ sucht Gott in allen Dingen. In seinen eigenen Augen zählt er selber nicht mehr. Er hat sich vollkommen vergessen. So *könnte* der Christ der losgelösteste unter den Menschen sein und die reinste und selbstloseste Tat im Dienste einer dem Göttlichen entgegenwachsenden Welt vollbringen. Er könnte sich radikal klein machen, sich vergessen, das heißt, geistig arm sein. Die Menschen würden dann sehen: Er hat sich ungeschützt und fraglos dahingegeben, er hat sich in den anderen hinein verloren, er sucht nicht den eigenen Vorteil, er hat sein Herz freigemacht, er ist der vollendete Mensch. Wer sonst könnte sich radikaler schenken als der Christ, dessen Leben ja im Nachvollzug der Existenzweise seines Erlösers besteht. Diese Existenzweise, die Gesinnung Christi, hat der Philipperbrief folgendermaßen geschildert: »Seid gesinnt wie Christus Jesus. Er war in göttlicher Gestalt und wollte doch nicht gewaltsam an seiner Gottheit festhalten. Er gab sich vielmehr hin, nahm Knechtsgestalt an und war den Menschen gleich. In seiner ganzen Erscheinung als Mensch erfunden, entäußerte er sich« (Phil 2.5–8). Erst in solcher Gesinnung vermag der Mensch überhaupt schöpferisch zu sein. Und das ist die Gesinnung des Christentums. Der Zeuge des Himmels müsste der heutigen Welt konkret beweisen: Wer die Erde wirklich liebt, muss sie christlich lieben. Der Christ ist kein müdes Glied des Menschengeschlechtes. Er ist nicht weniger, sondern mehr Mensch als alle anderen. »Hebräer sind sie? Ich auch! Israeliten? Ich auch! Nachkommen Abrahams? Ich auch! Ja, ich bin es noch mehr!« – sagt Paulus im zweiten Korintherbrief (2 Kor 11.22). Wir könnten hinzufügen: Menschen sind sie? Ich bin es noch mehr! Dieses *«plus et ego»*

(»ich bin es noch mehr«) ist genau die Stelle, an der heute das christliche Zeugnis entsteht. Es zeigt, dass wir nicht deshalb arm sind, weil wir im Lebenskampf versagt haben oder dafür eine individuelle Belohnung im Himmel erwarten, sondern weil wir erkannt haben, dass dies der Weg zum kollektiven Erfolg der Welt ist. Wir sind nicht gegen die Welt arm, sondern für die Welt.

Keuschheit als Lebensbejahung

Keuschheit ist nicht eine negative Eigenschaft, Verkrampfung und Leugnung des Lebens. Sie ist im Gegenteil ungeteilte, ganzheitlich gelebte Lebensbejahung. Der Zeuge des Himmels verzichtet auf die Erfüllung seiner Sehnsucht, nicht weil er die Liebe geringschätzt, sondern weil er sich ungeteilt schenken will, weil ihn seine Liebe hinausträgt über jegliche Erfüllbarkeit. Er möchte für alle da sein, vor allem für jene, die niemand liebt, die die Liebe noch nie erfahren haben. Die Keuschheit ist also die reine *Positivität des Lebens.* Sie ist jene Geradlinigkeit und jener Schwung, die die Liebe fähig machen zu lieben. Unrein, unkeusch ist dagegen ein Wesen, das sich im Egoismus einrollt, das sich selbst sucht, das nicht liebt. Die Reinheit verwirklicht sich in einem Menschen, in dessen Bewusstsein nicht das eigene Selbst steht, dessen Daseinsregungen von ihm fortgehen, in dessen Lebenszentrum die anderen stehen, nicht sein eigenes Ich. Keusch ist, wer eine grundsätzliche Absichtslosigkeit und Offenheit des Daseins in die Tat umsetzt, wer sich ganzheitlich zusammennimmt und sich restlos verschenkt, wer auf sich selbst nicht mehr zurückschaut, sondern sich zum Einsatz bringt mit dem Ernst seiner gesamtpersonalen Wirklichkeit.

Die Reinheit ist im Grunde nichts anderes als jene Haltung der Unbedingtheit, die im Neuen Testament mit »Herzenseinfalt« bezeichnet wird: ganzheitliche Hingabe des Menschen. »Herzenseinfalt« bezeichnet den Zustand, in dem das Herz eines Menschen wirklich *eins* ist: ganz Hingabe, ganz Dienen, ganz Aufrichtigkeit. In einer solchen ungeteilten Hingabe glänzt das menschliche Wesen auf, wird vom Licht der Heiligkeit durchflutet. Reinheit ist die zur Lebenshaltung gewordene Gebärde des Menschen, der Gott eindringlich, mit allen Fasern seiner Existenz sucht. Die Heilige Schrift gebraucht für dieses leuchtende Dastehen auch das schwer übersetzbare Wort *hagnotes.* Dies ist nicht einfach

»Reinheit«, sondern »Heiligkeit« und »Heilheit des Seins«, das innerliche Leuchten eines Wesens, das *unbedingt lebt für das Unbedingt,* für Gott. Diese ganzheitliche Hingabe »zwingt« Gott, in die Welt einzutreten, Sich der Welt zu schenken. Dies ist auch das Geheimnis von Mariä Verkündigung: »Als der Augenblick kam, da Gott Sich entschloss, die Menschwerdung vor unseren Augen zu verwirklichen, musste Er zuerst in der Welt eine Tugend erwecken, die fähig war, Ihn bis zu uns herabzuziehen. [...] Er schuf die Jungfrau Maria, das heißt, Er ließ auf der Erde eine so große Reinheit entstehen, dass er sich in diese Durchsichtigkeit verdichtete, bis Er als kleines Kind erschien« (Pierre Teilhard de Chardin). Die Heilige Jungfrau war die Dichte des Lebens. In ihr konzentrierte sich die Lebendigkeit des Alls. Sie ließ Christus, das »Leben«, hervortreten, der uns und das All hinüberführt in die letzte Lebensfülle, in die Verherrlichung. In Christus glühte das Sein auf. Die Jünger haben dieses Glanzwerden, diese Intensität der Wirklichkeit, diese Metamorphose des Seins in die Herrlichkeit auf erschütternde Weise erfahren: »Da verwandelte sich sein Aussehen vor ihnen. Sein Angesicht leuchtete wie die Sonne, seine Kleider wurden weiß wie das Licht.« Johannes berichtet über seine Christusvision:

> Ich wandte mich um, die Stimme zu erschauen, die zu mir sprach. Und wie ich mich umwandte, sah ich sieben goldene Leuchter, und inmitten der Leuchter eine Gestalt wie die des Menschen Sohn, umhüllt von einem wallenden Mantel, und die Hüfte umgürtet mit einem goldenen Gürtel. Sein Haupt und seine Haare waren weiß wie schneeig weiße Wolle. Seine Augen waren wie Feuerbrand, seine Füße wie Erz, im Ofen geglüht, und seine Stimme wie das Tosen vieler Wasser. Auf seiner Rechten hielt er sieben Sterne. Aus seinem Munde ging ein Schwert hervor, zweischneidig scharf, und wie die Sonne in ihrer Macht, so strahlte sein Antlitz. Als ich ihn erblickte, fiel ich wie tot zu seinen Füßen nieder. Er legte seine Rechte auf mich und sprach: »Fürchte dich nicht! Ich bin der Erste und der Letzte. Der Lebendige. Ich war tot, aber nun lebe ich wieder in alle Ewigkeit« (Offb 1.12–18).

Eine Botschaft vom Leben. Das reinste Leben hat den Tod überwunden und dem Leben seine Lebendigkeit geschenkt.

Von dieser Lebendigkeit Zeugnis abzulegen, ist die Aufgabe jener Christen, die sich im Gelübde der Keuschheit dem Leben geweiht haben. Sie sollen der Welt jenes Vermögen der Reinheit zeigen, das das Göttliche unter uns entstehen lässt. Der Zeuge des Himmels darf nicht kleinlich werden, er darf nicht den Eindruck erwecken, er liebe Gott, weil er sonst niemand lieben kann, er suche das Ewige, weil er keinen Mut für das Zeitliche hat. Er muss Transparenz reiner Lebendigkeit in der Welt werden. Das Leben muss in ihm aufleuchten. Dass dies nicht nur in Christus geschehen kann, sondern in jedem Menschen, der sich ganzheitlich Christus geweiht hat, davon legt die Apostelgeschichte Zeugnis ab, wenn sie vom Diakon Stephanus berichtet: »Alle, die im Rate saßen, blickten auf ihn und sahen, wie sein Antlitz dem eines Engels glich« (Apg 6.15).

Gehorsam als Freiheitsbejahung

Nichts war so frei wie jene Liebe, mit der Christus den Willen des Vaters gesucht hat. Christus hat keine Lebenspläne erarbeitet, keine Programme verkündigt, sich mit seinem Schicksal nicht beschäftigt. Er war frei. Dem Augenblick und den in diesem Augenblick sich offenbarenden Nöten der anderen gegenüber offen. Er ließ sich führen. Es verwirklichte sich in ihm, wovon der Psalm eine ferne Ahnung gibt: »Herr, mein Herz ist nicht stolz, und meine Augen vermessen sich nicht. Nein, bescheiden habe ich mich und meine Seele gestillt. Wie ein Kind auf der Mutter Schoß, ist meine Seele in mir« (Ps 131.1–2). Er hat sich als Mensch vollkommen in die Hände Dessen hineingelegt, Der wie niemand sonst unsere Freiheit respektiert, weil Er selbst diese Freiheit erschaffen hat. Er hat sich ganz hineinbegeben in den Willen Gottes, der die Schöpfung durchwirkt, sie immer weiter vorantreibt und einer ganzheitlichen Befreiung, dem Himmel, entgegenführt. So wurde er zum Pfeil des kosmischen Werdens: »Er war gehorsam bis zum Tod, ja bis zum Tod am Kreuze. Darum hat Gott ihn auch so hoch erhoben und ihm den Namen verliehen über alle Namen, dass im Namen Jesu sich beuge jedes Knie, der Himmlischen, Irdischen und Unterirdischen, und dass jede Zunge bekenne: Jesus Christus ist der Herr« (Phil 2.8–11). Unsere Freiheit liegt darin, Dem zu gehorchen, Der uns zur Freiheit berufen hat, Der Milliarden Freiheiten entstehen ließ und sie alle zu ihrer Vollendung führen will. Wenn wir uns dieser Schöpferkraft fügen, bringen wir die Welt voran, ihrer ewigen Bestimmung entgegen. Wir verlieren dadurch unsere Freiheit nicht. Gottes Schöpfungstat ist die Tat der Zartheit. Eine große Zurückhaltung liegt in der Geste der Schöpfung. Gott schafft uns dadurch, dass Er für uns Raum lässt, dass Er gleichsam Seine Allmacht, Sein allerfüllendes Wesen zurückzieht, damit wir sein können. Und nachher, nachdem Er uns ein Herz geschenkt hat, geht Er hinaus und wirbt um uns, sagt in erschütternder Eindringlichkeit: »Sohn, schenke Mir dein Herz.« Er sagt: Wenn du willst, führe Ich dich hinaus aus deiner Enge. Ich werde dich so führen in Ewigkeit. Du wirst ständig neu werden. Du wirst erleben, was immerwährende Wandlung ist. Aber du musst es frei tun. Ich will dich nicht zwingen. Du bist frei. Deine Freiheit vollendet sich aber, indem du sie Mir schenkst. Ich kann die neue Schöpfung nur erschaffen, wenn du mitarbeitest. Himmel entsteht, indem du Mir in deinem Wesen Raum lässt.

Jeder Christ ist – indem er sein Christentum ehrlich lebt – zu diesem Gehorsam berufen. Jeder Christ muss sich offenhalten für die Führung Gottes in jedem Augenblick, eines Gottes, Der Seinen Willen durch die Vielfalt der Ereignisse kundtut, Der zu uns spricht durch den Gang der Geschichte, durch unser augenblickliches Befinden, durch die Zufälligkeiten des Alltags. Durch die Gelübde des Gehorsams macht aber der Christ noch einen Schritt vorwärts, hinein in den Willen Gottes. Er spricht zu einem Menschen, der ebenso dem Irrtum und der Dunkelheit ausgeliefert ist, wie er selber: Du sollst mir sagen, was Gott von mir will. Durch dieses Wagnis der restlosen Hingabe, auf das Gott nicht anders antworten »kann« als mit einer noch größeren Hinwendung Seiner führenden Liebe, holt er gleichsam Gott noch mehr in die Welt hinein. Durch sein unbedingtes Vertrauen »zwingt« er gleichsam Gott, ihn noch mehr zu führen, seine liebende Hand noch fester zu halten. Dies sollten vor allem jene, auf die sich der religiöse Gehorsam zentriert, also die Oberen, nicht vergessen: Sie repräsentieren Gottes Führung nicht, weil sie besonders klug, begabt oder heilig sind, sondern weil der andere, der Geführte, Gott ein so großes Vertrauen geschenkt hat, dass Gott einfach nicht anders kann als dem, der Seine Führung vertritt, Seine besondere Nähe zu schenken, ihm Seinen Willen zu offenbaren. Der Obere müsste also ebenso – ja noch mehr – dankbar sein für den Gehorsam der Untergebenen, wie dieser ihm dankbar ist für die Führung Gottes. Beide sollen Zeugnis davon ablegen, dass hier Gott der Welt wirklich nahe ist.

Und der Herr ist der Welt nicht nahe, wenn diese Bindung des Gehorsams nicht *Freude und Befreiung* erzeugt. Jedes Mal, wenn der Herr den Menschen nach seiner Auferstehung nahetrat, sagte er: »Ich bin es. Fürchtet euch nicht.« Diese Freude, diese Furchtlosigkeit sollte das Zeugnis sein, dass hier Menschen in die Vollendung eingetreten sind, völlig eins wurden mit dem Willen dessen, der die Welt vollendet. Der Zeuge des Himmels gehorcht nicht, weil er zu schwach ist, seine Freiheit auszuüben, sondern weil er noch mehr an Freiheit ersehnt, weil er weiß, dass er, indem er sich Gott preisgibt, der Welt einen noch größeren Gott schenkt. Je mehr Gehorsam in der Welt existiert, desto mehr und desto schneller kann Gott die Welt in Himmel umwandeln. Auch hier ist das Ja Mariens, ihre freie, sich völlig schenkende Hingabe, von vorbildhafter Bedeutung: Ihre Hingabe ließ Gott in die Welt eintreten, das heißt, sie bot der Welt die Möglichkeit, sich mit ihrem Schöpfer zu vereinigen und zu erblühen zur Vollkommenheit.

—

Dergestalt wird die Atmosphäre – der Raum des Seins um den Zeugen des Himmels herum – immer leuchtender und immer mehr von Gott »geladener«. Das glühend dargelebte Zeugnis von Armut, Keuschheit und Gehorsam führt eine Konzentration des Göttlichen in unserer Welt herbei. Eine unermessliche Kraft ist in uns verborgen: die Kraft der göttlichen Gegenwart in der Welt. Der durch die Gelübde Christus geweihte Mensch ist nicht etwas von der Welt Abgetrenntes. Seine Auserwählung, ja gerade sie, macht ihn mit der ganzen Menschheit solidarisch. Die Welt hat ihn gleichsam vorausgeschickt, damit er den Weg für die Menschheit bereite. Er nimmt das Leben der Welt mit sich in das atemberaubende Abenteuer der Gottvereinigung. Er muss die anderen nach sich lotsen. Eine gewaltige *Verantwortung* liegt auf ihm. Er gehört nicht mehr sich selbst, sondern der Menschheit. Er ist Geschenk Gottes an die Welt.

Armut, Keuschheit und Gehorsam bedeuten: das Durchsichtige, Lautere und *Absichtslose* in der Welt mit der letzten Anstrengung der Existenz aufrechtzuerhalten; eine Vornehmheit der Gesinnung, des Denkens und der Begegnung zu verwirklichen.

Es ist ein Leben, das Gute ausstrahlt und Hoffnung bringt. Vielleicht nicht mit vielen Worten und durch viel Geschäftigkeit, sondern durch die Feinheit und Zurückhaltung seiner Erscheinung. So entsteht ein freier Raum in der Welt, in dem der andere aufblühen kann – unbedroht, anerkannt und geehrt. Die Vornehmheit eines Lebens in Armut, Keuschheit und Gehorsam beweist, dass das Sein von einem Menschen restlos geachtet, verehrt und in eine absichtslose Freundschaft aufgenommen werden kann, dass es also noch eine Hoffnung gibt.

»Und er hat unter uns gewohnt«

Kein christliches Fest ist so tief in die Erlebniswelt der Menschen eingedrungen wie die Weihnacht. Wir erfahren an diesem Fest: Gott hat die Welt bejaht. Er ist nicht in eine fremde Welt abgestiegen, sondern kam »in Sein Eigentum«. Dies bedeutet: Wir selbst, unsere Welt, unsere Erlebnisse, all das, was sich mit uns ereignet, ist nicht unser Eigentum. In alldem waltet Gott, ein Dynamismus, der ins Unbegreifbare weist. Wozu verpflichtet uns die Gesinnung der Weihnacht? Sie ist einerseits eine Botschaft der *Freude,* andererseits enthält sie eine Forderung der *Nachfolge.* Beides müssen wir sehen, wenn wir das Geheimnis der Weihnacht christlich bedenken wollen.

Die *Freude* zunächst: Ein Engel – das heißt Gott selbst in Seiner »vermittelnden« Gestalt – sprach zu uns: »Ich verkünde euch eine große Freude.« Dies ist wohl der erste Aspekt der Weihnachtsbotschaft. Es gibt so wenig Freude in der Welt. Ein Engel »musste« kommen, um uns zu beschwören, in der Freude zu leben. Gott ist *die* Freude. Und Er ist Mensch geworden: »Er hat unter uns gewohnt.« Seitdem hat der Christ den Auftrag, Freude in die Welt auszustrahlen, denn:

Gewöhnlich ist unser Leben glanzlos. Bei traurigen Anlässen gibt man sich traurig, bei den fröhlichen fröhlich. Das Leben verengt sich in uns und wird farblos und langweilig. Der Mensch schleppt sich voran. Eine zermürbende Gleichgültigkeit befällt ihn. Sie entsteht aus kleinen Ursachen: zu viel Arbeit, Einsamkeit, Krankheit, Trennung von einem geliebten Menschen. Dazu kommt manchmal: scheinbare Unvereinbarkeit des Glaubens mit der erfahrenen Wirklichkeit.

Dennoch spricht in dieses Leben der Engel der Weihnacht Gottes Wort hinein: »Ich verkünde euch große Freude.« Dies bedeutet wesentlich: Du darfst kein abgestumpfter Mensch werden; unglücklich kann ein jeder sein; Freude verlangt aber Anstrengung; lege die Sorge ab, wenigstens heute, am Tage der Weihnacht, am Tage der Freude! Fragen wir uns aufrichtig:

Wie wäre es, wenn der Engel der Weihnacht heute vor uns stünde, wie damals vor den Hirten, und sagte: »Habt Freude!«? Was würden wir ihm heute antworten? Seit der Botschaft der Weihnachtsnacht ist die *Freude für uns Christen eine Pflicht* und die Traurigkeit etwas, das wir bekämpfen sollen. Wie kann man aber in der Freude leben? Vor allem: Wie kann man in der Freude ausharren? Die theologische Antwort besteht wohl darin:

Gott, in Christus, hat Sich entäußert. Er ist für uns Mensch geworden. In dieser Tat hat Er uns den Weg der Freude gezeigt: Erst in der Hingabe gelangt man zu jenem guten Mut, der »Glück« und »Freude« heißt. *Freude entsteht in der Selbstlosigkeit.* Diese kann der Mensch deshalb nur konkret, dem Bruder und der Schwester gegenüber, verwirklichen. Der Bruder – als Bruder – entsteht aber in dem Maße, als ihm gedient wird. Freude spendend erfährt man Freude! Der einfache Dienst am Bruder im Alltag ist somit die Bedingung echten Glücks. Die Logik der Weihnacht ist unausweichlich: Freude erfährt man nur in der Hingabe. Dies bedeutet, über den Dienst hinaus, Entsagung. In der Entsagung, in der Loslösung von sich selbst hat sich Weihnacht ereignet: Menschwerdung Gottes. Gott hat alles für uns hingegeben. Auch in der nicht durch das Ermessen des Augenblicks und dessen Laune manipulierten Hingabe bewährt sich christliche Existenz: »Daran haben wir die Liebe erkannt, dass er für uns sein Leben hingab« (1 Joh 3.16). So müssen auch wir für die Brüder unser Leben hingeben. Wäre ein Leben der Selbsthingabe nicht ein Beweis, dass Gott in der Welt gegenwärtig ist, dass Er Macht hat über unser Menschenherz? Wenn wir manchmal meinen, nicht mehr beten zu können, dann sollten wir wenigstens ein klein wenig mehr Glück in die Welt bringen. Das wäre vielleicht unser christliches Gebet. Ein Zeugnis von der Menschwerdung Gottes: Gelebte Weihnacht!

Somit gehört ein grundsätzlicher Optimismus, der *»Geschmack am Glück«*, zum Lebenselement des Christseins. Die Freude ist nicht ein Produkt oder eine Begleiterscheinung des Christentums. Sie bestimmt die ganze Wirklichkeit des Christen: als Hoffnung, als der Ton, auf den alles gestimmt ist, als die Morgenröte eines erwarteten Tages. Die Forderung der christlich erlebten Weihnacht wäre demnach: Wir sollen, wenigstens heute, die Düsternis aus unserer Seele schaffen. Sie taugt nichts. Sie geht am Eigentlichen vorbei. Christsein bedeutet auch: eine freudige Gelöstheit in allen Situationen des Lebens, selbst in den schwierigsten, zeugnishaft zu verwirklichen.

Diese weihnachtliche Freude ist *eine weltumwandelnde Kraft*. Sie möchte dem Bruder ein wenig Hoffnung, ein wenig mehr Kraft geben. Nach der Menschwerdung Gottes wissen wir: »Was ihr meinem geringsten Bruder getan habt, das habt ihr mir getan« (Mt 25.40). Überall dort, wo der Bruder in seiner Not erkannt und aufgenommen wird, ereignet sich schon Christentum, Weihnacht der Welt. Der Nächstenliebe gegenüber bleibt jede andere Tat, sei sie noch so nützlich oder erhaben, sekundär, zweitrangig. In der Nächstenliebe vollzieht sich, nach der Gerichtsrede Christi im Matthäusevangelium, bereits Gottesliebe. Das ist das grundlegende und unüberholbare Ereignis der Weihnacht.

Das Leben dieses Kindes, das für uns heute geboren wurde, um uns aus unserer Gebrochenheit zum echten Menschsein zu führen, war eine einzige Treue im stillen Dienen. Bis zum Ende – es war ein Ende am Kreuz – hat der Gottmensch nur Trost, Ruhe und Frieden gespendet. Das Wort des Engels – die Aufforderung zur Freude – ist somit Befreiung und Verpflichtung zugleich. Ein Mensch, der in Sibirien viele Jahre im Konzentrationslager verbracht hatte, schrieb einen Satz, der unsere »weihnachtliche Haltung« zusammenfasst: »Ich suchte meinen Gott, und Er entzog sich mir. Ich suchte meine Seele, und ich fand sie nicht. Ich suchte meinen Bruder, und ich fand alle drei.« Der Engel der Weihnacht hat Freude verkündet. Sie zu spenden, ein ganzes Jahr hindurch: Das wäre Weihnacht!

Die Verpflichtung der Weihnacht beinhaltet aber noch mehr. Sie ist die *Forderung zur Nachfolge:* die Gesinnung der Menschwerdung in unserem oft so dunklen und gebrechlichen Leben zu verwirklichen. Nachfolge: In einer weihnachtlichen Meditation möchte man keine abstrakte Theorie des Christseins entwerfen, sondern ein wirklichkeitsnahes Bild von jenem Gott zeichnen, Der unter uns gewohnt hat. Wie war Christus in Wirklichkeit? Wie haben die Menschen den menschgewordenen Gott erlebt? Was war jene Macht in ihm, die die Apostel in seinen Bann zog und sie zur Nachfolge verpflichtete? Versuchen wir, die ergreifende Menschengestalt zu zeichnen, in der Gottes Güte unter uns wohnte.

Was uns, selbst beim flüchtigen Lesen des Evangeliums, an Christus am meisten beeindruckt, ist: *Er war ein ruhiger Mensch.* Er hatte eine Mitte, die den Zufälligkeiten der Welt enthoben war. Er sammelte sich auf das Zentrum seiner Existenz hin. Zugleich hatte er einen besonderen Abstand von der Welt. Er klammerte sich nicht an die Dinge der Welt, ließ sich von ihnen nicht fixieren. In seiner ganzen Existenz lebte eine heilige Gleichmütigkeit auf. Er überwand in seinem Dasein die Macht der Gewohnheiten, der Alltäglichkeit, der müden Abstumpfung. Er vergrub sich nicht in sein gewordenes Leben, war nichts Zeitgeprägtem unlösbar untertänig, klammerte sich nicht an sich selbst. Er war vorbehaltlos empfänglich für das Neue, suchte nicht die Bestätigung seiner eigenen Wirklichkeit, schuf in seinem Inneren für alles, was auf ihn zukam, einen Raum, lebte »von sich selbst weg«. Sorglosigkeit beherrschte sein Leben, etwas, das in den Worten Ausdruck fand: »Seid nicht ängstlich besorgt.« »Habt keine Angst.« »Sprecht offen.« »Ich bin gekommen, Frieden zu bringen.« »Sammelt euch keine Schätze auf Erden.« »Euer Leben ist mehr als Essen und euer Leib mehr als die Kleidung.« »Wer von euch kann mit all seinen Sorgen seiner Lebenszeit eine Spanne zusetzen?« »Seid nicht in der Unruhe.« »Suchet zuerst das Reich, und das andere wird euch dazugegeben werden.« »Gib deine Habe hin, um damit wohlzutun.« Der Mensch, der diese Worte aussprach, war aber nie gespannt oder fanatisch. Er war zwar völlig in Anspruch genommen, wurde aber nie ungeduldig. Er blieb gesammelt, war nicht geschäftig, ließ sich führen von seinem Schicksal, das er »den Willen« seines Vaters nannte von Mal zu Mal. In die Hände dieses Gewaltigen und Überwältigenden »befiehlt er seinen Geist«, das heißt, die Mitte seines Wesens. Die Existenz dieses Menschen war ganz still und horchend. Für sich selbst hatte er »keine Zeit«, denn sein Leben gehörte dem Schicksal, den Nöten und Freuden der anderen. Dabei schwieg sein Inneres, drängte sich nicht vor, war von sich losgelöst.

Eine zweite Grundeigenschaft des menschgewordenen Gottes: *Er war mit den Dingen der Erde verbunden.* Ein Mensch, der spürte, wie die Dinge der Erde sind. Er nahm die hellen Schönheiten und Kostbarkeiten der Welt, aber auch die Ereignisse der grauen Alltäglichkeiten in seine Seele auf. In seiner Sprache hatten die »Vögel des Himmels«, das »rauschende Wasser«, die »Blumen des

Feldes«, die reifende »Traube«, das »verirrte Schaf«, die »Frau, die den Teig knetet«, der »Dieb in der Nacht« ihren wohlgeordneten Platz. Er konnte von Königen und Sklaven, von Kindern und Bettlern, von Soldaten, Dirnen, Pächtern, Priestern, Hirten und Handelsleuten sprechen. Die bunte Fülle der Welt, der Reichtum des Lebens und der Natur, die einfache, von allen erlebbare Wirklichkeit kamen bei ihm zu Wort. Das Unsichtbare wurde sichtbar, das Unhörbare hörbar – als Gleichnis. Sein Sprechen strebte danach, die Welt zu ihrer ursprünglichen Einfalt zurückzubringen. Seine Rede stellte das Absolute hinein in die Welt der Dinge, ja des Alltäglichen. Deshalb war sein Reden vom Gleichnis durchflossen wie vom Blut. Etwas Abgeklärtes bemerken wir bei Christus: das erdhafte und zugleich auf das Absolute hin aufgebrochene Sprechen. Ein Reden in Selbstverständlichkeit, Einfachheit und vielleicht sogar Kargheit; eine Ungezwungenheit des Wissens, des Erfahrens, des Sagens und des Berührens. Seine Rede offenbarte eine Sicherheit und eine tiefe Verwandtschaft mit der Welt der Dinge. In ihm sprach der Zimmermannssohn.

Als dritter Zug der Menschlichkeit Gottes wäre vielleicht zu nennen: Wir finden Christus nicht in der Gesellschaft von Gelehrten, sondern im *Kreis der Einfältigen.* Der gänzlich menschliche, weil gottmenschliche Mensch hatte die Einfältigen als Brüder. Er bewies ihnen nichts. Ja er wollte ihnen im Grunde nichts Neues sagen, sondern immer nur das Erschütternd-Gekannte, damit sie merken, dass sie das Eigentliche immer schon in ihrem Herzen getragen haben. Sein »Beweis« war: »Ich aber sage euch.« Das Immerschon-Erkannte wurde durch ihn *an*erkannt – zwei wesensverschiedene Vorgänge: erkennen und anerkennen. Es gibt Worte, die keines Beweises bedürfen, weil sie *so* ausgesprochen werden, mit solcher Ursprünglichkeit, dass sie die Einsichtigkeit bereits in sich tragen. In Christus erwuchs das Wort zur Erfüllung. Sein Sprechen wirkte geheimnisvoll, eben weil es einfach war. In seinem Munde lebten vollkommene Worte. Worte, wie die der Seligpreisungen, die jedermann, der ein einfaches Herz hat, verstehen kann und die dennoch für alle Weisen der Welt unverständlich bleiben. Deshalb wurden sie nur von wenigen verstanden. Und viele dieser wenigen waren gar nicht von denen, die die Erfüllung erahnten oder begehrten. Deshalb war Christus einsam.

Dies ist vielleicht das Erschütterndste an ihm: *Er war ein Verborgener.* Er strebte danach, namenlos zu sein. In seinem Leben brach die Einsamkeit der Fülle auf, jene Einsamkeit, die den Abgründen, den Gipfeln, den Meeren eigen ist. Wir alle leben im Flüchtigen, im Fragmentarischen. Wer aber – wie Christus – in der Einheit des Lebens existieren will, muss lange allein bleiben, um sich auf die Einheit hin sammeln zu können. Einsam in der Reifung, einsam bei der Versuchung in der Wüste, einsam bei den größten Taten seines Lebens. Christus wandelte unter uns wie ein Stern, der in ungeahnter Plötzlichkeit unser Firmament durchquert und den nur jene bemerken, die gerade zufällig hingeschaut haben. Sein Leben kam aus der Unbekanntheit, leuchtete plötzlich und gewaltig auf und ging in die Unbekanntheit zurück. Die Finsternis vermochte ihn »nicht zu begreifen«. Um ihn herum sehen wir Menschen, die ihn nicht verstehen. Man führt gegen ihn Verbotslisten, Gesetze, Bräuche und Überlieferungen auf.

Dennoch lebte Christus diese Fremdheit seiner irdischen Existenz *»leicht«*. Er wusste, dass sein Wesen unbegreiflich, der großen Menge unzugänglich war. Er machte sich nicht viel Sorge darum, denn: Die vollendete Sprache wird gewöhnlich nicht gehört, das vollendete Sein nicht wahrgenommen. Er versprach uns nicht, dass wir durch ihn etwas »finden« werden. Er lehrte uns vielmehr das Suchen, den Namen, der nicht genannt werden kann. »Suchet« – das war ein zentrales Wort seines Redens. Sein Leben kann nicht von der Logik unserer Kleinheit, von den Prinzipien der Selbstsucht her verstanden werden. Eine heilige Lebendigkeit waltete in ihm, eine Jugend der Seele. Nichts existierte in ihm, was dürr, verhärtet und unempfänglich gewesen wäre. Er lehrte uns eine Jugend des Geistes, eine Wiedergeburt, eine Metamorphose, eine Frische des Lebens, eine Fröhlichkeit, eine heilige Umwandlungsfähigkeit. Er sagte uns: »Fürchtet euch nicht.« »Wenn jemand sich nicht aufgibt, kann er das Reich nicht empfangen.« Er war der »Anführer des Lebens«, der »Anfang der neuen Schöpfung«, der »Grund einer neuen Welt«. Er forderte uns auf, ein »neuer Mensch« zu werden, uns »täglich zu erneuern«, auf eine »neue Schöpfung«, auf einen »neuen Himmel« und auf eine »neue Erde« zu harren, ein »neues Lied« zu singen, einen »neuen Namen«, das heißt ein von Grund auf verwandeltes Personsein, zu führen. Die Unbedingtheit des Neuanfangs lebte in ihm. Sein Wirken war eine Tat aus der gesammelten Einheit, aus dem Seinsgrund des Wesens. »Ich bin gekommen, damit ihr Freude, ja ein Übermaß an Freude empfanget.«

Dieser »zentrale Mensch«, Christus, war *ein Freund aller.* Allen wollte er Hoffnung schenken. Hoffnung auf Erneuerung, auf echtes Leben, auf Freiheit. Somit ist er der »wahre Herrscher«: einer, der alles in die Einheit einfügen kann, ohne irgendjemand Gewalt anzutun. Er bewirkte, dass die Dinge und die Menschen sich aus sich selbst freuen. Er nahm das Leid von uns allen auf sich, ließ sich verunstalten. Gerade darin war er König. Er stand in Gemeinschaft mit allen, übte Liebe und Barmherzigkeit. »Kommt zu mir«, rief er, »die ihr da mühselig und beladen seid, und ihr werdet Ruhe finden.« »Fürst des Lebens« war er, das Galionslicht der Welt, das »jedem Menschen leuchtet«. »Zöllner und Sünder« fanden bei ihm willige Aufnahme. Er sagte innerlich zu allen: »Ich verurteile dich nicht.« Er verteidigte die Sünder vor den sogenannten Gerechten, nahm die Kinder vor den Erwachsenen in Schutz. Die Menschenseele fand bei ihm Heimat. Er trug eine grenzenlose Achtung für jegliche Kreatur in sich, eine zarte Aufmerksamkeit für jegliches Leben. Unbedingtes Leben zärtlich gelebt – das war die Existenzweise Christi.

Im Zusammenbruch seines Lebens hat Christus *alles verziehen.* Er fand Worte, die allen Vergebung brachten. Sein Gebet war: »Verzeih ihnen, denn sie wissen nicht, was sie tun.« Er hat da nicht versucht, Antwort auf die Fragen der Politik, der Sozialstruktur der Gesellschaft, der Literatur und der Philosophie zu finden. Einem verlassenen und zerschundenen Menschen hat er noch eine letzte Hoffnung gegeben: »Heute noch wirst du mit mir im Paradiese sein.« Für ihn zählte nicht, ob dieser ein Leben lang anständig und wohlgesittet war. Den armen Verbrecher neben ihm haben die Menschen festgebunden. Es war kein Entkommen mehr möglich für ihn. Aber Christus, der Vollender, sprach innerlich zu ihm, wie später der Engel zu Petrus: »Steh auf und gehe.« Dieser Mensch konnte jedoch nicht aufstehen und nicht mehr gehen. Er gehorchte aber und ging dorthin, wohin seine angenagelten Füße ihn noch zu tragen vermochten, in den Bereich des Ganz-Anderen. Wer je von einem radikalen Umbruch der gesamten menschlichen Existenz geträumt hat, weiß von nun an, wie man eine solche vollbringt; durch Vergebung und dadurch, dass man selbst denen eine Hoffnung schenkt, die gar keine Hoffnung mehr zu haben scheinen.

Es wäre unerträglich, denken zu müssen, dass in der geballten Katastrophe des Lebens Christi niemand ihm beigestanden wäre. Es war ein Mensch zugegen, der diese restlose *Reinheit und Auf-*

richtigkeit verstehen, innerlich in sich aufnehmen konnte. Eine einfache Frau. *Die Mutter.* In ihr, in seiner ursprünglichen Heimat, fand Christus eine letzte Zuflucht. Es musste doch einen Menschen geben, der keinen Verrat in sich trug, keine Feigheit, keine Verleugnung des Lebens, keine Unehrlichkeit und auch keine Verstellung des Seins. Einen Menschen, der Christus innerlich ganz aufnehmen konnte. Mit diesem Menschen hat der Vollender noch einige Worte gewechselt, nur wenige. Sie brauchten ja einander nicht viel zu sagen. Diese Worte, wie unbeholfen sie auch sein mochten, werden in der Menschheit ewig weiterleben. Sie rufen uns auf, uns rein zu halten von jeder Machtgier, von jedem Missbrauch der menschlichen Person, von jeder Lüge und jeder Unredlichkeit. Sie fordern uns auf, niemals einen Freund zu verraten, nie Menschen in ihrer Einsamkeit ersticken zu lassen, nie Verlassene abzuweisen, immer die Wahrheit zu suchen, nur auf die Gesinnung und nie auf das Ansehen zu schauen, uns dem Reinen, Edlen und Sauberen zu verpflichten. Diese Worte waren von einer reinen Einfachheit: »Mensch, du hast eine Mutter.« So sprach Christus am Kreuz.

Diese in einem schweren Leben verwirklichte Haltung, die *Gesinnung der Menschwerdung,* hat Christus in seiner Auferstehung und Himmelfahrt in die Endgültigkeit gehoben. Dies war wohl eines der wesentlichen Momente der Auferstehungserfahrung der Jünger: Güte, Menschenfreundlichkeit, Verzeihung und Zuneigung sind der letzte Maßstab des Lebens geworden. Diese Gesinnung kann nicht mehr untergehen: Damit hat uns Gott – in Christus – einen neuen Anfang geschenkt.

So ist Weihnacht mehr als ein wenig »Stimmung«. Sie ist Auftrag. Gott ist Mensch geworden. Er ist ein menschlicher Gott. Er hat unter uns gewohnt. Auch von uns verlangt Er schlichte Menschlichkeit. Diese besteht in der Freude und in der Nachfolge. Es ist schwer zu sagen, welches von den beiden schwieriger ist in unserer Zeit. Gott will, dass wir in der Freude leben und dass wir eingehen in den Nachvollzug des Lebens Christi. Dies ist die Botschaft, die Verheißung, aber auch die Forderung der Weihnacht.

Die christliche Freiheit

Eine »Lehre« von der christlichen Vollkommenheit will keineswegs einen allgemeinen, von allen begehbaren Weg zu Gott weisen. Einen solchen Weg zu Gott gibt es nicht, weil es im menschlichen Schicksal eben nur das Einmalige, das Unersetzbare und das Von-Gott-so-und-nicht-anders-Gewollte gibt. Gott hat zwar die Möglichkeit zu Ihm zu gelangen im Großen und Ganzen vorbestimmt, durch Seine Offenbarung, welche uns von der Kirche nahegelegt und in gewissen Fällen sogar unfehlbar interpretiert wird. Dieser Weg ist aber sehr breit, und unsere eigene, individuelle Existenz ist sehr schmal. Die Frage ist also: Wie finde ich meinen Weg zu Gott? Wie finde ich meinen Weg innerhalb dieses allgemeinen Weges? Wie gelange ich vor das Antlitz Gottes. Dieser nur mir allein vorgeschriebene Weg ist auf keiner Landkarte des Geistes eingezeichnet. Alle Lehrweisen, alle Schulen der Frömmigkeit, alle Verfahren der Heiligkeit, alle Anweisungen der Beichtväter und alle frommen Übungen sind nur Ermutigungen, meinen eigenen Weg zu Gott zu finden.

Das eigentliche Leben des Christen ist ein Charisma. Dieses ist eine individuelle, nur diesem Menschen und sonst niemandem geschenkte Gnade. Diese Gnade ist von den amtlichen Organen der Kirche nicht vorauszusehen, durch die Sakramente noch nicht gegeben, überall vermutbar und deshalb überall neu zu entdecken. Mit dem Charisma wurde eine dynamische Unruhe in die Kirche eingestiftet. Wenn es aber solche unmittelbaren Wirkungen des Heiligen Geistes in der Kirche gibt, dann muss der Einzelne selber die Gestalt, die Weise und das Gebiet seiner Heiligkeit finden.

Die Kirche bedarf des Charismatischen und Unableitbaren. Gott hat nicht abgedankt zugunsten des kirchlichen Verwaltungsapparates. Auch nicht zugunsten der hohen und höchsten Stellen zugesicherten Führung durch den Heiligen Geist. Er ist selber der Geist, der weht, wo er will, und der auf Kinder und Toren, auf Arme und Einfältige, auf Frauen und vielleicht auf diesen und jenen theologisch Beschäftigten fällt. Alles Charismatische und Pfingstliche muss aber in der Kirche bleiben, in der Kirche der Verfassung, des Gesetzes und der autoritären Ordnung. Nur dort, wo das Charismatische dies aushält und wo das Amtliche das Charismatische tragend ordnet, ist das kirchliche Leben so, wie es sein soll.

Es hat immer schon auch nichtbeamtete Charismatiker in der Kirche gegeben, die Seelsorge ausübten. Die Propheten der Didache, die Mönchspneumatiker der alten griechischen Kirche, ein Benedikt und ein Franziskus, die keine Priester waren. Solche können zwar nicht im Auftrag der Kirche autoritativ auf die anderen Glieder der Kirche einwirken. Aber wo ein solcher Charismatiker im Rahmen des Kirchlichen lebt und wirkt, und wo Christen, die den Heiligen Geist in ihm erspüren, sich ihm willig erschließen, sollen ihm nicht aus unerleuchtetem Eifer oder Eifersucht oder aus Bürokratismus, der es nicht erträgt, wenn etwas nicht amtlich organisiert ist, unnötige Hindernisse in den Weg gestellt werden.

Das sind – bitte – keine »revolutionären Töne«, sondern die ureigenste Lehre der Kirche über die Wirkungen des Heiligen Geistes. In seiner Enzyklika *Mystici corporis* sagte Pius XII.:

> Man darf nicht glauben, der Aufbau des Leibes der Kirche beziehe und beschränke sich allein auf die Stufenfolge kirchlicher Ämter. Die mit besonderen Pflichten und Rechten ausgestattete Gewalt stellte Christus zwar als Grundlage der Kirche auf. Aber er lenkt und leitet auch unmittelbar die von ihm gegründete Gemeinschaft. Er regiert nämlich im Geist und im Herzen des Menschen und sorgt so nicht nur für die Einzelnen, sondern auch für die Gesamtkirche.

Der Christ hat also seine eigene, von niemandem sonst erfüllbare Aufgabe in der Heilsordnung zu entdecken, jene Aufgabe, die aus den allgemeinen moralischen und dogmatischen Prinzipien nicht abgeleitet werden kann und trotzdem für das Heil der gesamten Menschheit unentbehrlich ist. Jenes Innerste und Geheimste unserer Einmaligkeit – wovon Gott zum Propheten Jeremias sprach: »Ehe Ich dich im Mutterleib bildete, erwählte Ich dich, ehe du aus dem Mutterschoß kamst, berief Ich dich. Zum Propheten für die Völker bestellte Ich dich« (Jer 1.5) – sollen wir in uns entdecken. Wie kann der Mensch dieses Charismatische seiner Freiheit finden und es mit der Entschiedenheit seines Daseins auf sich nehmen? Auf diese Frage möchte ich hier abschließend eine Antwort finden.

Drei Zeiten für eine gesunde und gute Entscheidung

Es gibt im Menschenleben verschiedene Zeiten für eine Entscheidung. In unserem Dasein finden wir nirgends eine einförmige Zeit. Die Jahreszeiten bedingen Arbeiten des Ackermanns von einer je verschiedenen Notwendigkeit. Unser biologisches Leben ist stufenartig aufgebaut, und jede Stufe, jedes Lebensalter bringt andere Dringlichkeiten mit sich. Unser Seelenleben fluktuiert zwischen Traurigkeit und Hochgefühl, zwischen Niedergeschlagenheit und Trost. In verschiedenen Zeiten des Lebens treten uns je verschiedene Imperative entgegen. Je anders werden wir aufgerufen zum personalen Einsatz der Liebe, des Dienstes, des Kampfes und der Hingabe. Schließlich tritt uns Gott je nach unserer biologischen, seelischen und existenziellen Lebenslage anders entgegen: als Freund, als Richter, als Geliebter, als Höhe, als Tiefe. Auch Seine Forderungen sind jeweils verschieden und bieten eine je einmalige, nie wieder in dieser Form zurückkehrende Gelegenheit, uns die immer neue Gnade Gottes anzueignen. Die »Zeiten« unseres Lebens auf uns zu nehmen, sie jedes Mal in Freud und Leid auszukosten, ist eine echt christliche Aufgabe in der Welt. Die Offenbarung hat uns darauf ausdrücklich aufmerksam gemacht, so im Buch Kohelet (des Predigers):

> Alles hat seine Stunde, eine Zeit gibt's für jegliches Ding unter der Sonne. Eine Zeit für die Geburt, eine Zeit für das Sterben. Eine Zeit zu pflanzen, eine Zeit, das Gepflanzte auszureißen. Eine Zeit zu töten, eine Zeit zu heilen. Eine Zeit einzureißen, eine Zeit aufzubauen. Eine Zeit zu weinen, eine Zeit zu lachen. Eine Zeit zu wehklagen, eine Zeit zu tanzen. Eine Zeit, Steine zu werfen, eine Zeit, Steine zu sammeln. Eine Zeit der Umarmung, eine Zeit sich aus der Umarmung zu lösen. Eine Zeit zu suchen, eine Zeit zu verlieren. Eine Zeit aufzubewahren, eine Zeit wegzuwerfen. Eine Zeit zu zerreißen, eine Zeit zusammenzunähen. Eine Zeit zu schweigen, eine Zeit zu reden. Eine Zeit zu lieben, eine Zeit zu hassen. Eine Zeit für den Krieg und eine Zeit für den Frieden« (Pred 3.1–8).

Im Alten Bund schickte Gott Propheten, deren Funktion es war, die verschiedenen Arten der Zeit der Gnade (*kairos*) zu verkünden.

Christus wurde dann unser einziger Prophet. Durch die Eingliederung in Christus wurden alle Christen zu Propheten, zu Deutern der Zeit von der Gnade Gottes her. Diese prophetische Funktion des Christen muss sich in erster Linie auf sein eigenes Leben richten. Er soll sich unaufhörlich fragen: In welcher Zeit meines einmaligen Gnadenlebens stehe ich heute? Die Entscheidung darüber, was uns von der Gnade Gottes her jeweilig anders aufgetragen wird, hängt davon ab, ob wir erkennen, in welchem Gnadenmoment wir augenblicklich leben. Man könnte (im Großen und Ganzen) drei Arten dieser Erkenntnis unterscheiden.

Zeit der Gottunmittelbarkeit. Wir müssen in unserem Leben damit rechnen, dass wir intuitiv und mit absoluter Sicherheit erkennen, was Gott von uns will. Gottes konkreter Ruf in einer Menschenseele kann so mächtig sein, dass dieser Mensch keineswegs zweifelt, dass da wirklich Gott gesprochen hat. Der von Gott unmittelbar Angesprochene bedarf dann keines Beweises, braucht nicht mehr mit sich selbst zu Rate zu gehen, noch ist er auf den Rat eines anderen angewiesen. Das sind Momente der intensiven Gnade. Paulus erlebte eine solche Gnade auf dem Weg nach Damaskus, Matthäus an seinem Zolltisch, Pascal in jener Stunde, von der uns sein »Mémorial« Kunde gibt, Augustinus, als er mit seiner Mutter, gemeinsam an ein Fenster gelehnt, Gott »mit dem ganzen Aufschwung des Herzens berührte«. In solchen Augenblicken weiß der Mensch mit Sicherheit, wie es um sein Leben steht, was an ihm falsch und was zukunftsverheißend ist. Ohne Bedenken und Zweifel soll er sich in solchen Momenten auf Gottes Führung verlassen. Da macht sich Christus, der Herr der Geschichte, zum Antrieb der Geschichte. Wenn wir zögern, uns auf diese einmalige, von niemanden voraussehbare und erzwingbare Eingebung einzulassen, dann haben wir Gottes Pläne mit der Menschheit, soweit dies von uns abhängt, vereitelt. Gott muss dann schauen, wie Er Seinen Heilsplan ohne unsere Zustimmung weiterführt.

Zeit der inneren Gegensätze. Doch macht Sich Gott nicht immer auf so unmissverständliche Weise bemerkbar, wie es in der Zeit der Gottunmittelbarkeit geschieht. Der Mensch muss oft selber herausfinden, was Gott von ihm will. Wie soll diese Selbstbeobachtung und Entscheidung geschehen? Mein Rat wäre hier einfach: Beobachte dich selbst! Aber: Diese Selbstbeobachtung soll nicht nur mit dem Verstand geschehen, sondern mit der gesamten

Existenz. Voraussetzung dafür ist allerdings, dass der Mensch nach Gott strebt, das heißt sich im Zustand der heiligmachenden Gnade befindet, oder wenigstens meint, sich darin zu befinden – was theologisch auf das Gleiche herauskommt.

Die menschliche Seele ist ein Kampfplatz von Gedanken, Plänen und Wünschen. Nun steht der Mensch an einem Scheideweg. Er will etwas unternehmen, das anständig, gut, den allgemeinen moralischen Regeln entsprechend ist. Er weiß aber nicht, ob dieser Weg der ihm von Gott zugedachte ist. Auch ein anderer Weg steht offen, der auch gut, anständig und den moralischen Regeln entsprechend ist. Was ist zu tun? Ich möchte hierzu etwas sagen, das vielleicht einige Theologen nicht annehmen würden. Ich sage es aber dennoch, weil Ignatius von Loyola eben diese Weisung gegeben hat: Verlasse dich auf dein Gemüt, auf deine existenzielle Empfindung. Ich möchte diesen Satz näher erklären.

Wenn du dir lebhaft vorstellst, wenn du den einen Weg, der dir offensteht, wählst, und dabei ein ungutes Gefühl hast, das vielleicht verschwommen und undefinierbar ist; wenn du dir sagst: Ich weiß es nicht, aber die ganze Sache befriedigt mich nicht ganz; warum, das kann ich nicht sagen. Dann würde ich einem solchen Menschen sagen: Lass die Finger davon. Hingegen: Wenn du Freude und Tröstung empfindest, indem du dir den anderen Weg vorstellst, wenn dich ein Wohlsein befällt, zwar nicht vordergründiges, sondern ein bis ins Innerste der Existenz, ja bis ins Biologische reichende, dann wähle ohne Zögern diesen zweiten Weg.

In dieser Weisung ist etwas Großartiges vom Menschen ausgesagt. Wenn der Mensch in der Gnade lebt, dann erfährt er Gott mit allen Fasern seiner Existenz. Er lebt in Gott wie der Fisch im Wasser, wie der Vogel in der Luft. Mit den verborgensten, vielleicht für ihn selbst nicht mehr realisierbaren Instinkten seines Wesens fühlt er Gott selbst. Wenn er sich zutiefst »wohlfühlt«, dann ist er in seinem Element, dann ist er in Gottes Willen. Wenn er aber empfindet, dass die Strömungen seines Lebens ihn von Gott »abtreiben«, wenn er nicht mehr ruhig, von innen her gehalten ist, dann muss er zurück, muss wieder erspüren, woher der eigentliche Drang kommt.

Zeit der Überlegung. Ich möchte hier die natürliche Vernunft christlich lobpreisen. Jene Vernunft, die sich mit den Möglichkeiten des konkreten Lebens konfrontiert und sich fragt, inwieweit aufgrund der Eignung und der Fähigkeit, aufgrund der gegebenen

Lebenssituation die größere Ehre Gottes gefördert werden kann. Die natürliche Vernunft steht von vornherein in Übereinstimmung mit Gott. Ihr Maßstab ist die Wahrheit. Wahrheit ist aber ein »Stück« aus dem Wesen Gottes. Überall, wo der Mensch von einer ehrlichen Suche nach Wahrheit bewegt wird, steht er unter Gottes Macht, ob er ausdrücklich darum weiß oder nicht. Noch mehr aber:

Das Wesen des Geistes besteht in seinem unbegrenzten Hinausgetragensein aus seiner geschöpflichen Enge, in einer Offenheit zum Sein. In diesem seinem Aufgebrochensein, in diesem seinem Alles-Werdenkönnen ist der Mensch von vornherein begnadet, und zwar so sehr, dass es genügt, wenn er seinem eingeborenen Streben nach Wahrheit nachgibt (es bewusst nachvollzieht), um Freund Christi zu werden und damit hineinzugehen in das Leben der Heiligen Dreifaltigkeit. Das bedeutet: jenes zu leisten, was wir gewöhnlich als »Begierdetaufe« zu bezeichnen pflegen, dem ich aber lieber den Namen »Taufe der Sehnsucht« geben möchte. Auf die menschliche Vernunft ist Verlass. Vernünftig zu leben in der Welt, die Möglichkeiten, die Chancen zu berechnen, wissen, wozu man fähig ist und was einem versagt wurde, ist ein echt christliches Zeugnis.

Freilich ist für diese »übernatürliche Ausübung der natürlichen Vernunft« die Ruhe eine grundsätzliche Vorbedingung. Ich würde unter Ruhe verstehen: die Zeit der Befreiung vom Drang des Unmittelbar-Nützlichen, des Sofort-zu-Erledigenden und des Gleich-zu-Bearbeitenden. Sich solche Zeiten der Entspannung zu verschaffen, ist unsere christliche Pflicht. In ihnen spricht Gott durch unseren erkennenden Geist in die Welt hinein, macht eine neue Zukunft möglich, gibt Seinen Willen kund.

Diese drei Zeiten (oder drei Weisen) der Erkenntnis unseres gnadenhaften Schicksals müssen freilich einander ergänzen. Manchmal wird nur eine allgemeine Lebensrichtung gnadenhaft-intuitiv erfasst. Diese muss dann nach langem Hin- und Herschwanken richtig begriffen werden. Schließlich soll die nüchterne Überlegung in »begnadeter Muße« ihr Licht auf den einzuschlagenden Lebensweg werfen. Nun frage ich mich, welches wohl die Voraussetzungen einer richtigen Lebensentscheidung sind.

Voraussetzungen der Entscheidung

Der in seiner Enge und Kleinheit eingeschlossene Mensch braucht unbedingt eine seelische Erschütterung, damit er der Größe seines geschöpflichen Auftrags innewerden kann. Um diese Bestürzung hervorzurufen, würde ich ganz einfache, vielleicht für viele zu massive Mittel empfehlen. Diese sind letzten Endes die wirksamsten. Sechs Voraussetzungen möchte ich hier erwähnen.

Die letzten Beweggründe. Die Grundentscheidungen des Lebens sollten von den letzten Gründen her geschehen. Diese Gründe sind: Lob Gottes, Erlösung und Liebe. All das klingt zwar sehr einfach, aber wie bedeutend ist der damit verbundene Zusammenhang. Man soll eine saubere Erforschung der Motive anstreben. Sind unsere Absichten rein? Suchen wir wirklich Gott? Wir sollten uns nicht durch Triebe in eine neue Lebenslage hineinschieben lassen. Günstige Arbeitsbedingungen, hohes Entgelt, Aussicht auf schnelle Karriere sind zwar auch saubere Motive für die Wahl eines Berufes oder eines Lebensstandes. Sind sie aber die letzten und die entscheidenden?

Der Mensch muss sich fragen, ob er (erstens) in der Lebenslage, die er sich als Zukunft erwählen will, Gott loben kann, das heißt, ob er darin so leben kann, dass dieses Dasein der ihm von Gott eingestifteten Eignung und Neigung entspricht. Er soll sich auch fragen, ob er (zweitens) in dieser neuen Lebenslage seine Seele retten kann, das heißt, ob er sich nicht in die Unehrlichkeit hineintreiben lassen muss. Er muss sich auch fragen, ob er (drittens) die ihm ganz persönlich aufgetragene Liebe zur Kreatur verwirklichen kann, das heißt, ob er durch sein zukünftiges Dasein nicht verhärtet wird, ob er in seiner neuen Lebenssituation nicht Menschen zurückstoßen muss, die er gernhat und denen er wohltun möchte. Wenn sich diese drei Bedingungen (Lob Gottes, Rettung der Seele und die Liebe) in der neuen Lebenslage nicht ungehindert (oder nur schwer) verwirklichen lassen, dann soll man einen anderen Weg wählen.

Einen Freund beraten. Ignatius von Loyola sagt in seinem Exerzitienbuch: »Ich soll mir einen Menschen vorstellen, den ich nie gesehen noch gekannt habe. Ich soll ihm alle erreichbare Vollendung wünschen. Dann soll ich erwägen, was ich ihm sagen würde, was er tun oder erwählen soll zur je größeren Ehre Gottes, unseres Herrn, und zur größeren Vollendung seiner Seele. Und ebenso handle ich selbst und halte mich an die Regeln, die ich für die anderen aufstelle« (Nr. 185). Ignatius von Loyola appelliert hier an eine tiefe Regung des menschlichen Herzens, an die selbstlose Hingabe an ein anderes Wesen. Hier müssten wir ganz klar werden, was das bedeutet.

Die reine Regung der Freundschaft haben wir bereits fast jedem Menschen gegenüber verwirkt. In irgendeiner Beziehung haben wir schon jeden Freund verraten. Vielleicht sind wir ihm in seiner Not nicht beigestanden oder haben ihm Böses gewünscht. Vielleicht haben wir ihn deshalb verraten, weil wir vordergründig an ihm hingen, ihn nicht loslassen wollten. Wir sind keinem unserer Freunde bis zum Letzten Freund gewesen. Deshalb gibt uns Ignatius von Loyola den Rat, eine »reine Freundschaft« zu schließen, uns einen völlig Unbekannten vorzustellen, einen Menschen also, der gleichsam die Züge der gesamten Menschheit trägt, und ihm alle erreichbare Vollendung wünschen. So kann die ganze Sympathie zum Sein aus uns hervorbrechen, das ungetrübte Ja zum Du. In dieser Stimmung sollen wir nun darüber nachdenken, was wir diesem Menschen sagen würden, wenn er in unserer Entscheidungssituation stünde. Dann aber den Ratschlag selber befolgen.

Diese Weisung spricht von einer großen Weisheit und einer tiefen Kenntnis des Menschenherzens. Oft kann nämlich ein Mensch, der in sich unsicher ist, anderen mit Klarheit sagen, was sie zu tun haben. Darin liegt eine besondere Gnade Gottes, die Gnade, für andere Gnade zu sein. Im Ansatz finden wir in dieser Weisung eine ganze Theologie menschlicher Freundschaft und vielleicht auch eine Richtungsweisung für unsere Zukunft.

Im Angesicht des Todes wählen. Wenn jemand über Heil und Unheil zu entscheiden hat, dann muss diese Entscheidung mit dem letzten Lebensernst vollzogen werden, dann muss sie ein Vorgriff auf die endgültige Entscheidung unseres Wesens, auf den Tod, sein. Jede ernsthafte Entscheidung ist irgendwie die Situation des Todes, des Überganges in die Endgültigkeit. Deshalb ist die Wahl dessen, was wir in unserem Leben als endgültig ansehen möchten, ein Tod, ein Übergang in den Inhalt aller Inhalte, ins Herz aller Herzen, in das Endgültige alles Endgültigen.

Im Gedanken an den »eigenen Tod« wird dem Menschen klar, dass seine Werke ewige Bedeutung haben, dass er sich frei hineinstürzen kann in die Verzweiflung, aber auch in die Abgründe der

Freude. Ist der Tod die letzte Entscheidung, so ist und muss er bei jeder Entscheidung gegenwärtig sein. Wenn jede Entscheidung ein Vorgriff auf den Tod ist, so ist auch der Tod die letzte Entscheidung. Wenige Theologen haben bis jetzt erkannt, was für Möglichkeiten der Glaubensdeutung in dieser Einsicht liegen. Darüber hinaus: In der Wahl im Angesicht des Todes kann der Mensch wirklich erkennen, was in seinem Leben wichtig und was bedeutungslos ist. Er braucht sich nur vorzustellen, wie er daliegt, als Leichnam, und die Welt weitergeht, weil sie einfach weitergehen muss; wie seine Freunde ihren Geschäften nachgehen, weil sie ihnen einfach nachgehen müssen; wie einer kommt und ganz sachlich Vorbereitungen für die Beerdigung trifft, seine Sachen durchstöbert, nach seinem Testament sucht, Gäste einlädt; wie bei der Beerdigung Unwichtigkeiten geredet werden; wie man mit dem Leben des Verstorbenen bereits nach einigen Tagen nichts mehr anzufangen weiß. An all das sollte man denken, wenn man herausfinden will, welche Entscheidungen in einem Leben wirklich Gewicht und Unzerstörbarkeit haben.

Entscheidung als Gericht. Je mehr man über die letzten Wirklichkeiten menschlicher Existenz nachdenkt, umso mehr wird es einem klar, dass es ein Gericht nicht geben kann, wenigstens nicht in dem Sinn, wie man es sich gemeinhin vorstellt. Gott richtet niemanden. Er hat es nicht nötig. Es genügt vollkommen, dass Er Seine Liebe offenbart. Die innere Einstellung des Menschen zu dieser Liebe ist bereits Gericht.

Darüber hinaus gibt es eine Wahrheit, die bei uns Christen zu wenig beachtet wird: Es ist peinlich und beschämend, ja kostet Überwindung, einem Freund zu sagen, er sei im Unrecht. Gott ist ein sehr vornehmer Herr. Wenn es um unsere Gegenliebe geht, dann bemüht Er Sich um uns, ja Er ist willens, Sich kreuzigen zu lassen. Wird Er es aber der Mühe wert finden, uns unsere Sünden vorzuhalten? Nach einem Prophetenspruch des Islams (von den Moslems könnten wir Christen viel lernen) soll am jüngsten Tag jedem Menschen von Gott ein Brief in die Hand gedrückt werden. In diesem Brief steht: »Was du getan hast, hast du getan. Ich schäme Mich aber, es dir kundzutun. So gehe denn. Ich habe dir verziehen.« Freilich macht das in einem Sinn die Sache noch schlimmer, denn der Mensch muss selber über sich urteilen. Unsere Entscheidung ist Urteil über uns selbst. Gott überlässt uns das letzte Wort. Er sagt gleichsam: »Mache, was du willst. Ich habe alles getan. Ich habe sogar den Tod auf Mich genommen. Ich kann nichts mehr machen.«

Vielleicht spricht Gott weiter: »Es genügt, wenn du mit einem Zeichen deine Zustimmung zu Meiner Liebe gibst. Ich werde dir in Ewigkeit nichts vorhalten. Ich bin größer, als du denkst.« Aus diesen Überlegungen geht hervor, dass die Übung der »Entscheidung im Angesicht des Gerichts« keine fromme Vorstellung ist, sondern der bewusste Nachvollzug jener Dimension unserer Taten, in denen wir immer schon über uns selbst richten. Die bisherigen Einübungen in die Entscheidung waren nur Mittel, um jenen Zustand zu erreichen, den wir von Anbeginn an erstrebt haben. Dieser Zustand heißt:

Sich im Gleichgewicht der Waage halten. Nun ist die menschliche Existenz eine feine Waage. Sobald Gott diese Waage berührt, schlägt sie aus und registriert die kleinsten Bewegungen der Gnade. Da ist ein Menschenwesen entstanden, das fähig ist, Gott mit allen Fasern zu spüren und sich Ihm in allen Lebenslagen frei zu schenken. Es hat sich zum »Instrument der Gnade« gemacht.

Ein solcher Mensch ist geschmeidig, klug, ja berechnend, wenn es sein muss. Er ist unsentimental und klarsichtig. Er weiß zu unterscheiden, was möglich und was unmöglich ist. Wenn er durch die Tür hinausgeworfen wird, steigt er durch das Fenster ein. Er macht alles, was Gott von ihm verlangt, und – dies ist sehr wichtig – er hat Freude daran. Die Unruhe für Gott ist in seine Seele eingezogen. Er nimmt die Bewährung in der Schöpfungsordnung ernst. Jeder weltliche Bereich ist für ihn ein Auftrag. Er ist hellhörig für den Augenblick der Gnade, um wieder ein Stück Umwelt »einzuheiligen«. In ihm wird deutlich, dass das Christentum eine permanente Revolution ist, eine stille, gewaltlose, die der Herzen. Eine Umwälzung von innen statt von außen.

Dieser Mensch ist fähig, sich aus der Herrlichkeit der Prinzipien in die Mühsal der geschichtsrichtigen Imperative hineinzubegeben. Er weiß sich unter der Kontrolle einer oft misstrauischen und nur selten wohlwollenden Welt. Deshalb übt er die Tugend der christlichen Untertreibung. Er weiß, dass je unbekannter, indirekter, dienstbereiter er als Christ ist, umso mehr seine Gnade in der Welt ankommen wird. Er sinkt ein in die Welt, um sie zu verwandeln. Er will nicht »hochwürdig« sein, sondern eher als »liebenswürdig« gelten. Oft fühlt er sich in der Welt als Einsamer, Alleingelassener. Unaufhörlich erfährt er: Es gibt in der Welt kein Gehege mehr, in dem man als Christenmensch vor der Bewährung sicher sein könnte.

Deshalb lässt er sich vom Geist Gottes führen, erfindet neue Methoden des Apostolates und der Seelsorge, fühlt sich für die konkrete Kirche verantwortlich. Dabei bleibt er in ständigem Kontakt mit Gott, um zu erfahren, was Er mit der Welt anfangen will. Er misstraut zugleich den Aktivisten. In solchen Menschen wird, oft auf leidvolle und unscheinbare Weise, die Welt, die Geschichte und die Natur wieder als Eigentum Gottes heimgeholt.

Gott entscheiden lassen. Nun ist das Heil erreicht. Gott hat überall Seine Hand »im Spiel«. Wer weiß schon, was Gott mit uns im nächsten Augenblick anfangen will. Der reiche Kaufmannssohn Franz von Assisi, der ziemlich ungebildete Offizier Ignatius von Loyola, das so einfältige Bauernmädchen Jeanne d'Arc wussten es nicht. Sie haben aber ihre Seele den Bewegungen der Gnade geöffnet. Darin, einzig darin bestand ihre Größe. Sie haben sich von sich selbst zu Gott hin befreit. Der Mensch ist frei, wenn er seine Handlungen der Ganzheit seiner Person entströmen lässt und sich dabei dem Willen Gottes preisgibt. Das ist befreites und zugleich mit seiner Befreitheit betendes Dasein. In ihm geschieht ein Aufbruch zur Gottesgemeinschaft im Kern der Existenz und der Welt.

Diese »befreite Existenz« wurde von einem Menschen, Pedro Ribadeneira, in den folgenden kernigen Sätzen beschrieben, mit denen er den Beruf der Jesuiten zu definieren suchte:

> Unser Beruf verlangt Menschen, die der Welt gekreuzigt sind und denen die Welt gekreuzigt ist. Menschen, die sich von den eigenen Neigungen entblößen, um Christus anzuziehen. Die sich selbst starben, um der Gerechtigkeit zu leben. Menschen, die nach dem Wort des heiligen Paulus unter Mühen, Wachen und Fasten, in Reinheit, Erkenntnis, Langmut und Güte, im Heiligen Geist und in wahrer Liebe, im Wort der Wahrheit sich als Diener Gottes erweisen. Menschen, die mit Waffen der Gerechtigkeit zur Rechten und zur Linken, bei Ehre und bei Schmach, bei Schmähung und bei Lob, im Glück und im Unglück große Wege zum himmlischen Vaterland zurücklegen und auch andere mit allen erdenklichen Mitteln und Mühen mitreißen, immer die größte Ehre Gottes suchend.

Nachwort

Es ist sicherlich nicht leicht gewesen, all das, worüber in diesem Buch gesprochen wurde, menschlich und christlich nachzuvollziehen. Die schwierigste Aufgabe beginnt aber erst jetzt, da wir das Erkannte ins Leben übersetzen müssen. Dabei möchte ich meinen Lesern eine Weisung geben, die nicht von mir, sondern von unserem Herrn Christus kommt. Christus wollte nicht, dass uns alles gelingt. Seine Gebote sind kein Entweder-oder, sondern eher das, was ich als »Zielgebote« bezeichnen möchte. Zielgebote sind jene Gebote, die uns Horizonte eröffnen, in die wir hineinschreiten müssten. Wenn wir die richtige Gesinnung haben, wenn wir versuchen, nach Christi Geboten zu leben, so sind wir auf dem richtigen Weg. Ob uns nun all das, was zum Beispiel Christus uns in der Bergpredigt gesagt hat, ehrlich nachzuvollziehen gelingt, darauf kommt es nicht so sehr an. Es kommt eher darauf an, dass wir – trotz Versagens – immer wieder versuchen, in seinem Geist zu leben. Wie vorhin schon gesagt: Christus wollte aus uns nicht »tugendhafte« Menschen schaffen, sondern Menschen, deren Sinn offen ist für seine Weisung und die in das Leben ein Mehr an Freude hineinbringen.

LADISLAUS BOROS

GESAMTAUSGABE IN ELF BÄNDEN

Band 1

Josef Stierli: »Ladislaus Boros: Der Mensch und sein Werk«

Denken in der Begegnung · Offenheit des Geistes: Begegnungen

ISBN 978-3942914-71-0

Band 2

Der anwesende Gott: Wege zu einer existenziellen Begegnung

Im Menschen Gott begegnen

ISBN 978-3942914-72-7

Band 3

Cynthia Bourgeault: »Boros, Teilhard und *Mysterium mortis*«

Mysterium mortis: Der Mensch in der letzten Entscheidung

Erlöstes Dasein: Thelogische Betrachtungen · Phasen des Lebens

ISBN 978-3942914-73-4

Band 4

Aus der Hoffnung leben: Zukunftserwartung in christlichem Dasein

Wir sind Zukunft · Engel und Menschen

Vom ungläubigen Glauben

ISBN 978-3942914-74-1

Band 5

Über das christliche Beten · Im Leben Gott erfahren

ISBN 978-3942914-75-8

Band 6

Befreiung zum Leben: Die Exerzitien des Ignatius von Loyola

Heute Christ sein: Über die christliche Gesinnung und die Liebe zur Welt

ISBN 978-3942914-76-5

Band 7

Der gute Mensch und sein Gott · Gedanken über das Christliche
Geborgene Existenz: Christliches Leben als Hoffnung

ISBN 978-3942914-77-2

Band 8

Einführung in Aurelius Augustinus
Mysterium temporis: Das Problem der Zeitlichkeit bei Augustinus

ISBN 978-3942914-78-9

Band 9

Kürzere Schriften
In der Versuchung: Meditationen über den Weg zur Vollendung
Der nahe Gott · Durchbruch zu Gott: Ein Kreuzweg
Gottesbild und Glaube: Zwei Meditationen
Weihnachtsmeditationen · Sinn der Weihnacht
Das Buch von unserem Herrn Jesus

ISBN 978-3942914-79-6

Band 10

Essays und Artikel zu Theologie, Philosophie,
Kunst und Kultur 1958–1963

ISBN 978-3942914-80-2

Band 11

Essays und Artikel zu Theologie, Philosophie,
Kunst und Kultur 1964–1981
&
Werkverzeichnis · Bibelstellenverzeichnis · Gesamtregister

ISBN 978-3942914-81-9

Der Chalice Verlag widmet sich
der Publikation von wertvollen Texten
aus verschiedenen spirituellen Traditionen

Unser gesamtes aktuelles Verlagsprogramm sowie
weiterführende Textbeiträge, Audioaufnahmen und Videos
finden Sie auf unserer Webseite

chalice.de

Wie Sie unsere Arbeit unterstützen können

Gute Bücher mit anspruchsvoller Literatur zu machen, ist heutzutage ein steiniges Unterfangen, besonders für kleine Verlage, die knappe finanzielle Mittel mit umso mehr Herzblut wettmachen müssen. Wir sind ein nicht-profitorientierter Kleinverlag, arbeiten für weniger als ein Taschengeld und reinvestieren alle unsere Erträge in neue Buchprojekte

Wenn Sie den Chalice Verlag unterstützen möchten, freuen wir uns natürlich über jeden Kauf und jede Weiterempfehlung der von uns verlegten Bücher. Falls Sie uns eine Zuwendung zukommen lassen möchten, die uns neue Buchprojekte ermöglichen hilft und unsere Verlagsarbeit fördert, danken wir Ihnen von Herzen

Unsere Bankverbindung:
Iban-Nr. DE89 3545 0000 1150 0050 54
Unser PayPal-Konto: kontakt@chalice-verlag.com

Chalice Verlag